PARA UM CONTENCIOSO ADMINISTRATIVO DOS PARTICULARES

(ESBOÇO DE UMA TEORIA SUBJECTIVISTA DO RECURSO DIRECTO DE ANULAÇÃO)

VASCO PEREIRA DA SILVA

Professor da Faculdade de Direito da Universidade Católica
e da Faculdade de Direito da Universidade de Lisboa

PARA UM CONTENCIOSO ADMINISTRATIVO DOS PARTICULARES

(ESBOÇO DE UMA TEORIA SUBJECTIVISTA
DO RECURSO DIRECTO DE ANULAÇÃO)

DISSERTAÇÃO DE MESTRADO EM
CIÊNCIAS JURÍDICO-POLÍTICAS

REIMPRESSÃO DA EDIÇÃO DE 1997

ALMEDINA

PARA UM CONTENCIOSO
ADMINISTRATIVO DOS PARTICULARES

AUTOR
VASCO PEREIRA DA SILVA

EDITOR
EDIÇÕES ALMEDINA, SA
Rua da Estrela, n.º 6
3000-161 Coimbra
Tel: 239 851 904
Fax: 239 851 901
www.almedina.net
editora@almedina.net

EXECUÇÃO GRÁFICA
G.C. GRÁFICA DE COIMBRA, LDA.
Palheira – Assafarge
3001-453 Coimbra
producao@graficadecoimbra.pt

Fevereiro, 2005

DEPÓSITO LEGAL
33108/89

Toda a reprodução desta obra, por fotocópia ou outro qualquer processo,
sem prévia autorização escrita do Editor,
é ilícita e passível de procedimento judicial contra o infractor.

ABREVIATURAS UTILIZADAS

C.A.	— Código Administrativo
C.C.	— Código Civil
C.P.C.	— Código de Processo Civil
C.R.P.	— Constituição da República Portuguesa
D.L. n.º 256-A/77	— Decreto-Lei n.º 256-A/77, de 17 de Junho
E.T.A.F.	— Estatuto dos Tribunais Administrativos e Fiscais, D.L. n.º 129/84, de 27 de Abril
L.O.S.T.A.	— Lei Orgânica do Supremo Tribunal Administrativo, D.L. n.º 40 768, de 8 de Setembro de 1956
L.P.	— Lei de Processo nos Tribunais Administrativos, D.L. n.º 267/85, de 16 de Julho
R.S.T.A.	— Regulamento do Supremo Tribunal Administrativo, Decreto n.º 41 234, de 20 de Agosto de 1957
S.T.A.	— Supremo Tribunal Administrativo
VwGO	— Verwaltungsgerichtordnung, de 21 de Janeiro de 1960

INTRODUÇÃO

Com a sua jurisdicionalização plena o contencioso administrativo libertou-se do *pecado original*, o ter sido um contencioso *privativo* da Administração.

Apesar do *baptismo*, porém, o recurso de anulação mantinha ainda uma configuração que resultava da sua anterior ligação ao poder administrativo. O particular não era visto como parte, mas como um auxiliar da Administração; a Administração era considerada como uma autoridade recorrida, em posição similar à do juiz; entendia-se que o que estava em causa no processo era a questão da validade do acto administrativo; proibia-se o juiz de dar ordens à Administração, limitando as sentenças aos seus efeitos demolitórios.

Ao procederem à *confirmação* da natureza jurisdicional do contencioso administrativo, as modernas constituições do Estado de Direito atribuíram-lhe um cunho marcadamente subjectivo. Os indivíduos são, agora, considerados como titulares de direitos face à Administração e o contencioso administrativo é entendido como um meio de defesa dos cidadãos contra as actuações administrativas ilegais.

Como fruto destas opções constitucionais, o direito administrativo deixa de ser o direito de uma Administração toda-poderosa, para passar a ser o direito dos particulares nas suas relações com a Administração. Ao mesmo tempo que o contencioso administrativo, de forma de auto-controlo da Administração, se tornava num meio de protecção dos direitos subjectivos lesados dos particulares.

É no contexto de um *novo* direito administrativo e de um *novo* direito do contencioso administrativo, em que o centro de gravidade se desloca da Administração para os particulares, que se insere este esboço de uma teoria subjectivista do recurso directo de anulação. Com efeito, a *confirmação*, de tipo subjectivo, da natureza jurisdicional do contencioso não poderia deixar de ter consequências no modo de entender o recurso de anulação!

Lisboa, 21 de Dezembro de 1988.

CAPÍTULO I

ESTADO, ADMINISTRAÇÃO E CONTENCIOSO ADMINISTRATIVO

1. **O contencioso administrativo no Estado Liberal.**
    1.1. A revolução francesa e o princípio da separação de poderes em França e em Inglaterra.
    1.2. A influência do Antigo Regime no sistema de contencioso administrativo instituído pela revolução francesa.
    1.3. Da *justiça reservada* à *justiça delegada*. O modelo da *justiça delegada* como paradigma de uma certa forma de entendimento do Estado Liberal. O Estado, a Administração e o contencioso administrativo nos países de *modelo continental*.
    1.4. O liberalismo nos países anglo-saxónicos: o direito sem Estado. Comparação dos sistemas administrativos francês e britânico.
2. **O contencioso administrativo no Estado Social.**
    2.1. As alterações do modelo de Estado e suas implicações na Administração Pública e seu controlo através dos tribunais.
    2.2. A aproximação dos sistemas de Administração judiciária e executiva.
3. **O contencioso administrativo no Estado Pós-Social.**
    3.1. A crise do Estado Social e as novas tendências do Estado Pós-Social.
    3.2. Para um *novo* direito administrativo e um *novo* direito do contencioso administrativo.

ESTADO, ADMINISTRAÇÃO E CONTENCIOSO ADMINISTRATIVO

1. O contencioso administrativo no Estado Liberal

1.1. *A revolução francesa e o princípio da separação de poderes. O princípio da separação de poderes em França e em Inglaterra.*

A revolução francesa representou a primeira tentativa de implantação do modelo de Estado liberal na Europa continental.

As raízes teóricas deste modelo de organização do poder político remontam às origens históricas do próprio conceito de Estado. A noção de Estado foi inventada por MAQUIAVEL, em pleno Renascimento, como forma de concentrar e unificar o poder, até então, dispenso pela sociedade, fazendo-o encarnar na pessoa do príncipe ([1]). Forma de reacção contra a dispersão e personalização do poder, típica do feudalismo, à organização política Estado vai ser associada a característica da soberania (BODIN) ([2]). Soberano, o Estado pretendia concentrar em si todo o poder da sociedade, ao mesmo tempo que se libertava dos vín-

---

([1]) MAQUIAVEL, *O Príncipe*, Europa-América, Lisboa, 1972, págs. 13 e segs.
([2]) JEAN BODIN, *Os Seis Livros da República*, vide FREITAS DO AMARAL, *Ciência Política*, lições policops., vol. II, págs. 80 e segs.

culos que à escala internacional o limitavam (relativamente ao Papa ou ao Sacro Império Romano-Germânico).

A história do Estado, tal como a história de Robinson Crusoé, passa por dois momentos distintos, mais lógicos do que cronológicos. «Ao chegar à ilha, Robinson começa por se fortificar, reunindo todas as armas salvas do navio; só num segundo momento, quando se sentia já suficientemente seguro, ele parte à descoberta da sua ilha, estabelecendo relações de liberdade com as coisas, acabando por encontrar o Sexta-Feira» [3]. Também na história do Estado, num primeiro momento, assiste-se a uma tentativa de *fortificação* que passa pela máxima concentração e unificação do poder (nesta linha, vide as teorizações de MAQUIAVEL, BODIN, HOBBES e ROUSSEAU) [4]. Só num segundo momento, quando o Estado já se sentia suficientemente *seguro* para se aventurar à descoberta da sociedade, é que ele é capaz de proceder a uma divisão do seu próprio poder e de estabelecer uma relação de liberdade com o seu «Sexta-Feira», o homem (neste sentido, vide as concepções de LOCKE e MONTESQUIEU) [5].

O Estado Liberal é, assim, o resultado destes dois momentos antagónicos. Poder-se-ia dizer, ironizando, que o modelo teórico do Estado liberal tem quatro *pais*, ou melhor dizendo, dois *pais* (HOBBES e ROUSSEAU que representam o elemento viril da teorização do Estado) e duas *mães* (LOCKE e MONTESQUIEU que representam o elemento feminino da concepção do Estado).

HOBBES e ROUSSEAU teorizaram o elemento democrático do Estado, conferindo-lhe um fundamento de legitimidade. Alicer-

---

[3] VASCO PEREIRA DA SILVA, *Estruturas da Sociedade: Liberdade e Solidariedade*, Comunicação apresentada na Conferência «A Igreja no Mundo Contemporâneo — Vinte anos da *Gaudium et Spes*», a editar brevemente.

[4] MAQUIAVEL, *O Príncipe*, cit.; THOMAS HOBBES, *Leviathan* e *De Cive* (tradução esp.), 2.ª edição, Tecnos, Madrid, 1982; JEAN-JACQUES ROUSSEAU, *O Contrato Social*, Europa-América, Lisboa, 1774.

[5] JOHN LOCKE, «Traité du Gouvernment Civil», Flammarion, 1984; MONTESQUIEU — «De L'Esprit des Lois», Flammarion, Paris, 1979,

çado num pacto social, o Estado fundamentava-se na vontade das pessoas que o constituíam. Mas, passado este momento inicial da formação, o Estado transformava-se numa entidade *a se*, forte e totalitária, que podia assumir a configuração de um monstro semi-humano (o *Leviathan*) ou de uma realidade abstracta que se manifestava através da *vontade geral*.

LOCKE e MONTESQUIEU teorizaram o elemento liberal do Estado, que assenta na ideia que o Estado se deveria auto-limitar como forma de permitir a liberdade individual. Com LOCKE e MONTESQUIEU, a democracia deixou de ser apenas *o pecado original* do Estado, para se tornar no seu modo de ser quotidiano.

Entre o Estado absoluto e o Estado liberal não existe, pois, uma situação de ruptura mas de continuidade. Quase se poderia dizer que o Estado liberal é o Estado absoluto que se democratizou, aprofundando o seu fundamento de legitimidade que decorria do pacto social e colocando-se ao serviço dos homens que o constituíram, através da separação dos poderes e da garantia dos direitos individuais.

Entidade unificadora, ao Estado se vão referir todas as funções realizadas pelos poderes políticos. Como diz ENTERRÍA, «a tradição absolutista do continente, que unificava todas as funções públicas subjectivamente num monarca, tendeu a ver no conceito de Estado um substituto abstracto desse centro subjectivo único» [6]. Legislar, administrar e julgar são atributos diferentes de um mesmo Estado, mesmo quando se encontram atribuídos a poderes diferentes e autónomos.

Foi este modelo de Estado que, depois de previamente *testado* nos Estados Unidos da América, foi transportado para o continente europeu pela mão dos revolucionários franceses.

---

[6] GARCIA DE ENTERRÍA/RÁMON FERNÁNDEZ, *Curso de Derecho Administrativo*, 4.ª edição, Civitas, Madrid, 1986, vol. I, pág. 29.

No continente europeu já existiam a democracia e o liberalismo, mas não existia o Estado. Devido a circunstancialismos históricos específicos, a Inglaterra vai poder dispensar a figura de uma entidade unificadora do poder político, efectuando uma transição *quase* pacífica da organização política estamental da Idade Média para uma organização política de tipo liberal (descontadas as episódicas experiências revolucionárias, como a da República de Crommwell, de 1649 a 1658, e, posteriormente, a *revolução gloriosa, «glorious revolution»*, de 1688).

Como diz ENTERRÍA, «a própria palavra Estado é estranha ao direito inglês, quanto mais o conceito. Em vez deste encontramos o de Coroa, que se refere a toda a organização administrativa» ([7]). Nestes termos, «Coroa e Parlamento, *King and Parliament*, não são elementos parciais de uma realidade superior, o Estado, segundo as ideias mais ou menos místicas da monarquia continental, antes têm substantividade independente (...). Ambos os sujeitos estão simplesmente em relação, como o estão as partes num contrato, pelo qual cada um mantém e integra a sua individualidade» (ENTERRÍA) ([8]). Também os tribunais surgem, assim, como entidades autónomas e independentes, não são «órgãos da Coroa, antes órgãos ou expressões do *direito da terra, the law of the land*, direito que (...) não está estatizado, não é um produto da vontade do príncipe, mas obra do costume e das decisões judiciais» (ENTERRÍA) ([9]).

A experiência britânica vai funcionar como modelo do ideário liberal, sobretudo, por influência de MONTESQUIEU que, no seu *De L'Esprit des Lois*, retoma o princípio da separação de poderes, já anteriormente apresentado por JOHN LOCKE. Mas, apesar de a matriz do dogma liberal da separação de poderes

---

([7]) ENTERRÍA/FERNÁNDEZ, *Curso...*, cit., vol. I, pág. 27.
([8]) ENTERRÍA/FERNÁNDEZ, *Curso...*, cit., vol. I, pág. 27.
([9]) ENTERRÍA/FERNÁNDEZ, *Curso...*, cit., vol. I, pág. 27.

ser a experiência inglesa, a configuração que ele vai assumir, quer na obra de MONTESQUIEU, quer, mais tarde, nos modelos de organização política saídos das revoluções americana e francesa, é bastante diferente. Poder-se-ia dizer que tudo se passou como se de um *jogo de espelhos* se tratasse, em que a reflexão da imagem, da experiência britânica para a obra de MONTFSQUIEU e da obra de MONTESQUIEU para a revolução americana, primeiro, e revolução francesa, depois, leva à sua progressiva deformação e afastamento do modelo original.

A descrição que MONTESQUIEU faz da realidade britânica, no célebre Livro XI, Capítulo VI, do *De L'Esprit des Lois* é, simultaneamente, uma interpretação dessa mesma realidade à luz da situação política do *continente* e, sobretudo, da França. A explicação do princípio da separação de poderes, típico da experiência inglesa, aparece assim reconduzida ao conceito unificador de Estado.

MONTESQUIEU considera que «existem em qualquer Estado três espécies de poderes: o poder legislativo, o poder executivo das coisas que dependem do direito público (*du droit des gens*) e o poder executivo daquelas que dependem do direito civil» ([10]). Curiosa, também, é a análise feita por MONTESQUIEU do poder judicial, que aparece limitado à função de dirimir os litígios nas relações inter-privadas. Nas palavras de MONTESQUIEU, «pelo terceiro (poder), ele (Estado) pune os crimes ou julga os diferendos dos particulares» ([11]).

É este entendimento do princípio da separação de poderes que vai encontrar a sua concretização na revolução francesa e que vai ter consequências quanto ao modo de conceber o controlo da Administração pelos tribunais. Enquanto que, em Inglaterra,

---

([10]) MONTESQUIEU, *De L'Esprit...*, cit., pág. 294.
([11]) MONTESQUIEU, *De L'Esprit...*, cit., pág. 294 (as palavras entre parêntesis são um acrescento meu).

o princípio da separação de poderes implicava a existência de um poder judicial autónomo dos demais, cabendo aos tribunais ordinários tanto a resolução dos litígios entre os particulares, como entre os particulares e as entidades públicas; na França, em nome do mesmo princípio da separação de poderes, o poder judicial vai ficar limitado aos conflitos inter-privados, encontrando-se os tribunais ordinários impedidos de conhecer dos litígios entre os particulares e a Administração.

É, com efeito, em nome de uma «interpretação heterodoxa» (ENTERRÍA) [12] do princípio da separação de poderes que a legislação revolucionária vai proibir os tribunais ordinários de interferirem na esfera da Administração (v. art. 7.º do Dec. de 22 de Setembro de 1789, art. 13.º da Lei 16-24 de Agosto de 1790, art. 3.º da Constituição de 1791) [13]. Como diz HAURIOU, «estas duas séries de textos contêm, na realidade, duas interdições muito diferentes que respeitam, uma, à separação das funções administrativas e judiciais, e a outra, à separação dos contenciosos». Por um lado, «a proibição aos tribunais judiciais de se imiscuírem nas funções da Administração activa (...) implica uma separação da função administrativa e da função judiciária»; por outro lado, «a proibição aos tribunais de se ocuparem do contencioso das reclamações contra a actuação administrativa implica uma separação do contencioso administrativo do poder judicial» [14].

O que a legislação revolucionária vai consagrar não é, apenas, a separação entre a função administrativa e a função judicial, impedindo que os tribunais exerçam tarefas adminis-

---

[12] ENTERRÍA/FERNÁNDEZ, *Curso...*, cit., vol. I, pág. 468.
[13] V. Vários, *Le Contentieux Administratif—Documents d'Études—Droit Administratif*, ns. 2.09-2.10, La Documentation Française, Fevereiro, 1976, págs. 9 e segs.
[14] MAURICE HAURIOU, *Précis Élémentaire de Droit Administratif*, Paris, Sirey, 1925, págs. 448 e 449.

trativas ou as entidades administrativas tarefas jurisdicionais, mas também a impossibilidade de os tribunais conhecerem dos litígios entre a Administração e os particulares. Uma tal interprepatação distorcida do princípio da separação de poderes «teve, efectivamente, por primeira consequência subtrair o contencioso administrativo a qualquer juiz» (PACTEAU) ([15]). Assim, e continuando a citar PACTEAU, «em vez de se reconhecer que julgar a Administração é ainda julgar, preferia-se considerar que «julgar a Administração é ainda administrar» e que a «jurisdição era o complemento da acção administrativa» (PORTALIS)» ([16]).

O resultado desta situação é paradoxal: em nome da separação entre a Administração e a Justiça, o que verdadeiramente se realiza é a indiferenciação entre as funções de administrar e julgar. A tarefa de julgamento dos litígios administrativos é, então, remetida aos órgãos da Administração activa, originando uma situação em que «a confusão entre a função de administrar e a de julgar se verifica totalmente» (DEBBASCH) ([17]). A consagração deste sistema do Administrador-Juiz significava o reconhecimento de que o poder administrativo não podia estar sujeito ao controlo dos tribunais, a «ideia da isenção judicial da Administração» (ENTERRÍA) ([18]), que vai marcar toda a evolução futura do direito administrativo e do direito do contencioso administrativo à maneira de um *pecado original*.

O sistema do Administrador-Juiz vai ser aperfeiçoado sob a égide de Napoleão Bonaparte, com a criação do Conselho de Estado, pela Constituição de 22 do Frimário, ano VIII, de 15 de Setembro de 1799, no seu artigo 52. Esse aperfeiçoamento

---

([15]) BERNARD PACTEAU, *Contentieux Administratif*, P.U.F., Paris, 1985, pág. 16.
([16]) PACTEAU, *Contentieux...*, cit., pág. 17.
([17]) CHARLES DEBBASCH, *Contentieux Administratif*, 3.ª edição, Précis Dalloz, Paris, 1981, pág. 5.
([18]) GARCIA DE ENTERRÍA, *La Lucha Contra las Inmunidades del Poder*, 3.ª ed., Cuadernos Civitas, Madrid, 1983, pág. 18.

do sistema passava pela distinção entre órgãos da Administração activa e consultiva, levando à criação do Conselho de Estado, a nível nacional, e dos Conselhos de Prefeitura, ao nível dos departamentos. A estes órgãos da Administração consultiva ficava agora atribuída a tarefa de julgar dos litígios entre os particulares e a Administração, embora apenas pudessem emitir *pareceres*, que ficavam sujeitos a homologação do Chefe de Estado.

O objectivo de Napoleão, ao criar o Conselho de Estado, era o de criar um *«corpo meio-administrativo, meio-judiciário;* quer dizer, um corpo em que se harmonizem o espírito da Administração e o sentido da Justiça»* (CHAPUS) [19]. Nestes termos, «a justiça administrativa não é, por enquanto, dissociada da Administração. Mas, em vez de ser exercida pela Administração activa, sê-lo-á pela *Administração consultiva*, à qual pertencerá, não apenas aconselhar os órgãos da Administração activa, mas também decidir das reclamações provocadas pelo seu comportamento» (CHAPUS) [20].

1.2. A influência do Antigo Regime no sistema de contencioso administrativo instituído pela revolução francesa.

Para se encontrar a razão de ser da criação de uma justiça especial para a Administração ou, para usar a feliz expressão de NIGRO, da criação de «um juiz doméstico» [21], é preciso recuar no tempo, até ao período do Antigo Regime, cujas instituições de

---

[19] RENÉ CHAPUS, *Droit du Contentieux Administratif*, Montchrestien, Paris, 1982, pág. 9.
[20] R. CHAPUS, *Droit du...*, cit., pág. 2.
[21] MARIO NIGRO, *Transformazione dell Ammninistrazione e Tutela Giurisdizionale Differenziata*, in «Rivista Trimestrale di Diritto e Procedura Civile», 1980, n.º 1, Março, pág. 1607.

justiça administrativa vão influenciar, de forma marcante, as da revolução francesa.

Essa influência do Antigo Regime nas instituições de fiscalização da Administração pós-revolucionárias parece-me manifestar-se, sobretudo, relativamente a quatro aspectos:

1 — A proibição de os tribunais judiciais conhecerem dos litígios é, em grande parte, explicável como uma reacção contra o modo de actuação dos *parlamentos* no Antigo Regime. Estes tribunais, denominados *parlamentos*, controlados pela classe aristocrática, vão ser um instrumento de luta política contra a concentração do poder real [22]. Tão importante é a sua actuação que se pode mesmo falar num *governo dos juízes*, uma vez que estes exercem «uma justiça ideologizada no sentido da reivindicação estamental de uma participação activa no poder concentrado do rei absoluto» (ENTERRÍA) [23]. Eles vão, inclusivé, estar por detrás dos acontecimentos que deram origem à revolução, em virtude da resistência que vão opor às reformas dos ministros fisiocratas e que originam «a crise constitucional de que saiu (outra ideia arcaízante dos Parlamentos) a convocatória dos Estados Gerais de 1789, que acabou inesperadamente com o Antigo Regime» (Enterría) [24].

As duas principais prerrogativas de que os parlamentares se vão servir, na sua luta contra a monarquia

---

[22] Diz TOCQUEVILLE, «se se quiser prestar atenção à luta dos parlamentos contra o poder real, ver-se-á que é quase sempre no terreno da política e não no da Administração que nos encontramos». — ALEXIS DE TOCQUEVILLE, *L'Ancien Régime et la Révolution*, Gallimard, 1987, pág. 130.
[23] ENTERRÍA/FERNÁNDEZ, *Curso...*, cit., pág. 468, vol. I.
[24] ENTERRÍA/FERNÁNDEZ, *Curso...*, cit., pág. 469, vol. I.

absoluta, são: o direito de registo (*d'enregistrement*) e as *censuras* (*remontrances*). Consistia a prerrogativa do registo em os tribunais se recusarem a aplicar uma decisão régia que não se encontrasse devidamente registada junto do parlamento, o que permitia aos tribunais exercerem uma espécie de veto em relação às decisões não registadas. As censuras (*remontrances*) são um poder de controlo sobre as decisões do rei, cuja intensidade pode variar, desde os simples «*votos* (*voeux*) e súplicas (*supplications*), humildemente transmitidas», até ao exercício de «verdadeiros meios de anulação, o procedimento mais adequado às situações em que se trate não de modificar tal ou tal política, mas de obter a revogação ou a abrogação de um acto jurídico» (LEBRETON) [25].

Os revolucionários franceses, conscientes deste papel oposicionista desempenhado pelos parlamentos no período do Antigo Regime, vão procurar obviar ao aparecimento de uma situação similar, retirando aos poderes judiciais a competência para decidir dos litígios em matéria administrativa. No preâmbulo da legislação revolucionária da *separação de poderes*, refere-se expressamente que «a Nação não esqueceu o que se deve aos Parlamentos; só eles resistiram à tirania (...). A nossa magistratura estava constituída, precisamente, para resistir ao despotismo, mas este já não existirá de ora em diante. Esta forma de magistratura não é, pois, necessária» [26]. A moral a retirar desta passa-

---

[25] GILLES LEBRETON, *L'Origine des Cas d'Ouverture du Recours pour Excès de Pouvoir d'après les Remontrances des Parlements au XVIIIème Siècle*, in «Revue de Droit Public», 1986, n.º 6, Nov.-Dez., pág. 1607.

[26] Preâmbulo da legislação revolucionária francesa sobre o contencioso administrativo, cit. *in* ENTERRÍA/FERNÁNDEZ, *Curso...*, cit., pág. 469, vol. I.

gem é a seguinte: os revolucionários estão muito agradecidos pela actuação dos parlamentos no Antigo Regime, mas não querem que ela se venha a repetir no futuro, pois, agora, são eles que detêm o poder, pelo que uma tal actuação dos tribunais já não é mais necessária.

Em síntese, pode-se dizer, como DEBBASCH, que «uma desconfiança muito grande relativamente aos tribunais judiciários conduz à interpretação particular da regra da separação de poderes» [27], que levou à instauração de um contencioso especial para a Administração.

2 — A criação do Conselho de Estado, exercendo funções em matéria de contencioso administrativo, filia-se directamente numa outra instituição, o Conselho do Rei, existente no Antigo Regime. Esta relação de continuidade entre o Conselho de Estado e o Conselho do Rei é expressamente reconhecida por F. LAFERRIÈRE, quando afirma «que, de uma única e grande instituição da antiga monarquia, saíram o tribunal de Cassação dos tempos modernos e o Conselho de Estado do Consulado e do Império» [28].

As semelhanças entre o *novo* Conselho de Estado e o *velho* Conselho do Rei são hoje geralmente reconhecidas: tanto a criação do Conselho do Rei como do Conselho de Estado tiveram na sua base um intuito centralizador; a ambas as instituições foram atribuídas, simultaneamente, funções de carácter consultivo e de carácter contencioso.

---

[27] DEBBASCH, *Contentieux...*, cit., pág. 4.
[28] F. LAFERRIÈRE, *Cours Théorique et Pratique de Droit Public et Administratif*, 4.ª ed., Cotillon, Paris, 1854, pág. 182, vol. I.

A criação de jurisdições especiais no Antigo Regime é, segundo TOCQUEVILLE, explicável pela grande independência de que gozavam os parlamentos, o que levava o rei a procurar «subtraír-lhes o conhecimento dos assuntos que interessavam directamente ao seu poder, e a criar para o seu uso particular, ao lado deles, uma espécie de tribunal mais independente, que apresentasse aos súbditos alguma aparência de justiça, sem os fazer recear da realidade» [29]. Tal como, na sociedade do Antigo Regime, a desconfiança em relação aos parlamentos levara à criação do Conselho do Rei, também na França pós-revolucionária, o receio de que os tribunais judiciais seguissem o exemplo dos parlamentos do Antigo Regime, levou à criação do Conselho de Estado como juiz privativo da Administração.

3 — Verifica-se, também, uma certa relação de continuidade, ao nível da técnica jurídica, entre o período do Antigo Regime e o período pós-revolucionário.

Desde logo, essa continuidade é patente ao nível das pessoas encarregadas de proceder ao controlo da Administração. Como salienta NIGRO, «uma das bases essenciais do sistema administrativo francês, denominado liberal, fundado sobre a justiça administrativa, foi, na realidade, obra dos juízes formados sob o *Ancien Régime*, Thouret, Barnave, Ricard de Nimes que, à volta de 1789-1790, elaboraram o princípio: julgar a Administração é ainda administrar» [30].

---

[29] TOCQUEVILLE, *L'Ancien...*, cit., pág. 122.
[30] V. NIGRO, *Giustizia Amministrativa*, 3.ª ed., Il Mulino, Bolonha, 1983, pág. 30

Continuidade ao nível dos juízes significa, também, continuidade do ponto de vista técnico-jurídico. Isso mesmo foi provado num estudo recente de LEBRETON, onde se comparam os diversos meios de abertura do recurso por excesso de poder (os vícios do acto) com os instrumentos técnico-jurídicos utilizados pelos parlamentos, para se chegar à conclusão que «o Conselho de Estado se inspirou directamente nos Parlamentos» [31].

Esta tese da *inspiração directa* do Conselho de Estado na actividade dos Parlamentos, baseia-se em dois argumentos principais:

— por um lado, a comprovação «de que, no séc. XVIII, as censuras dos Parlamentos encontram-se largamente difundidas em França e na Europa» [32], sendo do conhecimento da generalidade dos juristas, os mesmos juristas que asseguravam o funcionamento das instituições judiciais no Antigo Regime e que as vão continuar a assegurar, também, no período pós-revolucionário;

— por outro lado, no facto de, tanto as sentenças dos tribunais do Antigo Regime, como os acórdãos do Conselho de Estado, utilizarem a *mesma* linguagem jurídica. Com efeito, os acórdãos do Conselho de Estado «empregam muito cedo os termos *incompetência, vício de forma* e *violação da lei;* ora esses termos eram já (...) conhecidos (*incompetência, violação de lei*) ou em vias de ser conhecidos (*vício de forma*) dos Parlamentos. É, portanto, legítimo pensar que o Conselho de Estado napoleónico beneficiou conscientemente da experiência dos seus ilustres prede-

---

[31] G. LEBRETON, *L'Origine*..., cit., pág. 1629.
[32] G LEBRETON, *L'Origine*..., cit., págs. 1619, 1620, 1629 e 1630.

cessores do ponto de vista da determinação do vocabulário» ([33]).

Esta tese da *influência directa* da actividade jurisdicional do Conselho de Estado na das entidades judiciais do Antigo Regime «não nega, aliás, toda a originalidade da obra do Conselho de Estado, mas (...) não faz senão deslocá-la do estádio da criação — que não existe, portanto, para o da sistematização que não se pode, evidentemente, negar» ([34]). Assim sendo, muita da actividade criadora do Conselho de Estado, no âmbito da configuração dogmática do recurso por excesso de poder, inspira-se directamente nos meios jurisdicionais utilizados no período do Antigo Regime.

4 — Também o próprio enquadramento teórico de fundo da posição da Administração relativamente ao poder judicial é feito nos mesmos termos, antes e depois da revolução, fazendo apelo à noção de Estado.
A consideração da Administração e da Justiça como modalidades diversas de actuação do mesmo Estado permite uma justificação teórica, tanto da criação de juízes privativos da Administração, como dos poderes de auto-tutela executiva que são atribuídos à Administração. A não submissão da Administração à Justiça é uma consequência natural da sua identidade de origem e da unidade indivisível da soberania personalizada no Monarca» ([35]) (ENTERRÍA), tal como a atribuição à Administração de especiais poderes de autoridade decorre da sua configuração como um poder do Estado.

---

[33] LEBRETON, *L'Origine...*, cit., pág. 1630.
[34] LEBRETON, *L'Origine...*, cit., pág. 1631.
[35] ENTERRÍA/FERNÁNDEZ, *Curso...*, cit., pág. 463, vol. I.

Assim se justificavam, no Antigo Regime, os privilégios especiais da Administração e a criação de tribunais especiais, assim se vão continuar a justificar, depois da revolução, esses mesmos privilégios e esses mesmos tribunais especiais. Como aponta TOCQUEVILLE, «não é preciso mais do que mudar a expressão *apelação* ao *Conselho* pela de recurso contencioso administrativo» ([36]), para que tudo continue na mesma.

Em conclusão, pode-se dizer que entre as instituições de controlo da Administração do Antigo Regime e as novas instituições pós-revolucionárias não há ruptura mas continuidade, pois que, como salienta TOCQUEVILLE, «nesta matéria nós não fizemos mais do que encontrar uma fórmula, ao Antigo Regime pertence a ideia» ([37]). Contrariamente às intenções formuladas, a separação de poderes anunciada pelos revolucionários franceses foi uma separação que se ficou a meio do caminho, continuando a Administração a deter especiais privilégios de jurisdição. Tal como TOCQUEVILLE teve a lucidez de observar, «nós, é verdade, retirámos à justiça a esfera administrativa onde o Antigo Regime a tinha deixado intervir bastante indevidamente, mas, ao mesmo tempo, como se vê, o governo introduzia-se sem cessar na esfera material da justiça e nós deixámos que continuasse a fazê-lo; como se a confusão de poderes não fosse tão perigosa por este lado como pelo outro» ([38]).

---

[36] TOCQUEVILLE, cit. *in* ENTERRÍA/FERNÁNDEZ, *Curso...*, pág. 463, vol. I.
[37] TOCQUEVILLE, *L'Ancien...*, cit., pág. 123.
[38] TOCQUEVILLE, *L'Ancien...*, cit., pág. 126.

1.3. *Da justiça reservada à justiça delegada. O modelo da justiça delegada como paradigma de uma certa forma de entendimento do Estado Liberal. O Estado, a Administração e o contencioso administrativo nos países de modelo continental.*

A evolução, de um sistema de controlo administrativo em que as decisões do Conselho de Estado estavam sujeitas a homologação dos órgãos da Administração activa, *sistema da justiça reservada* (justice retenue), para um sistema em que ao Conselho de Estado cabia a última palavra na matéria a decidir, *sistema da justiça delegada* (justice delegué), foi, em grande medida, determinada pela autoridade moral que a actuação desse Conselho foi adquirindo. Com efeito, «o Conselho de Estado adquiriu grande prestígio pela correcção jurídica e pelo bom senso das suas consultas, de tal forma que o Governo as homologava quase sempre, sendo muito raros os casos em que o Governo recusou a homologação de uma consulta do Conselho de Estado» (FREITAS DO AMARAL) [39].

Por intermédio de uma disposição normativa de 24 de Maio, de 1872, é suprimida a homologação do Governo, considerando-se, de ora em diante, que o poder de julgar se encontra atribuído ao Conselho de Estado. Trata-se de uma transformação radical do sistema de controlo da actividade administrativa. Por intermédio dela se produz a passagem do sistema do Administrador-Juiz «ao sistema dos tribunais administrativos» (AMARAL) [40], ou, na expressão de NIGRO, a «passagem *do contencioso administrativo à justiça administrativa*, fórmula que significa também a criação de órgãos de justiça administrativa, pelo menos tendencialmente independentes da organização do governo e da

---

[39] FREITAS DO AMARAL, *Direito...*, cit., vol. IV, pág. 88.
[40] FREITAS DO AMARAL, *Direito...*, cit., vol. IV, pág. 88.

Administração» ([41]). Trata-se de uma situação de ruptura na continuidade, como se uma nova separação de poderes se tivesse produzido, agora, «no próprio seio do conjunto da Administração, entre acção e jurisdição. Depois de ter rejeitado o juiz exterior, o direito administrativo segregava o seu próprio juiz» (PACTEAU) ([42]).

Esta transformação *interna* do sistema implica uma dupla dimensão. Por um lado, a jurisdicionalização do Conselho de Estado decorre da necessidade de protecção dos cidadãos face à actuação da Administração, que é sentida como uma exigência do Estado de Direito Liberal, pelo que se pode falar de uma necessária «conexão entre o Estado Administrativo de Direito e a justiça administrativa» (NIGRO) ([43]). Por outro lado, essa jurisdicionalização é apenas parcial, limitada pela consideração da Administração como poder do Estado e do órgão controlador como órgão da Administração, pelo que se poderia dizer, como NIGRO, que as instituições do controlo administrativo são «filhas do Estado de Direito enquanto Estado Administrativo» ([44]).

Assim, o controlo da Administração pelos *tribunais* administrativos não é concebido em termos plenos, mas em termos *hierárquicos*. À maneira de um órgão superior do órgão administrativo autor do acto, os tribunais administrativos limitam-se a anular os actos deste, quando ilegais. Como diz ENTERRÍA, «a inserção desta jurisdição no comportamento do sujeito Administração terá ficado fixada pela experiência precedente: a jurisdição contencioso-administrativa não terá, em absoluto, sobre a Administração, os mesmos poderes que o comum dos tribunais

---

[41] NIGRO, *Giustizia...*, cit., págs. 30 e 31.
[42] PACTEAU, *Contentieux...*, cit., pág. 17.
[43] NIGRO, *Giustizia...*, cit., pág. 31.
[44] NIGRO, *Giustizia...*, cit., pág. 27.

em relação aos sujeitos a eles submetidos, mas limitar-se-á ao julgamento *ex post* das actuações administrativas» (45).

O sistema meio-administrativo, meio-jurisdicional da *justiça delegada* vai constituir uma espécie de paradigma de um certo modo *liberal* de entender a Administração, típico dos Estados europeus do continente. Como sistema liberal que era, procura atribuir a protecção dos direitos dos particulares a uma entidade independente, deixando à iniciativa destes o controlo da actividade administrativa, o «que representa não apenas o corolário da corrente exaltação dos valores individuais, mas constitui, coerentemente, o sistema mais óbvio de tutela da identidade comum» (VIGORITA) (46). Como sistema administrativo que era, configurando a Administração como uma modalidade do poder do Estado, é levado a atribuir à Administração uma posição especial no processo, ao mesmo tempo que limita os poderes do juiz à anulação do acto. Ironizando, poder-se-ia dizer que o sistema de contencioso administrativo francês tem uma *costela* liberal e uma *costela* autoritária, que decorrem do entendimento do Estado saído da revolução francesa como liberal, por parte da *mãe* (LOCKE e MONTESQUIEU), e autoritário, por parte do *pai* (HOBBES, ROUSSEAU).

A ideia de um controlo da Administração por uma entidade independente, mas com poderes limitados, correspondia ao *ambiente* de direito do Estado liberal, que assentava no princípio da separação entre o Estado e a sociedade para a protecção do indivíduo. Entendia-se que o indivíduo estaria mais protegido quanto menos o Estado interviesse, pelo que qualquer intervenção do Estado era vista como potencialmente agressora da esfera de liberdade individual. Mas, ao mesmo tempo partia-se do princí-

---

(45) ENTERRÍA/FERNÁNDEZ, *Curso...*, cit., vol. I, pág. 470.
(46) SPAGNUOLO VIGORITA, *Principio Individualistico nel Processo Amministrativo e Difesa dell'Interesse Pubblico*, in «Riv. Trim. di Dir. e Proced. Civile», 1962, pág. 637.

pio que a melhor defesa dos direitos dos cidadãos era a que provinha da lei, enquanto manifestação da *vontade geral*, uma vontade que tinha *preferência* sobre a da Administração e que poderia estabelecer espaços de *reserva*, nos quais a Administração estava impedida de entrar. Nos termos desta visão e numa perspectiva de organização dos poderes do Estado, considera-se que o principal meio de defesa dos cidadãos face à Administração era a actuação do poder legislativo e não do poder judicial, o qual, segundo MONTESQUIEU, tinha apenas como função a resolução dos litígios inter-privados [47]. O contencioso administrativo podia, assim, ser concebido como um auto-controlo da Administração, tendo como objectivo principal a prossecução da legalidade e do interesse público e só, secundariamente, a defesa dos direitos dos indivíduos, cuja protecção estava confiada ao poder legislativo.

Numa Administração concebida como Agressiva dos direitos dos particulares, o fulcro da actividade administrativa residia no acto administrativo, entendido como manifestação de autoridade da Administração. Como se verá mais adiante, a teoria do acto administrativo vai, inicialmente, assentar nesta noção *autoritária* de acto administrativo, procurando conciliá-la com as garantias dos direitos dos particulares. Esta dupla função do conceito de acto administrativo, enquanto acto de autoridade e instrumento de garantia dos cidadãos, vai-se espelhar no modo de conceber a sua fiscalização contenciosa. Como salienta FREITAS DO AMARAL, numa «primeira fase a noção de acto administrativo serve para delimitar as acções da Administração Pública excluídas por lei da fiscalização dos tribunais judiciais» [48], para, numa segunda fase, passar a «definir as actuações da Administração Pública sujeitas ao controlo dos tribunais administrativos. O acto

---

[47] MONTESQUIEU, vide nota (11).
[48] FREITAS DO AMARAL, *Direito Administrativo*, lições policops., vol. III, Lisboa, 1985, pág. 64.

administrativo passou assim a ser um conceito que funciona ao serviço do sistema de garantias dos particulares» (⁴⁹). Nestes termos, o conceito de acto administrativo que, numa primeira fase, serviu apenas de garantia da Administração, passa a fazer *jogo duplo*, servindo, simultaneamente, de garantia da Administração e dos particulares, o que corresponde à lógica da noção liberal de Estado.

A este modelo de Estado corresponde, também, um modelo de organização administrativa. Segundo momento da evolução do Estado, o Estado liberal vai herdar do seu antecessor, o Estado absoluto, a organização centralizada do poder. Na Administração do Estado liberal «o poder público é organizado como um corpo unitário, igualmente difundido pelo centro e pela periferia (mas em função das necessidades do centro), distribuído por sectores correspondentes a matérias ou grupos de matérias» (⁵⁰). O modelo de organização desta Administração era o Ministério, *centro* da decisão estatal que, depois, irradiava para a periferia, pelo que «a relação centro-periferia foi considerada, então, como o principal eixo de transformação do Estado moderno» (⁵¹). Trata-se do modelo organizativo que decorre de uma visão antropomórfica do Estado, considerado como um homem em ponto grande e que está expressa no pensamento de HOBBES. Como se diz no *Leviathan*, a «república ou Estado (...) não é senão um homem artificial, ainda que de maior estatura e robustez que o natural, para cuja protecção e defesa foi instituído, e no qual a soberania é uma alma artificial que dá vida e movimento ao corpo inteiro, os magistrados e outros funcionários da judicatura e do poder executivo, os órgãos artificiais (...)» (⁵²).

(⁴⁹) FREITAS DO AMARAL, *Direito...*, cit., vol. III, pág. 65.
(⁵⁰) SABINO CASSESE, *Le Transformazioni dell'Organizzazione Amministrativa*, in «Riv. Trim. di Dir. Pubblico», 1985, n.º 2, pág. 376.
(⁵¹) SABINO CASSESE, *Le Transformazioni...*, cit., pág. 376.
(⁵²) HOBBES, *Leviathan...*, cit., pág. 47.

Este modelo de actuação, organização e controlo da Administração, que foi ensaiado pela revolução francesa, vai ser *exportado* para os restantes países europeus. A sua aplicação vai ter lugar em todos aqueles países da Europa que também tinham feito uso da noção de Estado, como elemento unificador do poder, quer dando origem à instauração de regimes políticos liberais, quer de regimes de tipo autoritário (*v. g.* a Administração prussiana).

Na Itália são as invasões francesas a trazer esse modelo administrativo. Como diz SANDULLI, «o sistema do contencioso administrativo tinha sido introduzido em Itália pela legislação napoleónica» [53]. Mais tarde, depois da unificação, por influência da legislação belga, o legislador italiano pretendeu abolir o contencioso administrativo (Lei 20/3/1865), remetendo aos tribunais comuns a competência para decidir sobre *direitos civis e políticos* e à Administração a possibilidade de afastar os actos administrativos ilegais. Como aponta CASSESE, «as dimensões modestas e as tarefas limitadas da Administração levaram, no séc. XIX, as classes dirigentes a não se preocuparem demasiado com o controlo jurisdicional da Administração Pública. As leis sobre a unificação administrativa e, em particular, o alegado *E*, do Decreto de 20 de Março, de 1865, n.º 2248, deixaram à própria Administração a tarefa de julgar dos recursos de actos administrativos com o poder de os revogar ou modificar. Aos juízes ordinários, civis e penais, eram atribuídas as controvérsias sobre *direitos civis e políticos*, mas eles não podiam anular actos administrativos, mas, apenas, *conhecer dos efeitos* destes» [54].

O sistema italiano, mantendo embora algumas especificidades, aproxima-se da matriz francesa em 1889, com a criação da

---

[53] ALDO SANDULLI, *Manuale di Diritto Amministrativo*, XII ed. (reimp.), Jovene, Nápoles, 1978, pág. 801.
[54] SABINO CASSESE, *Le ingiustizie della Giustizia Amministrativa Italiana*, in «Riv. Trim. di Dir. e Proced. Civile», 1984, n.º 2, Junho, pág. 422.

IV Secção do Conselho de Estado, com funções em matéria de contencioso administrativo. O objectivo afirmado pelo legislador (Lei de 31 de Março de 1889, n.º 5972) era o de «não deixar grande parte das relações Estado/cidadão sem juiz» [55]. Estava instaurado o sistema semi-administrativo, semi-jurisdicional *típico* da organização liberal do Estado.

A prova provada, de que o modelo *soi-disant* liberal tinha bastante de autoritário, está na sua aplicação mesmo por Estados não liberais. Na verdade, o sistema francês serviu também de modelo para o sistema prussiano de «(auto) controlo objectivo da Administração» (KREBBS) [56]. Nos termos da formulação de RUDOLF VON GNEIST, que esteve por detrás do legislador alemão dos finais do séc. XIX e inícios do séc. XX, era «errado que o direito administrativo fosse estruturado de forma jurídico-subjectiva como o direito privado», «no direito administrativo trata-se de uma ordem jurídica objectiva, a qual é também independente dos pedidos das partes e vai além deles, a fim de realizar o direito público e o interesse público» [57].

Também a organização do sistema de justiça administrativa «que existiu, em alguns estado do sul e centro da Alemanha, na primeira metade do séc. XIX, liga-se ao modelo do Conselho de Estado francês; ela constituía uma componente orgânica da Administração e não da Justiça. Os membros destas instituições de justiça administrativa eram, predominantemente, funcionários administrativos e sem as garantias de independência dos juízes» (ULE) [58].

---

[55] S. CASSESE, *Le Ingiustizie...*, cit., págs. 422 e 423.
[56] WALTER KREBBS, *Subjektiver Rechtsschutz und Objektive Rechtskontrolle*, in ERICHSEN/HOPPE/MUTIUS, «System des verwaltungsgerichtlichen Rechtschutzes — Festschrift für Christian — Friedrich Menger zum 70. Geburtstag», Carl Heymmans Verlag, Colónia/Berlim/Bona/Munique, 1985, pág. 195.
[57] GNEIST, cit. *in* KREBBS, *Subjektiver...*, cit., pág. 195.
[58] CARL HERMANN ULE, *Verwaltungsprozessrecht*, 8.ª ed., Beck, Munique, 1983, pág. 2.

E tanto esta justiça administrativa se prendia mais com a noção de Estado, do que com a noção de liberalismo que, ironia do destino, ela «foi combatida pelos partidários liberais do pensamento do Estado de Justiça, porque contrariava a sua concepção de Estado de Direito» (ULE) ([59]).

Nos Estados alemães, a luta dos movimentos liberais, diferentemente do que se passara em França, não é pela instauração de um auto-controlo da Administração, mas de um controlo jurisdicional. Veja-se, a título de exemplo, o § 182 da Constituição de Frankfurt, de 28 de Março de 1849, onde se dizia: «Os meios de garantia administrativa (*Verwaltungsrechtspflege*) terminaram, os tribunais decidem de todas as lesões de direitos» ([60]).

Na Espanha, também, o modelo francês foi recebido pela Constituição de Baiona, de 1808. Ao longo do século XIX, sucedem-se diferentes legislações referentes ao contencioso administrativo, muitas delas directamente influenciadas pela experiência francesa (*v. g.* leis de 2 de Abril e de 6 de Julho de 1845, lei de 13 de Setembro de 1888 — lei «Santamaría de Paredes») ([61]).

Em Portugal, o sistema de *justiça reservada*, ou *justice retenue*, esteve em vigor durante o século XIX, pelo que «a justiça administrativa era retida nas mãos do soberano, em vez de ser por ele delegada nos tribunais» (FREITAS DO AMARAL) ([62]). O abandono deste sistema só se vai dar por volta de 1930, instaurando-se então, um *sistema de justiça delegada* que vai durar até à Constituição de 1976. Este sistema apresentava características muito aproximadas das da matriz francesa original: o entendimento dos tribunais administrativos não como «tribunais especiais do poder Judicial, mas órgãos da própria Administração» (CAE-

---

([59]) C. H. ULE, *Verwaltungsprozessrecht*, cit., pág. 3.
([60]) V. C. ULE, *Verwaltungsprozessrecht*, cit., pág. 3.
([61]) ENTERRÍA/FERNÁNDEZ, *Curso...*, vol. II, págs. 486 e segs.
([62]) F. DO AMARAL, *Direito...*, cit., vol. IV, pág. 87.

TANO) ([63]) e a elaboração do contencioso em termos de recurso que decorria da ideia de continuidade entre o processo administrativo gracioso e contencioso ([64]).

1.4. O liberalismo nos países anglo-saxónicos: o direito sem Estado. A comparação dos sistemas administrativos francês e britânico.

Contrariamente ao que os revolucionários franceses quiseram fazer crer, a proibição de os tribunais judiciais controlarem a Administração não corresponde ao princípio da separação de poderes do ideário liberal, mas é antes um mero acidente de percurso, originado pela concreta situação histórica da Europa do continente. Esse modelo de contencioso administrativo está mais ligado ao conceito de Estado, enquanto entidade unificadora do poder, e de Administração, enquanto aparelho ao serviço desse Estado, do que à ideia de liberalismo político. O aparecimento do Estado prende-se com as vicissitudes políticas da Europa do continente, que precisou de criar uma entidade unificadora do poder, para fazer face à dispersão política característica do feudalismo.

Nos países anglo-saxónicos, onde o conceito de Estado, porque desnecessário, se encontrou ausente, a evolução da Administração e do contencioso administrativo foi muito diferente.

([63]) MARCELLO CAETANO, *Manual de Direito Administrativo*, 10.ª ed. (reimp.), Almedina, Coimbra, 1980, vol. I, pág. 36. Embora, no âmbito da Constituição de 1933, já se defendesse a natureza jurisdicional dos tribunais administrativos. V. AFONSO QUEIRÓ, *Lições de Direito Administrativo* (policops.), vol. I, Coimbra, 1976, págs. 111 a 113; RUI MACHETE, *Contencioso Administrativo*, in «Dicionário Jurídico da Administração Pública», vol. II, 1972, págs. 683 e segs.

([64]) Vide M. CAETANO, *Manual...*, cit., vol. II, págs. 1327 e segs.; *Comentário, Acórdão do Conselho Ultramarino de 13 de Janeiro de 1961*, in «O Direito», 1961, n.º 4, págs. 303 e segs.

Tão diferente que é mesmo costume falar em dois tipos de sistemas administrativos: o sistema de *administração executiva* ou francês e o sistema de *administração judiciária* ou inglês ([65]). Segundo FREITAS DO AMARAL, o sistema inglês chama-se de *administração judiciária*, por causa «do papel nele exercido pelos tribunais» ([66]), enquanto que o sistema francês se denomina de *administração executiva*, devido à «autonomia aí reconhecida ao poder executivo relativamente aos tribunais» ([67]).

A interpretação francesa do princípio da separação de poderes vai originar a criação de uma jurisdição especial para a Administração que, por sua vez, vai determinar o nascimento de um ramo de direito próprio da Administração. Como diz WEIL, «o *Conseil d'État* segregou o direito administrativo como uma glândula segrega a sua hormona: a jurisdição precedeu o direito e sem aquela este não teria visto a luz do dia» ([68]).

Este direito administrativo, criado pelos tribunais administrativos, tem subjacente a ideia de uma Administração como poder do Estado, dotada de poderes de auto-tutela das suas decisões. À Administração é concedido um *estatuto especial*, embora limitado pela consideração dos interesses dos particulares ([69]). Assim, «as normas do direito administrativo caracterizam-se em face das do direito privado, seja porque conferem à Administração prerrogativas sem equivalente nas relações privadas, seja por-

---

([65]) Distinção da autoria de HAURIOU, *Précis de Droit Administratif et de Droit Public*, 11.ª ed., Paris, 1927, pág. 2. Vide FREITAS DO AMARAL, *Curso de Direito Administrativo*, vol. I, Almedina, Coimbra, 1986, págs. 92 e segs.
([66]) FREITAS DO AMARAL, *Curso...*, cit., pág. 96.
([67]) FREITAS DO AMARAL, *Curso...*, cit., pág. 101.
([68]) PROSPER WEIL, *O Direito Administrativo*, Almedina, Coimbra, 1972, pág. 15.
([68]) Não é, assim, um direito puramente *estatutário*, embora consagre um *estatuto especial* para a Administração. Em sentido diferente, v. ENTERRÍA//FERNÁNDEZ, *Curso...*, vol. 1, pág. 36; e ENTERRÍA, *Verso un concetto di diritto amministrativo come diritto statutario*, in «Riv. Trim. di Diritto Pubblico», 1960, págs. 317 e segs.

que impõem à sua liberdade de acção sujeições mais estreitas do que aquelas a que estão submetidos os particulares» (RIVERO) ([70]). Esta dupla natureza das normas administrativas decorre, também, da já referida noção de Estado liberal, apresentando o direito administrativo, por um lado, uma *faceta* autoritária, que implica a ideia da posição privilegiada da Administração e, por outro lado, uma *faceta* liberal, que obriga a que à Administração sejam impostas restrições especiais no interesse dos cidadãos.

No sistema de tipo francês, tanto o contencioso como o direito administrativo são determinados pela noção de Estado, ou, para usar a expressão de NIGRO, de Estado administrativo. Como diz este autor, «os institutos da justiça administrativa aperfeiçoam o Estado administrativo, pois completam o estatuto *especial* da Administração pública: a Administração pública para além de um direito *próprio* (isto é, particular), tem um juiz próprio ou, mais em geral, é objecto de meios de tutela *próprios*» ([71]).

Pelo contrário, no sistema inglês, a Administração não possui nem um contencioso, nem um direito próprio, tal como não dispõe de poderes de auto-tutela das suas decisões. O controlo da Administração é realizado pelos tribunais judiciais, através dos meios de tutela normais e o critério desse controlo são as normas do *direito comum*, pois que os órgãos administrativos «por via de regra não dispõem de privilégios ou de prerrogativas de autoridade pública» (AMARAL) ([72]). Não sendo a actividade administrativa reconduzida ao conceito unificador de Estado, o tratamento jurídico conferido à Administração não se diferencia daquele que cabe aos demais sujeitos de direito, pelo que a subor-

---

([70]) JEAN RIVERO, *Direito Administrativo*, Almedina, Coimbra, 1981, pág. 42. Vide, também, F. DO AMARAL, *Curso...*, cit., vol. I, mx., págs. 136 e 137.

([71]) M. NIGRO, *Giustizia...*, cit., pág. 28.

([72]) F. DO AMARAL, *Curso...*, cit., vol. I, pág. 94.

dinação da Administração ao Direito não apresenta nada de *milagroso*, sendo uma realidade natural.

A autoridade da Administração não deriva do facto de ser um poder do Estado, mas da aplicação da lei, pelo que a Administração não necessita da «noção de um poder autónomo interposto, dotado de subjectividade e privilégios especiais, poder que é a Administração nos sistemas continentais» (ENTERRÍA) [73]. Assim, «não cumprir um acto administrativo equipara-se, por isso, a não cumprir a lei em que o mesmo se funda, o que constitui uma infracção penal, segundo o mais antigo *common law*» [74]. A própria actividade regulamentar da Administração não é vista como a manifestação de um poder autónomo, mas como o exercício de uma competência que foi delegada à Administração pelo poder legislativo [75].

Neste tipo de sistemas a Administração, exactamente porque as suas decisões não gozam de um poder de autoridade própria, habituou-se, de há muito, a tentar chegar a acordo com os particulares, a fim de realizar os seus objectivos públicos. Assim, a actividade administrativa tendeu a contratualizar-se, enquanto que, nos sistemas de tipo francês, a forma predominante de actuação administrativa era a manifestação unilateral de vontade.

Contratualização da Administração que é, também, visível ao nível da própria organização administrativa. A ausência da noção de Estado levou a um sistema de organização administrativa estruturado não em função de um centro, mas como uma realidade multipolar. As instituições de poder local (*local government*) representam autónomos centros de decisão que se relacionam entre si e com os órgãos do poder central. Mesmo ao nível da organização administrativa existe, pois, uma «socie-

---

[73] ENTERRÍA/FERNÁNDEZ, *Curso...*, cit., vol. I, págs. 463 e 464.
[74] ENTERRÍA/FERNÁNDEZ, *Curso...*, cit., vol. I, pág. 464.
[75] WADE/BRADLEY, *Constitutional and Administrative Law*, 10.ª ed., (4.ª reimp.), Longman, Londres/Nova Iorque, 1987, págs. 53 a 55.

dade contratual, quer dizer, uma sociedade multipolar, onde o poder se encontra segmentado e cujo vínculo é, por essência, o contrato» (LAURENT COHEN TANUGI) [76].

Uma outra característica do sistema de administração judiciária é a de os tribunais procederem a um controlo que incide tanto sobre a legalidade, como sobre o mérito, das actuações administrativas. Como diz FRANCHINI, «para que um acto de uma autoridade administrativa seja legal não basta, segundo o juiz inglês, que ele tenha sido tomado de acordo com uma norma que expressamente o preveja, no pressuposto de circunstâncias de facto que lhe justificam a existência e segundo o procedimento previsto. É ainda necessário que ele seja a expressão de um poder razoavelmente exercido» [77]. Deste modo, o juiz não se limita a um controlo meramente *externo*, formal, das decisões administrativas, mas procede ao seu exame, fazendo uso dos «princípios de pragmaticidade, lógica e de razoabilidade. Tende a controlar em termos reais a substância do acto, a relação efectiva entre a sua essência jurídica e a finalidade concreta pela qual foi efectuado no caso concreto» (FRANCHINI) [78]. Contudo, e algo paradoxalmente, embora os poderes do juiz no sistema de administração judiciária sejam bastante mais amplos do que nos de tipo francês, nem sempre a eficiência deste controlo é maior [79].

---

[76] LAURENT COHEN TANUGI, *Le droit sans l'État-Sur la Démocratie en France et en Amérique*, 2.ª ed., P.U.F., Paris, 1985, pág. 10.
[77] CLAUDIO FRANCHINI, *Ii Giudice di Fronte alla Pubblica Amministrazione nell'Ordinamento Inglese*, in «Riv. Trim. di Diritto Pubblico», 1985, n.º 4, pág. 1118.
[78] C. FRANCHINI, *Il Giudice...*, cit., pág. 1129.
[79] Vide SÉRVULO CORREIA, *O Controlo Jurisdicional da Administração no Direito Inglês*, in «Estudos de Direito Público em Honra do Professor Marcelo Caetano», Ática, Lisboa, 1973, pág. 136; BENOIT, *Juridiction Judiciaire et Juridiction Administrative*, in «Documents d'Études...», cit., pág. 13.

2. O contencioso administrativo no Estado Social.

2.1. As alterações do modelo de Estado e suas implicações na Administração Pública e seu controlo através dos tribunais

A *questão social* e as *crises cíclicas do capitalismo*, dos finais do século XIX e inícios do século XX, vieram colocar novos desafios ao poder político, chamando o Estado a desempenhar novas funções de tipo económico e social. Por um lado, pede-se ao Estado a criação de legislação e de instituições que permitam pôr termo às condições de *miséria operária* e que assegurem um mínimo de sobrevivência a todos os cidadãos; por outro lado, requer-se a intervenção do Estado na vida económica, como forma de correcção das disfunções do mercado.

A aplicação da *receita Keynesiana*, com o objectivo de resolver os problemas económicos e alcançar um equilíbrio global do funcionamento da economia pela via da expansão da procura, vai levar a um intervencionismo crescente do Estado na vida económica e social. Esta receita, que vai ser aplicada em quase todos os países europeus após a II Guerra Mundial, vai fazer com que o Estado não seja apenas um consumidor, mas que se torne, ele próprio, um produtor de bens e serviços.

Da defesa da não-intervenção do Estado na sociedade, como forma de protecção do cidadão, passa-se a reclamar a intervenção do Estado na vida económica e social, como instrumento de realização da felicidade individual. As exigências que os indivíduos colocam ao Estado e as actividades que este se propõe para as realizar levam a que se possa falar de um «novo contrato social que as nossas sociedades propõem aos cidadãos e que as transforma em *sociedades seguradoras (sociétés assurantielles)*» (EWALD)[80].

---

[80] FRANÇOIS EWALD, *L'État Providence*, Grasset, Paris, 1986, pág. 16.

O Estado, qual *seguro de vida* do cidadão, apresenta-se como o sucedâneo terreno da Divina Providência. Como diz ROSANVALLON, «o Estado-Providência exprime a ideia de substituir a incerteza da providência religiosa pela certeza da providência estatal» ([81]).

Num Estado que se tornou Social, a Administração, até então, apenas considerada como *Agressiva* dos direitos dos particulares, vai ser entendida como o principal instrumento de realização das novas funções e de satisfação das novas necessidades que são, agora, atribuídas ao Estado. Assim, a Administração passa de *Agressiva* a *Prestadora* ou *Constitutiva* ([82]) e essa sua nova função torna-se a principal característica do Estado Social que é, necessariamente, um *Estado de Administração* (*Verwaltungstaat*) (FORSTHOF).

As novas exigências que se colocam no Estado obrigam a uma actuação administrativa mais eficiente, pois «cada indivíduo fica dependente das prestações, da eficiência e da fidelidade à lei da Administração pública» (BADURA). O novo modelo de Estado exige uma actuação administrativa mais eficaz, mais autónoma e, simultaneamente, com maiores possibilidades de ser controlada. Como diz BADURA, torna-se necessária uma «Administração pública que saiba adequar o seu fim constitucionalmente estabelecido de modo eficiente e autónomo, sem estar livre dos vínculos requeridos pelo princípio da legalidade da Administracção» ([83]).

([81]) PIERRE ROSANVALLON, *A Crise do Estado-Providência*, Inquérito, Lisboa, pág. 92.

([82]) Vide ROGÉRIO SOARES, *O Princípio da Legalidade e a Administração Constitutiva*, in «Boletim da Faculdade de Direito da Universidade de Coimbra», 1981, págs. 168 a 191; RUI MACHETE, *O Processo Administrativo Gracioso perante a Constituição de 1976*, in «Democracia e Liberdade», 1980, n.º 13, Janeiro, nota 11, págs. 32 e 33.

([83]) PETER BADURA, *Limitti e Alternative della Tutela Giurisdizionale nelle Controversie Amministrative*, in «Riv. Trim. di Diritto Pubblico», 1984, n.º 1, pág. 101.

Mas o modelo do Estado Social não é apenas económico e social, mas também político. À unificação do poder, típica do Estado absoluto e que perdura no Estado liberal, sucede-se a pulverização e *democratização* do poder, que «deixa de ser *privilégio* exclusivo do Estado, para passar a ser repartido e compartilhado pela própria sociedade. De única entidade detentora do poder, o Estado passa a organismo de coordenação e arbitragem dos diversos poderes dispersos pela sociedade» [84]. Fragmentação do poder que é visível a dois níveis: no interior do próprio Estado, que deixa de estar organizado em função de um centro decisório único, para se transformar numa rede multipolar de autónomos centros de decisão, e no exterior do aparelho estadual, com o aparecimento de numerosos organismos intermédios entre o cidadão e o Estado (*v. g.* partidos políticos, sindicatos, confederações patronais, associações), que não se limitam à tentativa de conquistar ou influenciar o poder estadual, antes vão adquirindo, eles próprios, um estatuto de poder [85].

A pulverização do poder, no âmbito do Estado, determina uma alteração da estrutura organizativa da Administração pública. Por um lado, a desconcentração e descentralização em que assenta a nova estrutura administrativa leva a que se possa dizer que os serviços «antes organizados como uma pirâmide, são agora organizados como uma rede» (CASSESE) [86]. Por outro lado, em vez das tarefas tradicionais da Administração (polícia, negócios estrangeiros), tendem a ser predominantes as «actividades de serviço público, de empresa e de financiamento» que têm, como característica principal, o serem desenvolvidas «não em

---

[84] VASCO PEREIRA DA SILVA, *A Vinculação das Entidades Privadas pelos Direitos, Liberdades e Garantias*, in «Revista de Direito e Estudos Sociais», 1987, n.º 2, pág. 263.
[85] Vide VASCO P. SILVA, *A Vinculação...*, cit., pág. 263.
[86] SABINO CASSESE, *Le Transformazione...*, cit., pág. 382.

função do centro, mas antes da colectividade (ou de grupos ou categorias nela compreendidas)» (CASSESE) [87].

Deste modo se põe em causa a visão antropomórfica do Estado, que tendia a apresentar os serviços administrativos como seus órgãos, sob a direcção do governo. Antes, aconteceu que «o governo, de vértice da pirâmide democrática, se tornou a parte periférica do sistema: este é dominado (...) pelos grandes serviços *sob forma de rede* (escola, saúde, previdência, transportes, etc.). O governo pode ser entendido — no máximo — como um director de orquestra que serve uma partitura» [88]. Talvez se possa dizer, como NIGRO, «que a Administração pública já não existe mais», restando, em sua substituição, uma «pluralidade de Administrações» [89]. Nestes termos, o sistema de organização administrativa tende a aproximar-se do existente nos países anglo-saxónicos, onde também não existe a noção de *centro*.

Todas estas alterações na estrutura do poder do Estado se vão repercutir no seu modo de actuação. O Estado liberal assentava na ideia de uma posição de superioridade relativamente à sociedade e seus conflitos, que este resolvia, de forma geral e abstracta, através da lei ou, de forma concreta, através de uma manifestação de vontade unilateral. Esta *correlação de forças* encontra-se, forçosamente, alterada, a partir do momento em que o Estado perdeu o monopólio do poder. Agora, «a figura do contrato (...) é cada vez mais utilizada pelos autores políticos na compreensão das relações efectivas que se desenrolam no interior do Estado» (BOBBIO) [90]. A contratualização da actuação do Estado, em geral, e da Administração, em particular, é o resul-

---

[87] SABINO CASSESE, *Le Transformazione...*, cit., pág. 377.
[88] SABINO CASSESE, *Le Transformazione...*, cit., pág. 384.
[89] M. NIGRO, *Transformazione...*, cit., pág. 22.
[90] NORBERTO BOBBIO, *O Futuro da Democracia*, D. Quixote, Lisboa, 1988, pág. 172.

tado da perda de *verticalidade* do Estado, que faz com que «o governo, *o soberano* no sentido tradicional da palavra, cujo lugar deveria situar-se *super partes* figure como um potentado entre os outros, nem sempre sendo, de resto, o mais forte» (BOBBIO) ([91]).

Ao nível da actuação administrativa, as alterações determinadas pelo modelo de Estado Social são, sobretudo, sentidas no que se refere: *a)* a uma crescente utilização de meios privados por parte da Administração; *b)* a um uso mais frequente de meios normativos na actividade administrativa; *c)* a uma relativa desvalorização da noção de acto administrativo, que é consequência das alterações anteriormente referidas.

a) A Administração dos nossos dias faz, cada vez mais, uso de meios, até então típicos dos privados, quer se trate do recurso a regras de carácter técnico, quer de instrumentos jurídicos como o contrato. Houve mesmo quem chegasse a falar na existência de uma «fuga ao direito público» ou «fuga para o direito privado» (NAUMAN) ([92]) tal a amplitude atingida pelo fenómeno.

No entanto, como muito bem acentuou BACHOF, essa actuação de direito privado não deve ser configurada como uma *fuga ao direito público*, antes deve ser, também ela, submetida às regras e princípios gerais da actuação administrativa ([93]). A necessidade de adequação das normas e princípios de direito administrativo é, sobretudo, sentida no âmbito da Administração Constitutiva ou Prestadora, onde é mais evidente a contratualização da actividade administrativa ou o recurso a regras de carácter técnico.

([91]) NORBERTO BOBBIO, *O Futuro...*, cit., pág. 184.
([92]) NAUMAN, intervenção reunião Professores de Direito Público de Marburg, cit. in OTTO BACHOF, *Der Rechtsschutz im Öffentlichen Recht: gelöste und ungelöste Probleme (Versuch einer Bilanz)*, in «Die öffentliche Verwaltung», Julho, 1953, n.º 14, Julho, pág. 423.
([93]) O. BACHOF, *Der Rechtsshutz...*, cit., pág. 423.

b) As novas tarefas da Administração do Estado Social trazem consigo o uso mais frequente de meios normativos, não apenas dos *clássicos* regulamentos, mas também das, cada vez mais generalizadas, normas de planeamento e das directivas. O aparecimento destas normas «finalmente programadas» que, «em vez do esquema *se-então (Wenn-dann-Schema)*», «utilizam o *esquema fim-meio (Zweck-Mittel-Schema)*» (TSCHIRA/GLÄESER) ([94]), permitindo à Administração uma ampla liberdade de escolha dos meios dentro dos fins determinados, é, também, uma característica da Administração Constitutiva do Estado Social que assim se pretende «pré-figurativa» ou «prospectiva» (NIGRO) ([95]).

c) Por tudo isto se verifica uma certa desvalorização da noção de acto administrativo, que deixou de ser a única forma de actuação da Administração (se bem que deva ainda ser considerada a mais importante). Como diz MAURER, «é dominante, hoje, a concórdia quanto ao facto de o acto administrativo não ser *a* forma de actuação da Administração, mas apenas *uma* de entre as formas de actuação da Administração» ([96]). O próprio acto administrativo, como adiante se verá, perdeu parte do seu carácter *autoritário*, adquirindo uma configuração mais *democrática*.

Todas estas alterações do modo de actuação da Administração não poderiam deixar de ter influência no modo de conceber o contencioso administrativo. A fiscalização contenciosa da Administração estava estruturada de acordo com o pressuposto de uma Administração Agressiva e de actuação esporádica, pelo que era uma fiscalização contenciosa meramente *defensiva* dos cidadãos e entendida como uma defesa de segunda linha (pois a

---

([94]) TSCHIRA/SCHMITT GLÄESER, *Verwaltungsprozessrecht*, 7.ª ed., Boorberg, Munique/Hanover, 1985, pág. 94.

([95]) M. NIGRO, *Esperienze e Prospettive del Processo Amministrativo*, in «Riv. Trim. di Diritto Pubblico», 1981, n.º 2, pág. 405.

([96]) HARTMUT MAURER, *Allgemeines Verwaltungsrecht*, 4.ª ed., Beck, Munique, 1985, pág. 128.

principal protecção dos indivíduos face à Administração era a lei). A mudança de natureza da actuação da Administração e a mudança de posição do cidadão face a ela não poderia deixar de ter influência na organização do contencioso, pois, como diz DEBBASCH, «um contencioso administrativo concebido para administrados defensores revela-se inadequado para proteger administrados demandantes» (*demandeurs*) ([97]).

A jurisdição administrativa torna-se, assim, o instrumento principal de defesa dos particulares face à Administração e uma defesa que tem como objectivo assegurar a plena satisfação das suas pretensões. As principais alterações apresentadas pelo contencioso administrativo consistem em: a) uma plena jurisdicionalização das instituições de fiscalização administrativa; b) o aperfeiçoamento do contencioso de anulação, como forma de melhorar o controlo da actuação administrativa e obter uma mais eficaz protecção dos cidadãos; c) o aparecimento de novos meios processuais no contencioso administrativo.

a) O aprofundamento da noção de Estado de Direito, que vem associada ao Estado Social, vai obrigar a que os litígios entre a Administração e os particulares sejam julgados por verdadeiros tribunais. É assim que, nuns casos mais cedo, noutros mais tarde, em todos os países europeus, se vai verificar o *corte do cordão umbilical* que ainda ligava a Administração e o contencioso administrativo, dando lugar a uma plena jurisdicionalização da fiscalização dos actos da Administração.

Em França, o Conselho de Estado, concebido como um órgão da Administração, exercendo uma função jurisdicional, só aos poucos se vai tornando completamente independente do poder executivo, por via da sua própria actuação. A esta *função criadora* da jurisprudência do Conselho de Estado se veio juntar,

---

[97] C. DEBBASCH, *Contentieux...*, cit., pág. 13.

recentemente, a função criadora do Conselho Constitucional (*Conseil Constitutionnel*) que, numa decisão de 22 de Julho de 1980, reconheceu a natureza jurisdicional do Conselho de Estado, considerando-o como integrado no poder judicial.

Através desta sentença, «a existência da jurisdição administrativa é reconhecida constitucionalmente em igualdade com o poder judicial, no quadro de um poder judicial independente dos poderes legislativo e executivo» (Favoreu) [98].

Contudo, e apesar desta sentença da jurisdição constitucional francesa, alguns aspectos da regulamentação legal do Conselho de Estado (*v. g.* o facto de o estatuto dos magistrados decorrer do estatuto geral da função pública e não do dos magistrados judiciais, ou de o recrutamento dos juízes ser feito de entre indivíduos provenientes da E.N.A. — «École National d'Administration» — e não da E.N.M. — «École National de la Magistrature»), constituem ainda resquícios (cada vez mais reduzidos, saliente-se) da sua anterior ligação à Administração, pelo que se pode, agora, colocar o problema da sua inconstitucionalidade [99].

Curiosamente, talvez por a França ser a matriz do sistema de ligação da Administração à Justiça, a plena jurisdicionalização do contencioso administrativo foi aí mais tardia do que nos restantes países europeus da mesma família.

Na Alemanha, a defesa da completa separação entre os tribunais administrativos e os órgãos da Administração Pública data dos finais do século XIX, sob o impulso das ideias liberais. Embora o *slogan* desse movimento liberal fosse o de «protecção jurídica através dos tribunais e protecção jurídica através dos tribunais» ordinários», somente foi realizada a primeira das exigências uma vez que «os tribunais administrativos, criados desde

---

[98] Louis Favoreu, *La Jurisprudence du Conseil Constitutionnel en 1980*, in «Revue de Droit Public», 1980, n.º 6, pág. 1633.

[99] Vide L. Favoreu, *La Jurisprudence...*, cit., págs. 1633 e segs.; R. Chapus, *Contentieux...*, cit., págs. 3 e segs.

1863 (Baden), foram separados da jurisdição ordinária» (ULE) ([100]).
Desses tribunais administrativos só os superiores eram «verdadeiros tribunais» (DREW) ([101]), enquanto que nas instâncias inferiores se continuava a verificar uma certa *confusão* entre Administração e Justiça.

No âmbito da constituição de Weimar acentua-se essa tendência para a plena jurisdicionalização do contencioso administrativo, bem como para a consideração do contencioso administrativo em termos subjectivos, sob a influência das ideias de FRITZ FLEINER e JELLINEK ([102]).

Depois da II Guerra Mundial, na R.F.A., verificou-se o ressurgimento dos tribunais administrativos, integrados no poder judicial, dotados de amplos poderes de controlo sobre a actividade administrativa, constituindo uma reacção contra os abusos do poder cometidos durante o regime nazi (BACHOF) ([103]). Essa natureza jurisdicional dos tribunais administrativos encontra-se constitucionalmente consagrada e considera-se decorrer do Estado de Direito, «porque num Estado de Direito apenas os tribunais correspondem às exigências de imparcialidade e independência que o instituto da protecção jurídica implica» (ULE) ([104]).

Em Itália, no tocante ao Conselho de Estado, «a natureza e as competências jurisdicionais do órgão permaneceram em dúvida» (CASSESE) ([105]) até à consagração do seu carácter jurisdicional, bem como dos órgãos de contencioso local (Juntas Provinciais Administrativas), pela lei n.º 62, de 7 de Março de 1907 ([106]). Desde então, a natureza jurisdicional dos órgãos

---

([100]) C. ULE, *Verwaltungsprozessrecht*, cit., pág. 3.
([101]) DREW, cit. *in* ULE, *Verwaltungsprozessrecht*, cit., pág. 3.
([102]) Vide ULE, *Verwaltungsprozessrecht*, cit., pág. 4.
([103]) O. BACHOF, *Der Rechtsschutz...*, cit., pág. 417.
([104]) ULE, *Verwaltungsprozessrecht*, cit., pág. 2.
([105]) S. CASSESE, *Le Ingiustizie...*, cit., pág. 423.
([106]) S. CASSESE, *Le Ingiustizie ...*, cit., pág. 423; ALDO SANDULLI, *Manuale...*, cit., pág. 805.

do contencioso administrativo tem sido reafirmada por todas as reformas subsequentes e é unanimemente reconhecida pela jurisprudência e doutrina.

Em Espanha, a plena jurisdicionalização do contencioso administrativo verificou-se através da Lei Maura, de 5 de Abril de 1904, que criou uma *Sala* de Contencioso Administrativo no Supremo Tribunal. Após o hiato do período da guerra civil e algumas hesitações da legislação do período que se lhe seguiu, a lei de 27 de Dezembro de 1956 retoma a solução anterior. Como diz ENTERRÍA, desde então, «a jurisdição contencioso-administrativa, localizada no Supremo Tribunal e nas *Audiencias Territoriales*, e plenamente integrada na organização judicial, alcançou a sua maioridade, situando-se definitivamente acima de toda a polémica» [107].

Em Portugal, à semelhança da França, verificou-se um relativo atraso na jurisdicionalização plena das instituições do contencioso administrativo. Embora já no domínio da constituição de 1933 se defendesse a natureza jurisdicional dos tribunais administrativos [108], só com a Constituição de 1976, através do seu art. 212, é que os tribunais administrativos são integrados no poder judicial. Esta jurisdicionalização plena vai ser completada através do E.T.A.F., que faz cessar a nomeação dos juízes dos tribunais administrativos pelo Governo e cria um Conselho Superior dos Tribunais Administrativos e Fiscais.

b) O contencioso de anulação foi bastante aperfeiçoado, permitindo, assim, um mais eficaz controlo do exercício do poder administrativo e uma mais completa satisfação das posições de vantagem dos particulares. O aprofundamento de noções substantivas com incidência processual, como é o caso dos direitos subjectivos ou da relação jurídica administrativa, ou de institutos

---

[107] ENTERRÍA/FERNÁNDEZ, *Curso...*, cit., pág. 494.
[108] *Vide* autores citados nota (65).

processuais, como a legitimidade, os poderes processuais das partes, os efeitos das sentenças, a suspensão da eficácia dos actos administrativos, os processos de execução das sentenças administrativas, entre tantos outros, permitiu aumentar a eficácia do controlo administrativo através do recurso contencioso de anulação. O modo como tais institutos foram evoluindo e a forma como eles se configuram nos dias de hoje, vai ser objecto de estudo nos restantes capítulos deste trabalho, pelo que aqui apenas fica uma breve alusão.

c) A complexificação das formas de actividade administrativa levou, também, nalguns casos, à criação de novos meios jurisdicionais que aparecem como complementares dos *típicos* meios contenciosos de anulação.

Deste modo, surgem novas modalidades de acções, como, por exemplo na Alemanha, a *acção de cumprimento de um dever* (*Verpflichtungsklage*) que é uma acção de condenação da Administração, ou acções de simples apreciação de direitos ou relações jurídicas (*Feststellungsklage*); ou, em Portugal, as acções para o reconhecimento de um direito ou interesse legítimo (art. 69.º e segs. do DL n.º 267/85, de 16 de Julho).

De referir que esta tendência para a criação de meios complementares do tradicional contencioso de anulação, é uma tendência, sobretudo, da legislação alemã e portuguesa mais recente. Algo diferentemente, em França, Itália ou Espanha, a orientação do legislador vai mais no sentido de aumentar a amplitude do alcance do contencioso de anulação, do que no da criação de meios jurisdicionais complementares.

2.2. A aproximação dos sistemas de Administração judiciária e executiva.

As alterações do modelo de Estado, a que anteriormente se fez referência, levaram a uma maior aproximação dos sistemas administrativos de tipo francês e de tipo britânico. Do lado do sistema de tipo francês, o conceito de Estado, que *espreitava* por detrás das instituições administrativas, foi perdendo o seu carácter *autoritário*, aproximando-se, estas, das de tipo britânico. Do lado do sistema de tipo britânico, as novas funções que a Administração é chamada a desempenhar levaram a um crescimento quantitativo e qualitativo das actuações administrativas, em termos não muito diferentes do sucedido nos países de sistema francês.

Chamada a desempenhar novas funções, também a actuação da Administração nos países anglo-saxónicos se complexificou. Os autores norte-americanos falam no aparecimento de uma *necessidade de regulamentação* (*need for regulation*). Como diz BREYER, «os problemas complexos da vida social, económica e técnica requerem a intervenção governamental, principalmente no mercado privado. Intervenção significa regulamentação pela Administração actuando sob a orientação geral da lei (*congress*), delegações com amplos poderes de actuação política» ([109]).

A intervenção administrativa «gozava de simpatia universal, expandindo-se, das comissões de fim de século, às vastas regulamentações económicas dos programas do *New Deal* para a saúde, a segurança e a protecção do ambiente nos anos 60» (GARLAND) ([110]). Nos EUA como na França, na Grã-Bretanha como na Alemanha ou Portugal, um pouco por toda a parte,

---

([149]) STEPHEN BREYER, *Judicial Review of Questions of Law and Policy* in «Administrative Law Review», 1986, n.º 4, pág. 338.
([110]) MERRICK GARLAND, *Deregulation and Judicial Review*, in «Harvard Law Review», 1985, n.º 3, Janeiro, pág. 507.

a Administração adquire uma dimensão Constitutiva ou Prestadora.

As principais diferenças entre os sistemas de administração executiva e judiciária, tal como nasceram, tinham que ver com, respectivamente:

a) O controlo da actividade administrativa por tribunais especiais ou pelos tribunais comuns;

b) A existência ou inexistência de normas diferenciadas para as relações jurídico-administrativas;

c) O facto de a Administração estar ou não dotada de poderes de auto-tutela das suas decisões ([111]).

Na actualidade, estas diferenças tendem a esbater-se e os sistemas de tipo francês e britânico aproximam-se grandemente. Senão, vejamos:

a) Devido à jurisdicionalização progressiva das entidades encarregadas de proceder à fiscalização da Administração, que teve lugar nos sistemas de tipo francês, tanto nos sistemas de administração judiciária como executiva, o controlo das actuações administrativas é feito por verdadeiros e próprios tribunais.

b) O aumento das funções da Administração, característico dos nossos dias, trouxe consigo «o aparecimento de milhares de leis administrativas: por isso, são hoje numerosos os tratados e manuais ingleses de *administrative law*» (AMARAL) ([112]). E o mesmo se diga dos EUA, sobretudo, a partir da década de 30 do nosso século, com o incremento das políticas *Keynesianas* do *New Deal*. Como consequência, também nos países de sistema de administração judiciária passou a existir um direito especial para as relações administrativas.

Simultaneamente, nos países de tipo francês, tornou-se cada vez mais frequente o uso de instrumentos de direito privado por

---

([111]) FREITAS DO AMARAL, *Curso...*, cit., vol. I, pág. 112.
([112]) FREITAS DO AMARAL, *Curso...*, cit., vol. I, pág. 112.

parte da Administração Prestadora, pelo que, também nestes, a actividade administrativa se encontra, com grande frequência, submetida ao direito privado.

c) No que respeita à auto-tutela das decisões administrativas, igualmente, os sistemas tendem para a aproximação, em resultado do aparecimento, nos países anglo-saxónicos, de certas entidades administrativas dotadas de poderes de auto-tutela e de, nos países de sistema francês, se admitir a possibilidade de suspensão jurisdicional da eficácia dos actos administrativos.

Nos países anglo-saxónicos é, por vezes, conferida obrigatoriedade às decisões administrativas, como contrapartida da processualização do mecanismo de tomada de decisão. Como diz FREITAS DO AMARAL, «o séc. XX viu surgir na Grã-Bretanha uma nova entidade denominada *administrative Tribunals*» que «não são autênticos tribunais mas sim órgãos administrativos independentes» [113], cujas «decisões, tomadas após o que podemos qualificar como um verdadeiro processo administrativo gracioso, são decisões imediatamente obrigatórias e não carecem de confirmação ou homologação prévia para poderem ser impostas coactivamente» [114].

Uma situação semelhante se verificou nos Estados Unidos, onde a processualização das decisões administrativas levou à criação de *um sistema de representação de interesses*, que resulta da imposição dos tribunais, como forma de contrabalançar os poderes crescentes atribuídos às entidades administrativas, em especial às *agências governamentais*. Foram os tribunais que «liberalizaram as condições de legitimidade (*standing requirements*), com o fim de assegurar que os beneficiários tivessem acesso às agências, impuseram processos de tomada de decisão híbridos, a fim de assegurar que, uma vez diante das agências, os benefi-

---

[113] F. DO AMARAL, *Curso...*, cit., vol. I, pág. 112.
[114] F. DO AMARAL, *Curso...*, cit., pág. 113; WADE/BRADLEY, *Constitutional...*, cit., págs. 703 e segs.

ciários tivessem uma oportunidade de explicar os seus interesses e utilizaram uma *quase-processual* (*quasi-procedural*) visão do controlo judicial (*judicial review*) — conhecido pela *observação cuidadosa* (*the hard-look*), com o objectivo de assegurar que as agências passassem a considerar esses interesses» (GARLAND) ([115]).

Não deixa de ser curioso que esse esquema processual, imposto pelos tribunais à Administração, levasse a um certo retraímento da actividade jurisdicional. Nos termos da doutrina do *hard-look*, o controlo da Administração pelos tribunais era quase exclusivamente respeitante a aspectos formais. O juiz, quando chegava à conclusão que os interesses dos particulares não tinham sido devidamente ouvidos ou considerados, remetia de novo a decisão para a entidade administrativa, a fim de que esta procedesse a uma *observação cuidadosa* (*hard-look*) desses interesses. No fundo, essa doutrina traduzia um tratamento «deferente» para com a Administração, podendo dizer-se «que o juiz, ao mesmo tempo que mostrou o seu poder, ao afirmar uma concepção sua da Administração, declarou também a sua impotência, enquanto declarou e sustentou que os interesses, todos os interesses, deviam ser ouvidos pela Administração, o que significa, por seu lado, que ele não lhes pode dar ouvidos» (CASSESE) ([116]).

Curioso é, ainda, verificar que o sistema norte-americano de controlo da Administração através do *hard-look* se aproxima da concepção *clássica* do contencioso francês de anulação. Tal como, na concepção tradicional do recurso por excesso de poder, se considerava que o controlo dos tribunais estava limitado à anulação dos actos administrativos, cabendo à Administração retirar todas as consequências de tal anulação na sua actuação

---

([115]) M. GARLAND, *Deregulation...*, cit., págs. 510 e 511.
([116]) SABINO CASSESE, *Giudice Amministrativo e Amministrazione*, in «Riv. Trim. di Diritto Pubblico», 1987, n.º 1, pág. 121.

futura; também, de acordo com o mecanismo do *hard-look*, o tribunal se limita a reenviar a decisão administrativa para a entidade que a praticou, cabendo a esta proceder a uma *observação atenta* de todos os interesses em presença nas suas actuações posteriores.

3. O contencioso administrativo no Estado Pós-Social.

3.1. *A crise do Estado Social e as novas tendências do Estado Pós-Social.*

Nos últimos anos, a palavra mais utilizada pela doutrina constitucional e administrativa é a palavra *crise*, que se tornou num «lugar comum científico» (LUCAS PIRES) [117]. Em *crise* se encontrariam o Estado, o Direito, a Constituição, a Administração Pública...

Também, sobretudo, a partir da segunda metade da década de 70, se começa a discutir a crise do modelo de Estado Social. Como principais *sintomas* dessa crise aparecem-nos:

> 1 — A ineficiência económica do intervencionismo de um Estado que se tornou «tentacular», à «imagem de um polvo de mil tentáculos» (BOBBIO) [118]. Contrariamente ao que os indivíduos esperavam, a esse crescimento tentacular do Estado nem sempre veio ligado o aumento do bem-estar individual, mas antes um desmesurado crescimento da burocracia, que tornou a Administração num aparelho pesado e de funcionamento moroso.

---

[117] F. LUCAS PIRES, *O Problema da Constituição*, Coimbra, 1970, pág. 8.
[118] N. BOBBIO, *O Futuro...*, cit., pág. 44.

A receita económica Keynesiana de crescimento da economia através da intervenção estadual, que se julgava capaz de resolver todos os problemas, revelou-se inadequada para resolver as novas questões da «estagflação». Como diz Rosanvallon, «este bloqueamento da equação Keynesiana manifesta-se, em primeiro lugar, através da redução considerável dos efeitos sobre o crescimento das políticas de relançamento (...), redução ligada à abertura das economias, que faz do «constrangimento externo» a variável-chave da gestão económica. Ora, neste contexto, a eficiência económica (a competitividade) e o progresso social (redução das desigualdades e a socialização crescente da procura) tornam-se contraditórias a curto prazo» [119].

Passados os momentos optimistas de crença no crescimento imparável do bem-estar económico, o fantasma da crise económica volta de novo a espreitar, no que se pode considerar como uma das «tendências de crise do capitalismo avançado» (Habermas) [120].

2 — O crescimento das contribuições dos cidadãos para o Estado, mais do que proporcional aos benefícios que dele recebe. Crescimento esse que origina a desconfiança do cidadão face à actuação estadual ou, para usar a expressão de Habermas, um «deficit de legitimação» do Estado [121]. Esta situação obriga a colocar o problema de saber se existe um limite quanto ao «grau de socialização tolerável de um certo número de bens e de serviços» (Rosanvallon) [122].

---

[119] ROSANVALLON, *A Crise...*, cit., pág. 44.
[120] JÜRGEN HABERMAS, *Legitimation Crisis*, Heinemann, Londres, 1984, pág. 50.
[121] JÜRGEN HABERMAS, *Legitimation...*, cit., págs. 61 e 62.
[122] ROSANVALLON, *A Crise...*, cit., pág. 33.

3 — A quebra de imparcialidade do Estado, originada pela sua perda de *verticalidade*. Enquanto que o Estado liberal resolvera os conflitos sem se misturar com a sociedade, o Estado Social, ao mesmo tempo que cresce *horizontalmente*, perde a sua posição de superioridade e transforma-se numa força social entre muitas outras, sendo obrigado a relacionar-se com elas através de meios contratuais. Este Estado, habituado ao contrato, cede com frequência à tentação do *baixo--negócio* (corrupção, compadrio), que deixou de ser apenas um problema moral dos titulares do poder, para se transformar num problema político, decorrente do desaparecimento da sua posição de superioridade.

Esta *mistura* entre o Estado e a sociedade, conduz também a uma certa corporativização da sociedade, pois quando o Estado «já não sabe ou não pode basear-se num compromisso social de conjunto, multiplica os ordenamentos sociais de categorias, contribuindo, assim, para reduzir a sua legitimidade. O Estado clientela começa a construir-se dentro do Estado-Providência» (ROSANVALLON) ([123]).

4 — O crescente alheamento do cidadão face à coisa pública. De uma situação de dependência e confiança, típica do Estado Social, passa-se agora a uma situação de alienidade e desconfiança face ao Estado e seu funcionamento. Tal situação leva a que se possa falar da existência de «deficits de movimentação» (HABERMAS) ([124]), relativamente à participação nas estruturas estaduais, a qual se reflecte na legitimidade global do sistema.

([123]) ROSANVALLON, *A Crise*..., cit., pág. 33.
([124]) (Habermas), *Legitimation*, ..., cit. pág. 125.

Eis um *diagnóstico* de crise do Estado Social que é hoje compartilhado à direita e à esquerda, por correntes que vão do neo-liberalismo conservador ao socialismo marxista da «escola de Frankfurt», passando pelas tendências pós-socialistas e pós--sociais-democráticas ([125]).

Segundo creio, é possível passar da *crise* à *crítica* (CASTANHEIRA NEVES) ([126]) e, indo além da radiografia dos problemas do Estado Social, proceder a uma «atitude reflexiva de refundamentação» (CASTANHEIRA NEVES) ([127]) dos próprios princípios em que assenta esse modelo de Estado. Mais do que a morte de uma certa forma de organização, o que me parece estar em causa é o surgimento de um novo modelo de Estado, que representa uma tentativa de responder aos problemas com que se defrontam as sociedades actuais. Trata-se de um modelo novo, porque novos são os desafios que se lhe colocam e novas as necessidades a que tem de dar resposta, mas trata-se, também, de mais um momento na história do Estado, beneficiando, como tal, da *memória* dessa evolução, traduzida nos contributos dos modelos anteriores.

Parafraseando LUCAS PIRES, eu diria que «é um processo metamórfico e não agónico que está em curso» ([128]). Metamorfose esta que passa pela necessidade de um *retorno às origens*, não

---

([125]) Vejam-se as críticas ao Estado Social feitas por autores liberais como, entre outros: LEPAGE, *Demain le Libéralisme*, Pluriel, Paris, 1980; VARAUT, *Le Droit au droit — Pour un libéralisme institutionnel*, P.U.F., Paris, 1986; HAYEK, *Droit, Législation et Liberté*, P.U.F., Paris.

Ou por autores socialistas como: JACQUES JULLIARD, *La Faute à Rousseau*, eds. du Seuil, 1985; ALAIN TOURAINE, *O Pós-Socialismo*, Afrontamento, Lisboa, 1981; ROSANVALLON, *A Crise...*, cit.; HABERMAS, *Legitimation...*, cit.

([126]) CASTANHEIRA NEVES, *Filosofia do Direito*, Apontamentos fornecidos aos alunos da Universidade Católica no ano lectivo de 1983-84, 5.ª Lição, pág. 6.

([127]) CASTANHEIRA NEVES, *Filosofia...*, cit., 5.ª Lição, pág. 8.

([128]) LUCAS PIRES, *O Problema...*, cit., pág. 8.

sendo, por isso, um acaso que, nos nossos dias, tanto se fale de um *novo pacto social*, capaz de fundamentar uma nova relação, ou uma relação mais justa (RAWLS) ([129]), entre a sociedade e o poder político.

Com efeito, se as diversas *terapêuticas* prescritas para a superação da crise do Estado Social diferem no tocante à *dose do remédio* a ministrar, de acordo com as opções ideológicas dos seus proponentes é, contudo, possível encontrar entre elas tendências comuns que permitem a caracterização do modo como este Estado Pós-Social se vem configurando. Assim, como traços deste modelo de Estado em gestação, surgem-nos:

1 — O pôr em questão do crescimento do Estado e das funções por ele desempenhadas, procurando reequacionar o papel do Estado e redimensionar a extensão do seu aparelho. Consoante a perspectiva é mais liberal (HAYEK, LEPAGE, SORMAN) ou mais socialista (ROSANVALLON, TOURAINE), também esse redimensionamento é mais ou menos radical. Assim, enquanto os liberais colocam a tónica na diminuição quantitativa do Estado, os socialistas preocupam-se mais com a sua alteração em termos qualitativos (neste sentido ROSANVALLON, quando diz que «desburocratizar e racionalizar a gestão dos grandes equipamentos e funções colectivas é a via de uma socialização mais flexível» ([130]).

2 — A revalorização da sociedade civil, que acompanha essa relativa *desvalorização* da importância do Estado. A tendência actual é a de uma verdadeira «erupção da sociedade civil» (TANUGI) ([131]), realçando o papel dos

---
([129]) JOHN RAWLS, *Uma Teoria da Justiça*, ed. Universidade de Brasília, Brasília, 1981, mx. págs. 344 e segs.
([130]) ROSANVALLON, *A Crise...*, cit., pág. 89.
([131]) TANUGI, *Le Droit...*, cit., pág. 15.

indivíduos, das comunidades e dos organismos intermédios. Como que numa tendência de *retorno ao pequeno* (*small is beautiful*) ([132]), verifica-se uma acentuação generalizada dos valores individuais, bem como dos valores relativos à família ou de tipo nacionalista (quando se trata de cosmovisões de direita) ou a revalorização da participação em sindicatos, associações políticas e cívicas ou outros organismos intermédios (quando se trata de cosmovisões de esquerda).

3 — A defesa da participação dos indivíduos no processo de tomada de decisões, quer política, quer administrativa, aparece como outra manifestação do Estado Pós-Social. No fundo, mais não se faz do que lembrar a velha lição de TOCQUEVILLE, de que é necessário proceder a uma efectiva descentralização, não para obter os seus «efeitos administrativos (...), mas sim os seus efeitos políticos», fazendo com que o cidadão se sinta «ligado aos interesses do seu país como se se tratasse dos seus próprios interesses» ([133]). TOCQUEVILLE que, diga-se de passagem, foi redescoberto nos nossos dias, não havendo, à direita ou à esquerda, quem o não cite.

4 — O aumento da importância dos direitos do indivíduo, como meio de defesa deste contra todas as formas de poder. Conforme escrevi noutra ocasião, nos nossos dias «a liberdade do cidadão contra o poder não se pode dirigir, apenas, contra o poder do Estado, mas também contra o poder económico, o poder empresarial, o poder sindical, o poder da comunicação social, etc.» ([134]).

([132]) Parafraseando o título de um livro conhecido — SCHUMACHER, *Small is beautiful*, D. Quixote, Lisboa, 1985.

([133]) ALEXIS DE TOCQUEVILLE, *A Democracia na América*, Estúdios Côr, Lisboa, 1982, págs. 74 e 75.

([134]) VASCO P. SILVA, *A vinculação...*, cit., pág. 263.

3.2. Para um novo direito administrativo e um novo direito do contencioso administrativo.

Toda esta *movimentação* constitui um fenómeno político, mas também jurídico. Uma vez que o novo modelo do Estado põe em causa o modo de entender o Estado e a posição do cidadão em relação a ele, pode-se falar de uma situação de «retorno ao jurídico» (TANUGI) [135], tornando-se o direito público, em geral, e o direito administrativo, em particular, verdadeiras *disciplinas de ponta*.

No direito constitucional, esta tendência manifesta-se na tentativa de elaboração de um *novo constitucionalismo*. Este *novo* direito constitucional é concebido como um «direito constitucional das liberdades», as quais são asseguradas «graças à intervenção do juiz», ao contrário «do direito constitucional clássico — que é, sobretudo (...) um direito institucional» (FAVOREU) [136]. A passagem de um direito constitucional institucional a um direito constitucional dos direitos individuais, construído a partir da jurisprudência do tribunal constitucional é, de facto, uma exigência que, modernamente, se coloca ao Estado e que foi sentida pelos constitucionalistas, que a esse tema dedicaram o seu II Congresso Mundial [137].

Não apenas o direito constitucional, mas todo o direito público e consequentemente, também, o direito administrativo, necessitam de ser recentrados: o direito público não deve ser mais o direito do Estado e dos seus órgãos, mas o dos indivíduos e dos seus direitos, tal como o direito administrativo não deve

---

[135] TANUGI, *Le Droit...*, cit., pág. 18.
[136] LOUIS FAVOREU, *Introdução*, in «Droit Constitutionnel et Droits de l'Homme», Economica, Paris/Aix-en-Provence, 1987, págs. 5 e 6.
[137] O «Novo Direito Constitucional» foi o tema do II Congresso da Associação Internacional do Direito Constitucional, o qual teve lugar em Paris e Aix-en-Provence, de 31 de Setembro a 5 de Agosto de 1987.

ser mais o direito da Administração, mas o dos direitos individuais nas relações administrativas.

Nesta tarefa de construção de um *novo* direito administrativo e de um *novo* direito do contencioso administrativo, os tribunais têm uma importância fundamental, enquanto instrumento de defesa dos indivíduos. Tal como nos primórdios do direito administrativo, os tribunais administrativos são chamados a *refundar* o direito administrativo, já não enquanto direito *especial* da Administração, mas enquanto direito dos particulares face à Administração. Função criadora dos tribunais administrativos que se inscreve no movimento mais vasto da função criadora dos juízes, tão realçada ultimamente ([138]).

No domínio do contencioso administrativo, esta tendência refundamentante faz-se já sentir, como adiante se verá mais detalhadamente, ao nível dos seguintes aspectos:

1 — Num apelo crescente à noção de direitos fundamentais, como forma de melhorar a tutela jurídica das situações individuais.

2 — No modo de entender a posição do particular no processo administrativo como um verdadeiro sujeito processual e não como um mero funcionário da Administração.

3 — Na necessidade de aperfeiçoar, ainda mais, os institutos do contencioso administrativo, a fim de tornar mais efectiva a protecção dos particulares e mais eficaz o controlo da Administração.

([138]) CASTANHEIRA NEVES, *O Instituto dos assentos e a Função Jurídica dos Supremos Tribunais*, Coimbra, 1983, mx. págs. 40 e segs.

Este reforço dos meios jurisdicionais para uma mais completa protecção jurídica dos particulares é também sentido nos países onde a Administração seguiu o modelo britânico. Com a crise da Administração Social-Constitutiva, o poder de controlo da Administração pelos tribunais tende a intensificar-se. Nos Estados Unidos, fala-se de passagem do *modelo de representação de interesses*, em que o controlo dos tribunais era meramente formal, a um *modelo de fidelidade* (*fidelity model*), em que o tribunal controla tanto os aspectos formais como os substantivos das decisões administrativas (GARLAND) [139]. De novo, aqui, se verifica a tendência para a aproximação dos dois sistemas de Administração.

É nos termos deste novo *ambiente jurídico*, que acabei de descrever, que me proponho o estudo do recurso directo de anulação, a partir de uma perspectiva subjectivista. E se o direito administrativo nasceu do contencioso administrativo, talvez, também, esta minha perspectiva subjectivista do recurso de anulação possa ajudar a construir um *novo* direito administrativo.

---

[139] M. GARLAND, *Deregulation...*, cit., pág. 512.

CAPÍTULO II

O PARTICULÁR

1. O particular como parte no processo.
2. O conceito de direito subjectivo.
3. As principais teses quanto à natureza das posições jurídicas substantivas dos particulares.
4. Apreciação crítica das teses apresentadas. O direito subjectivo como categoria unitária.
5. O direito ao recurso.
6. A legitimidade processual.
7. A posição do particular no recurso directo de anulação.

O PARTICULAR

1. O particular como parte no processo.

Uma análise subjectivista do recurso directo de anulação deve começar por estudar a posição do particular e não a da Administração no processo. Isto, porque como se referiu, o direito administrativo não deve ser considerado como o direito da Administração, mas o dos direitos dos particulares nas suas relações com a Administração, tal como o contencioso administrativo não deve ser visto como uma garantia especial da Administração, mas como um instrumento de defesa dos particulares contra as actividades ilegais da Administração lesivas dos seus direitos.

A concepção *clássica* do contencioso administrativo, nascida com o recurso de excesso de poder francês, não trata o particular como parte no processo. No recurso por excesso de poder, diferentemente do recurso de plena jurisdição, o particular não fazia valer nenhum direito face à Administração, uma vez que se tratava de um «processo feito a um acto» (LAFERRIÈRE) [1]. No recurso de anulação «não são os direitos subjectivos, mas a legalidade objectiva que é objecto de valoração e decisão» (ENTERRÍA) [2]; o recurso é, assim, um processo colo-

---

[1] E. LAFERRIÈRE, cit. in WEIL, *Prefácio*, in KORNPROBST, *La Notion de Partie au Recours pour Excès de Pouvoir*, Paris, 1959, pág. 1.
[2] ENTERRÍA/FERNÁNDEZ, *Curso...*, cit., vol. II, pág. 39.

cado a um acto, tal como «na Idade Média se abria processo a um cadáver» (HAURIOU) [3].

Neste tipo de recurso «o acto administrativo é tudo (...) e todas as partes» (NIGRO) [4]. A posição do particular no processo não é a de titular de um direito subjectivo violado, mas, na expressão de HAURIOU, de um simples *interesse amarrotado (intérêt froissé)* [5]. E MARCELLO CAETANO explica que «esta noção de um interesse ofendido é muito diferente da de um direito de que a acção judicial fosse a realização. Trata-se simplesmente de exprimir a ideia de que não se quis, por motivos de ordem prática, abrir o recurso a todos sem distinção» [6].

Uma vez que se considerava que o particular não defendia nenhum direito próprio, a limitação do acesso ao juiz era apenas determinada por razões práticas de funcionamento dos tribunais. Como dizia o comissário do governo, CHENOT, «não há, com efeito, objecção teórica válida contra a *acção popular*, senão a consideração dos problemas que originaria, tanto no funcionamento das jurisdições como na marcha das administrações, uma jurisprudência que autorizasse não importa quem a reagir contra não importa o quê» [7]. Daí, que o critério do interesse, nos termos do qual seria ou não conferida ao particular legitimidade para agir no processo, estava dependente de uma maior ou menor abertura da política jurisprudencial do Conselho de Estado,

---

[3] HAURIOU, *Précis de Droit Administratif et de Droit Public*, cit in ENTERRÍA/FERNÁNDEZ, *Curso...*, cit., vol. II, pág. 39.

[4] MARIO NIGRO, *Problemi Veri e Falsi della Giustizia Amministrativa Dopo la Legge sui Tribunali Regionali*, in «Riv. Trim. Dir. Pubb.», 1972, pág. 830.

[5] HAURIOU, *Précis...*, cit., 11.ª ed., 1933, pág. 402.

[6] MARCELLO CAETANO, *O Interesse como Condição de Legitimidade no Recurso Directo de Anulação*, in «Estudos de Direito Administrativo», Ática, Lisboa 1974, pág. 226.

[7] CHENOT *Conclusions Chenot sur C.E., 10 Février 1950*, in «Documents d'Étude...», cit., pág. 55.

constituindo um mero «requisito de seriedade» (ODENT) ([8]) da actuação dos particulares.

Uma vez que o recurso de anulação era um processo contencioso de «introspecção administrativa, uma espécie de acção pública ou popular, o indivíduo que a intentava agia no interesse de todos» (HAURIOU) ([9]). A posição do particular no processo era a de «um ministério público, efectuando a repressão de uma infracção» (HAURIOU) ([10]), e não a de uma parte em sentido material.

A finalidade do recurso de anulação não era a protecção dos indivíduos face à Administração, mas apenas o modo de esta controlar a legalidade dos seus actos, servindo-se da ajuda do particular. É o particular que está ao serviço do processo administrativo a fim de se obter uma actuação administrativa mais consentânea com a lei e não o processo que está ao serviço do particular para a defesa dos seus direitos. Como diz GUICCIARDI, «pode dizer-se que, do ponto de vista estritamente jurídico, é o cidadão que serve o juízo administrativo que, sem a sua iniciativa, não poderia instaurar-se e desenvolver-se, enquanto que o juízo administrativo não serve o cidadão» ([11]).

Nestes termos, pode-se dizer que a posição do particular no contencioso de anulação decorre da sua posição face à Administração, que não é a de um sujeito, mas de «um puro objecto do poder soberano» (ERICHSEN-MARTENS) ([12]). Destituído de

---

([8]) ODENT, *Le Contentieux Administratif*, lições policops., Instituto de Estudos Políticos, Paris, 1961/1962, págs. 25 e segs.

([9]) HAURIOU, *Note sous C.E., 24 de Julho e 7 de Agosto de 1903*, cit. in MARCEL LALIGANT, *La Notion d'Intérêt pour Agir et le Juge Administratif*, in «Revue de Droit Public», 1971, pág. 64.

([10]) HAURIOU, *Note sous C.E., 8 Décembre de 1899* — Ville d'Avignon, cit. in CHAPUS, *Contentieux...*, cit., pág. 68.

([11]) ENRICO GUICCIARDI, *La Giustizia Amministrativa*, 3.ª ed. (reimp.), C.E.D.A.M., Milão, 1957, pág. 69.

([12]) ERICHSEN/MARTENS, *Das Verwaltungshandeln*, in ERICHSEN/MARTENS, *Allgemeines Verwaltungsrecht*, 7.ª ed., Walter de Gruyter, Berlim/Nova Iorque, pág. 150.

direitos subjectivos no seu relacionamento com a Administração a sua posição processual é a de um mero «procurador do direito» (CHAPUS) [13].

Uma tal concepção da posição do indivíduo no processo é inaceitável nos dias de hoje e, mesmo o seu entendimento histórico, só é compreensível se tivermos em conta a ascendência *autoritária* do contencioso administrativo que, como atrás se viu, é *filho de pai autoritário e de mãe liberal*. O actual entendimento das relações indivíduo/Estado não permite a mera consideração do indivíduo como servo de uma Administração toda-poderosa que, através do recurso directo de anulação, se auto-controlava.

Como o reconhecem as actuais constituições do Estado de Direito, o indivíduo é titular de posições jurídicas substantivas relativamente à Administração, pelo que lhe é reconhecida a «qualidade de sujeito de direito» e facultada «a possibilidade de actuar com independência face ao Estado e exigir a observância das leis que lhe digam respeito» (MAURER) [14]. Este reconhecimento dos direitos dos cidadãos nas suas relações com os poderes estaduais é uma exigência da opção constitucional por uma ordem jurídica assente na dignidade da pessoa humana, cujos direitos fundamentais vinculam directamente os poderes públicos. Como diz BACHOF, «é contrário a uma ordem fundamental democrática e liberal que os particulares, nas suas relações com o poder do Estado, sejam tratados como meros objectos da ordem jurídica, considerados como *súbditos do direito* (*Rechtsuntertan*), em vez de activos colaboradores na realização dos fins do Estado e do Direito, equipados com os correspondentes poderes jurídicos, os direitos pessoais, como *sujeitos* de direito» [15].

---

[13] CHAPUS, *Contentieux...*, cit., pág. 68.
[14] HARTMUT MAURER, *Allgemeines Verwaltungsrecht*, 4.ª ed., Beck, Munique, 1985, pág. 115.
[15] OTTO BACHOF, *Reflexwirkungen und subjektive Rechte im öffentlichen Recht*, in «Gedächtnischrift für Walter Jellinek — Forschungen und Berichte aus dem öffentlichen Recht», GUNTER/OLZOG, Munique, 2.ª ed., 1955, pág. 302.

Este novo entendimento das relações indivíduo/Estado, decorrente das opções constitucionais democráticas, não pode deixar de ter consequências no modo de conceber a posição do particular no processo administrativo. Como qualquer outro meio jurisdicional, o processo contencioso administrativo tem como função a defesa das posições substantivas dos particulares, pelo que a posição destes no processo não pode ser a de um «funcionário do controlo administrativo» (KREBBS) ([16]), mas a de uma parte em sentido material. Nestes termos, não são os critérios da ilegalidade objectiva do acto, mas sim os da alegada lesão dos direitos dos particulares que determinam o acesso ao tribunal. Como diz KREBBS, «a possível lesão dos seus direitos não é, mais, um mero pretexto (*Anstoss*), mas antes o motivo (*Anlass*) e a legitimação do processo» ([17]).

O entendimento da posição do particular no processo contencioso administrativo de acordo com a opção constitucional do Estado de Direito corresponde, aliás, ao modo como a doutrina dos países europeus, maioritariamente, a vem configurando.

Na Alemanha, a protecção dos cidadãos face ao Estado é considerada como «*ideia-força* (*Leitidee*) da Lei Fundamental» (MAURER) ([18]). A doutrina parte do § 19, n.º 4, da Lei Fundamental, integrando-o no contexto geral dos direitos fundamentais dos cidadãos, para chegar à construção de uma relação indivíduo//Administração, na qual os primeiros são titulares de direitos face à segunda, e à elaboração de uma teoria do contencioso que tem como função a protecção das posições jurídicas individuais e em que o particular desempenha um papel de parte.

Como diz KREBBS, «hoje quase não é contestado que o § 19, n.º 4, da Lei Fundamental, garante não apenas uma protecção

---

([16]) KREBBS, *Subjektiver...*, cit., págs. 192 e 193.
([17]) KREBBS, *Subjektiver...*, cit., pág. 194.
([18]) MAURER, *Allgemeines...*, cit., pág. 115.

jurisdicional dos direitos subjectivos sem excepções, como também tomou uma opção fundamental a favor da protecção jurídica individual» [19]. Opção constitucional, esta, que tem consequências no plano do contencioso administrativo, uma vez que «o art. 19, IV, da Lei Fundamental, é concretizado e realizado através da Lei da Organização dos Tribunais Administrativos (VWGO)» (MAURER) [20].

Em Itália, a doutrina mais recente, com base nos arts. 24 e 113 da Constituição, tem vindo a reconhecer aos particulares a titularidade de posições jurídicas substantivas nas suas relações com a Administração, quer quando elas sejam apreciadas pela jurisdição ordinária, tomando o nome de direitos subjectivos, quer quando elas sejam apreciadas pela jurisdição administrativa, em que tomam o nome de interesses legítimos. Não apenas os direitos subjectivos *típicos*, mas também os *interesses legítimos*, constituem «posições jurídicas de natureza substancial e não meramente processual, como é por alguns afirmado» (SANDULLI) [21], pelo que a categoria de interesse legítimo «pertence ao âmbito substancial» (NIGRO) [22].

Isto tem como consequência que a posição do particular no recurso contencioso de anulação seja considerada como a de uma parte em sentido material. Diz SANDULLI que, «não diversamente do que acontece no juízo civil, a parte antagonista da Administração não tende no juízo administrativo à afirmação do direito objectivo, antes a fazer valer um direito próprio decorrente da actuação administrativa» [23].

---

[19] KREBBS, *Subjektiver...*, cit., pág. 197.
[20] MAURER, *Allgemeines...*, cit., pág. 116.
[21] SANDULLI, *Manuale...*, cit., pág. 87.
[22] NIGRO, *Giustizia...*, cit., pág. 127.
[23] SANDULLI, *Manuale...*, cit., pág. 920.

Também em França se tem vindo a considerar a posição do particular no processo como uma verdadeira parte, mesmo tratando-se do país em que a evolução neste sentido tem sido mais lenta, em consequência do maior peso da concepção *tradicional* que aí teve a sua origem.

Desde logo, a chamada «escola subjectivista» (BONNARD, BARTHÉLÈMY), ao considerar que o particular era titular de um *direito à legalidade* ou de um direito a aspectos parcelares dessa legalidade, tendia a considerar o particular na posição de parte. Como dizia BONNARD, «o recurso jurisdicional supõe um direito posto em causa» [24], pelo que «o recurso jurisdicional do administrado contra a Administração supõe, portanto, que o administrado tem um direito oponível à Administração. Ele exige que o administrado seja titular de um direito público subjectivo» [25].

Contudo, uma tal concepção, que partia de uma visão «*não-voluntarista* do direito subjectivo, correspondendo às justas e legítimas preocupações e críticas de Duguit e Kelsen» (BONNARD) [26], fazendo corresponder o conteúdo do direito não a um bem do particular, mas à legalidade objectiva, no fundo, mais não fazia do que um mero *jogo de palavras*, sem nada mudar da configuração da posição do particular no processo [27].

Na doutrina actual, certos autores defendem a existência de um direito subjectivo que os particulares fariam valer no processo, concebido em termos de um direito reactivo (ROUBIER) ou de um direito futuro ou eventual, nascente do sucesso do

---

[24] ROGER BONNARD, *Les Droits Publics Subjectifs des Administrés*, in «Revue de Droit Public», 1932, pág. 695.
[25] BONNARD, *Les Droits...*, cit., pág. 696.
[26] BONNARD, *Les Droits...*, cit., pág. 725.
[27] VASCO PEREIRA DA SILVA, *A Natureza Jurídica do Recurso Directo de Anulação*, Almedina, Coimbra, 1985, pág. 21.

recurso (KORNPROBST, LALIGANT) ([28]), ao mesmo tempo que atribuem a qualidade de parte no processo ao particular.

Mas a tendência que parece ser hoje dominante na doutrina francesa é a que tende a proceder a uma certa *substantivização* do conceito de interesse, construído pelo Conselho de Estado, considerando que, devido às características que o Conselho de Estado exige a esse interesse, a posição do particular é semelhante à da titularidade de um direito e que o seu tratamento processual se aproxima do de uma verdadeira parte. Isto, sobretudo, desde que o Conselho de Estado reconheceu a possibilidade de *oposição de terceiros* a uma sentença já proferida (*vide*, por todos, WEIL, VEDEL, DEBBASCH, RIVERO, PACTEAU, PEISER...) ([29]).

Trata-se de uma posição de compromisso, que considera que o recurso de excesso de poder se encontra a meio caminho entre um contencioso objectivo de defesa da legalidade e um controlo subjectivo de defesa dos direitos dos particulares. O contencioso administrativo encontrar-se-ia, assim, numa posição de equilíbrio entre um processo a um acto e um processo de partes, oscilando entre esses dois pólos. Como diz WEIL, «o comentador pode não estar de acordo com tal ou tal solução que se aproxima demasiado, do seu ponto de vista, de um ou de outro destes pólos, mas ele deve à verdade, o reconhecer que é nesta espécie de meias-tintas que se situa actualmente o direito administrativo» ([30]).

([28]) KORNPROBST, *La Notion*..., cit., págs. 237 e segs.; LALIGANT, *La Notion*..., cit., mx. págs. 58 e segs.

([29]) WEIL, *Prefácio*, in KORNPROBST, *La Notion*..., cit., págs. I e segs.; GEORGES VEDEL/PIERRE DEVOLVÉ, *Droit Administratif*, 9.ª ed., P.U.F., Paris, 1984, mx. pág. 774; CHARLES DEBBASCH/JEAN CLAUDE RICCI, *Contentieux Administratif*, 4.ª ed., Dalloz, Paris, 1985, pág. 339; BERNARD PACTEAU, *Contentieux Administratif*, P.U.F., Paris, 1985, págs. 122 e segs.; GUSTAVE PEISER, *Contentieux Administratif*, 5.ª ed., Dalloz, Paris, págs. 120 e segs.; JEAN RIVERO, *Direito Administrativo*, Almedina, Coimbra, 1985, págs. 277 e segs., mx págs. 278 e 303.

([30]) WEIL, *Prefácio*, in KORNPROBST, *La Notion*..., cit., pág. II.

Assim como tem acontecido nos outros países, também em França a interpretação das normas e princípios constitucionais, designadamente, a efectuada pelo Conselho Constitucional, vai no sentido de potenciar a *substantivização* da posição dos particulares face à Administração e do seu reconhecimento na qualidade de parte. Como sintoma dessa tendência refira-se, por exemplo, a sentença do Conselho Constitucional, de 2 de Dezembro de 1980, na qual se reconhece ao *direito de agir em justiça* ante os tribunais administrativos o carácter de um direito fundamental. Tal significa o reconhecimento aos indivíduos da possibilidade de se servir do recurso contencioso administrativo como meio de defesa face à actuação da Administração ([31]).

Em Espanha, a lei do contencioso administrativo (L. J., de 27 de Dezembro de 1956) parecia, inicialmente, aproximar-se da tradição *clássica* francesa do «recurso pretensamente *objectivo*, dentro do qual o interesse funciona como um simples *requisito de seriedade*, para que o tribunal se ponha em marcha e não como questão de fundo» (ENTERRÍA) ([32]). Aos poucos, porém, verificou-se a tendência para *substantivizar* a noção processual do interesse exigido, sobretudo, por influência da doutrina italiana. Como nos conta ENTERRÍA, «a doutrina mais autorizada (GARRIDO, GONZÁLEZ PÉREZ, GARCÍA TREVIJANO) deitará mão da explicação, oferecida pelo direito italiano, de uma protecção de interesses legítimos substantivos» ([33]). Este mesmo autor, aliás, não deixa de considerar «um tanto paradoxal esta recepção doutrinal» (ENTERRÍA) ([34]) da noção italiana de interesse legítimo que tão criticada tem sido no seu próprio país de origem.

Algo diferentemente, mas na mesma linha de consideração do particular como sujeito de direito, GARCÍA DE ENTERRÍA

---

[31] CHAPUS, *Contentieux*..., cit., *Introdução*, pág. VII.
[32] ENTERRÍA/FERNÁNDEZ, *Curso*..., cit., vol. II, pág. 44.
[33] ENTERRÍA/FERNÁNDEZ, *Curso*..., cit., vol. II, pág. 44.
[34] ENTERRÍA/FERNÁNDEZ, *Curso*... cit. vol. II pág. 44.

defende a existência de duas modalidades de direitos subjectivos nas relações jurídicas com a Administração: os direitos subjectivos *clássicos* ou *activos* e os direitos *novos* ou *reactivos*. Existiria um direito subjectivo reactivo «quando um cidadão, que se vê prejudicado no seu âmbito material ou moral de interesses por actuações administrativas ilegais, adquire, pela conjugação dos dois elementos de prejuízo e de ilegalidade, um direito subjectivo à eliminação dessa actuação ilegal, de modo a que se defenda e restabeleça a integridade dos seus interesses» (ENTERRÍA) [35]. Tanto no caso dos direitos activos, como no dos direitos reactivos, «estamos em presença de verdadeiros direitos subjectivos e a sua funcionalidade é, salvo certas diferenças, substancialmente a mesma» (ENTERRÍA) [36].

Este entendimento da posição do particular face à Administração como titular de uma posição jurídica substantiva é, aliás, corroborado pela Constituição espanhola que, no seu art. 24, sob a influência italiana, se refere aos interesses legítimos como uma situação individual de vantagem. Substantivização da posição do particular que se projecta na sua consideração como parte no processo, qualidade que lhe era, de resto, já reconhecida pela lei do contencioso administrativo que, «nesse particular, se afastava da influência da tradição francesa» (ENTERRÍA) [37].

Em Portugal, MARCELLO CAETANO aderiu às teses da escola subjectivista (BONNARD, BARTHÉLÈMY), defendendo a existência de um direito à legalidade feito valer no processo, que consistia num «poder dos particulares de exigir dos órgãos e agentes das Administração a observância estrita dos preceitos legais que os vinculam, serve, a um tempo, os interesses privados dos particulares e o interesse público de uma Administração submissa

---

[35] ENTERRÍA/FERNÁNDEZ, *Curso...*, cit., vol. II, pág. 52.
[36] ENTERRÍA/FERNÁNDEZ, *Curso...*, cit., vol. II, pág. 52.
[37] ENTERRÍA/FERNÁNDEZ, *Curso...*, cit., vol. II, pág. 527.

à lei: é, pois, o mais característico direito subjectivo público dos particulares» [38]. Repare-se como nesta formulação de um direito subjectivo sobressai o seu elemento objectivo, uma vez que se trata de um direito subjectivo que tanto serve o particular como a Administração.

Curioso, contudo, que da defesa deste direito subjectivo à legalidade decorra, para MARCELLO CAETANO, o entendimento do particular como parte no processo. Se se atentar bem no, tão vigoroso como brilhante, comentário, em que MARCELLO CAETANO critica um acórdão do Conselho Ultramarino [39] que *ousara* defender uma concepção subjectivista do recurso, ver-se-á que este autor apenas ataca a sentença por ela ter considerado a Administração como parte, o que contrariava a concepção monista da continuidade entre o processo administrativo gracioso e o contencioso, sem, contudo, nunca pôr em causa a qualidade de parte do particular. O que corresponde à posição que MARCELLO CAETANO já defendera em «*O interesse como condição de legitimidade*», onde, ao fazer suas as palavras de BONNARD, considerava que «o requerente é a única parte no processo. A Administração não é parte nele» [40]. E que está, aliás, de acordo com a noção *quase substantiva* que MARCELLO CAETANO dava do interesse, como condição de legitimidade, ao dizer que «tem de haver uma relação de *titularidade* entre a pessoa (singular ou colectiva) do recorrente e a *pretensão* por cuja vitória se pugna ou o prejuízo causado pelo acto cuja anulação se requer» [41].

---

[38] CAETANO, *Comentário...*, cit., págs. 328 e 329.
[39] *Acórdão do Conselho Ultramarino (Secção do Contencioso) de 13 de Janeiro de 1961 (Caso da Fabrica Imperial de Cerveja) e Comentário*, de MARCELLO CAETANO, in «O Direito», 1961, n.º 4, págs. 303 e segs.
[40] CAETANO, *O Interesse...*, cit., pág. 233.
[41] CAETANO, *O Interesse...*, cit., pág. 242 (O sublinhado é meu).

O reconhecimento da qualidade de parte ao cidadão é defendido, por este autor, no «*Tratado Elementar de Direito Administrativo*» ([42]) e, depois, nas sucessivas edições do *Manual*. No «*Manual de Direito Administrativo*», a noção que nos é dada de legitimidade é, de novo, uma noção quase substantiva, ao dizer-se que «o carácter principalmente subjectivo do recurso faz com que a legitimidade seja, em primeiro lugar, reconhecida ao titular de interesse directo, pessoal e legítimo no provimento do recurso» ([43]). Qualidade de parte do particular que justificava, também, a consideração da natureza fundamentalmente subjectiva do recurso directo de anulação, decorrente da sua função fundamentalmente subjectiva, «enquanto meio de garantia dos administrados nas relações jurídico-administrativas» ([44]).

Uma tal concepção era importante, na medida em que já apontava para a necessidade da consideração da posição do cidadão na relação indivíduo/Estado, mas era, ainda, insuficiente, dado o conteúdo objectivo do direito em causa, para proceder a uma adequada tutela dessa mesma posição. A evolução posterior da doutrina portuguesa vai partir desta tendência para considerar a posição do particular em termos substantivos, fazendo apelo à distinção entre os conceitos de direitos subjectivo e interesse legítimo da doutrina italiana (que era, aliás, já referida por MARCELLO CAETANO) ([45]).

A Constituição de 1976 vem impôr o tratamento do indivíduo como sujeito nas suas relações com a Administração

---

([42]) CAETANO, *Tratado Elementar de Direito Administrativo*, Lisboa, 1943, págs. 393 e 167.
([43]) CAETANO, *Manual...*, cit., vol. II, pág. 1356.
([44]) CAETANO, *Manual...*, cit., vol. II, pág. 1212.
([45]) V. CAETANO, *O Interesse...*, cit., págs. 244 e segs.; *Sobre o Problema da Legitimidade das Partes no Contencioso Administrativo Português — Estudo de Jurisprudência*, in «Estudos de Direito Administrativo», Ática, Lisboa, 1974, pág. 28.

(v. art. 1.º; 18, n.º 1; 266, n.º 1) e a sua consideração como parte no recurso directo de anulação (arts. 20.º, n.º 2, e 268.º, n.º 3).

O tratamento do indivíduo como sujeito de direito nas relações jurídicas administrativas resulta, muito claramente, da opção constitucional por «uma República soberana, baseada na dignidade da pessoa humana» (art. 1.º); da vinculação directa das entidades públicas pelos direitos, liberdades e garantias (art. 18.º, n.º 1) e da consagração do princípio do «respeito pelos direitos e interesses legalmente protegidos dos cidadãos» na actividade de prossecução do interesse público pela Administração Pública (art. 266.º, n.º 1); para só citar algumas das referências constitucionais mais significativas.

A consideração do particular como parte no recurso directo de anulação resulta, muito claramente, dos arts. 20.º, n.º 2, e 268.º, n.º 3, da Constituição. Pretendeu o legislador constituinte garantir aos particulares um meio jurisdicional de impugnação («é garantido aos interessados recurso contencioso» — art. 268.º, n.º 3) de actos administrativos («quaisquer actos administrativos definitivos e executórios» — art. 268.º, n.º 3) ilegais («com fundamento em ilegalidade» — art. 268.º, n.º 3), que tem como objectivo a protecção das suas situações jurídicas subjectivas («para defesa dos seus direitos» — art. 20.º, n.º 2). O reconhecimento deste «direito ao recurso» (art. 268.º, n.º 3), que constitui uma especificação, no domínio do contencioso administrativo, do «direito de acesso aos tribunais» (art. 20.º, n.º 2), tem como consequência necessária que o particular ocupe no recurso uma posição de parte, agindo para a defesa dos seus direitos, e não a função de um Ministério Público, agindo ao serviço da legalidade. Assim sendo, não me parece que possam restar dúvidas quanto à opção constitucional pelo tratamento do particular como parte no recurso directo de anulação.

A doutrina mais recente tem-se, aliás, feito eco de tal opção constitucional, considerando que o indivíduo faz valer no processo uma posição jurídica substantiva, tendendo a dividi-la, de acordo com a orientação italiana, nas figuras substantivas dos direitos subjectivos e dos interesses legítimos (*v. g.* FREITAS DO AMARAL e RUI MACHETE) ([46]). Embora esses dois autores tenham uma noção diferente da figura do interesse legítimo, considerando FREITAS DO AMARAL que a sua protecção pela norma jurídica «é indirecta e reflexa» ([47]) e RUI MACHETE que se trata de uma protecção directa, pois «as normas que regulam o interesse público prosseguido pela Administração regulam, também, ao mesmo tempo, os interesses de particulares» ([48]); ambos estão de acordo quanto à natureza jurídica substantiva de tais figuras.

Em síntese, pode-se dizer que, na ordem jurídica portuguesa, o particular é entendido como um sujeito de direito nas suas relações com a Administração, como titular de situações jurídicas substantivas, e ocupa uma posição de parte no contencioso administrativo de anulação, agindo para a defesa dos seus direitos lesados. Solução que corresponde ao actual entendimento do modo de configurar as relações entre a Administração e o particular, mais adequado a um Estado de Direito.

2. O conceito de direito subjectivo.

O direito subjectivo não é um conceito de direito processual, mas de direito substantivo, embora se trate de uma figura com consequências processuais. Trata-se, ainda, de uma figura de teoria geral do direito, uma vez que existem direitos subjectivos

---

([46]) FREITAS DO AMARAL, *Direito Administrativo*, lições policops., Lisboa, 1988, vol. II, pág. 97; RUI MACHETE, *A Garantia Contenciosa para Obter o Reconhecimento de um Direito ou Interesse Legalmente Protegido*, Cognitio, Lisboa, pág. 18.
([47]) F. DO AMARAL, *Direito...*, cit., vol. II, pág. 97.
([48]) MACHETE, *A Garantia...*, cit., pág. 18.

tanto nas relações inter-privadas como nas relações jurídico-públicas.

Sem entrar na polémica acerca da noção de direito subjectivo, que tem feito correr rios de tinta, sobretudo, na doutrina civilista, importa, contudo, indicar, em esquema, quais as principais concepções que têm sido defendidas relativamente a esta matéria. Assim, o direito subjectivo pode ser entendido como:

a) Um «poder da vontade» (WINDSCHEID) ([49]).

b) Um «interesse juridicamente protegido» (RUDOLF VON JEHRING) ([50]).

c) Uma combinação dos dois elementos anteriores (G. JELLINEK, OTTO BÜHLER) ([51]). Assim, a noção de JELLINEK que liga «o interesse, para dar um objectivo ao querer, à vontade, para individualizar o interesse» (BONNARD) ([52]), apresentando uma noção de direito subjectivo «como poder da vontade humana que, protegido e reconhecido pelo ordenamento jurídico, tem por objecto um bem ou um interesse» (JELLINEK) ([53]). Ou, ainda, a concepção de BÜHLER que apresenta o direito subjectivo como um poder de exigir qualquer coisa, para a realização dos interesses individuais ([54]).

([49]) WINDSCHEID, *Lehrbuch des Pandektenrechts*, 9.ª ed., 1906, I, pág. 156, cit. *in* BONNARD, *Les Droits...*, cit., pág. 699.
 Vide também CASTRO MENDES, *Teoria Geral do Direito Civil*, lições polics., Lisboa, 1978/79, vol. II, págs. 3 e segs.; MENEZES CORDEIRO, *Direitos Reais*, I.N.C.M., Lisboa, 1979, págs. 296 e segs., vol. I.
 ([50]) JEHRING, *Geist des römischen Rechts auf den verschiedenen Stufen seiner Entwicklung*, cit. *in* CASTRO MENDES, *Teoria...*, cit., vol. II, págs. 11 e segs.
 ([51]) GEORG JELLINEK, *System der subjektiven öffentlichen Rechte*, cit. *in* BONNARD, *Les Droits...*, págs. 700 e segs.; O. BÜHLER, *Die subjektiven öffentlichen Rechte und ihr Schutz in der deutschen Verwaltungsrechtsprechung*, cit. *in* BONNARD, *Les Droits...*, cit., págs. 708 e segs.
 ([52]) BONNARD, *Les Droits...*, cit., pág. 700.
 ([53]) G. JELLINEK, cit. *in* BONNARD, *Les Droits...*, cit., págs. 700 e 701.
 ([54]) BÜHLER, *Die Subjektive...*, cit. *in* BONNARD, *Les Droits...*, págs. 708 e segs.

d) Um poder de reacção jurisdicional (THON) ([55]). Segundo esta corrente, o «direito subjectivo é, essencialmente, constituído pelo poder de pôr em movimento uma acção jurisdicional. Quando se tem um direito subjectivo, tem-se uma acção jurisdicional: logo o direito subjectivo é o poder de pôr em movimento essa acção» (BONNARD) ([56]).

e) Um conceito a eliminar (KELSEN, DUGUIT) ([57]), reconduzindo a noção de direito subjectivo ao direito objectivo, ainda que por forma diversa. Apesar de pretender negar a figura do direito subjectivo, esta concepção vai influenciar algumas das formulações deste, designadamente, aquelas que põem a tónica na sua atribuição pela norma jurídica ou que dão do direito subjectivo uma noção *objectiva* (v. BONNARD) ([58]).

f) Uma permissão de aproveitamento de um bem, decorrente de uma norma jurídica. Neste sentido, MENEZES CORDEIRO define o direito subjectivo como a «permissão normativa de aproveitamento de um bem» ([59]).

A tendência, actualmente mais seguida, relativamente ao conceito de direito subjectivo e que parece ser, também, a mais adequada, é a que consiste em aproveitar os elementos isoladamente apresentados pelas concepções anteriores e, dando uma noção complexiva de direito subjectivo, apresentá-los como condições de existência de um direito. Desta perspectiva parte NIGRO, ao considerar que «superando velhas teorias que faziam consistir o direito subjectivo num *senhorio* (*signoria*) da vontade ou num

---

[55] THON, *Rechtsnorm und Subjektives Recht*, cit. *in* BONNARD, *Les Droits...*, cit., págs. 702 e segs.

[56] BONNARD, *Les Droits...*, cit., pág. 702.

[57] HANS KELSEN, *Teoria Genercle del Derecho*, 15.ª ed., Editora Nacional, México, 1979, págs. 72 e segs.; LÉON DUGUIT, *Traité de Droit Constitutionnel*, 3.ª ed., Paris, 1927, vol. I, págs. 293 e segs.

[58] V. BONNARD, *Les Droits...*, cit., págs. 695 e segs.

[59] MENEZES CORDEIRO, *Direitos...*, cit., vol. I, pág. 305. *Vide* também referências bibiográficas aí indicadas.

interesse protegido ou as sucessivas teorias combinatórias, o moderno pensamento jurídico parece concordar (...) em pôr em relevo alguns elementos que entram na constituição do direito subjectivo: a existência de um interesse que o ordenamento reconhece merecedor de tutela, a tutela atribuída pelo ordenamento, isto é, o complexo de instrumentos jurídicos por este predispostos para a tutela do interesse, a idoneidade desta tutela para a plena realização do interesse» ([60]).

Neste sentido, poder-se-ia dizer que são condições da existência de um direito subjectivo: uma norma de permissão, um poder de exigir de outrém um determinado comportamento, um interesse individual que se realiza através dessa conduta alheia e a existência da possibilidade de reacção jurisdicional para a tutela desse poder ([61]). Pelo que é de aceitar uma noção de direito subjectivo público como a que é proposta por MAURER, «o direito subjectivo público é, assim, do ponto de vista do cidadão — um poder jurídico conferido pelo direito público aos indivíduos, para a satisfação dos seus interesses, mediante a exigência de um determinado comportamento por parte do Estado» ([62]).

([60]) NIGRO, *La Giustizia...*, cit., pág. 115.
([61]) Posição similar à de FREITAS DO AMARAL que acrescenta, contudo, um quinto requisito: «que a lei imponha aos restantes sujeitos de direito a obrigação de adoptar o comportamento ou os comportamentos que satisfaçam o interesse do titular do direito subjectivo» (*Direito...*, cit., vol. II, págs. 86 e 87). Requisito que optei por omitir, uma vez que me parece decorrer já dos restantes.
([62]) MAURER, *Allgemeines...*, cit., pág. 114.

3. As principais teses quanto à natureza das posições jurídicas substantivas dos particulares.

A questão que cabe, agora, analisar é a de saber como se devem configurar as posições jurídicas substantivas dos particulares face à Administração, designadamente, a de saber se elas devem ou não ser reconduzidas a uma categoria unitária. A meu ver, existem seis principais concepções quanto ao modo de conceber essas posições de vantagem dos particulares em relação à Administração. Assim, elas podem ser configuradas como:

1 — Uma mera situação de interesse de facto que confere aos indivíduos legitimidade processual, uma vez que possuem um interesse *próximo* do da Administração. Esta concepção parte do princípio de que os particulares não defendem, através do recurso, nenhuma posição jurídica subjectiva face à Administração (LAFERRIÈRE, HAURIOU, GUICCIARDI, MACHETE).

2 — Um «direito à legalidade» ou um «direito reflexo» que os indivíduos fazem valer no processo (BONNARD, BARTHÉLÈMY, MARCELLO CAETANO, WALTER JELLINEK).

3 — Duas modalidades de posições jurídicas distintas: os direitos subjectivos e os interesses legítimos, consoante o poder de vantagem do indivíduo resulte imediata e intencionalmente das normas jurídica ou seja atribuído, apenas, de forma mediata e reflexa (ZANOBINI, SANDULLI, FREITAS DO AMARAL).

4 — Igualmente as duas modalidades de direitos subjectivos e interesses legítimos, mas que se distinguem, já não com base no carácter mediato ou imediato do modo de protecção pela norma, mas antes consoante se trate ou não de uma situação dependente do exercício do poder administrativo (NIGRO, RUI MACHETE).

5 — Duas situações diferentes: os direitos subjectivos *clássicos* ou *activos* e os direitos subjectivos *novos* ou *reactivos;* ou que denomina estes últimos de direitos *eventuais* ou *futuros* (KORNPROBST, LALIGANT, ROUBIER, ENTERRÍA).

6 — Uma única categoria de situações jurídicas dos particulares, a dos direitos subjectivos (BACHOF, MAURER, KREBBS, TSCHIRA/GLÄESER, BADURA).

Mas, vejamos um pouco mais detalhadamente cada uma destas teorias:

1 — A consideração de que o particular no recurso directo de anulação não faria valer nenhuns direitos subjectivos, nasceu com o sistema contencioso de tipo francês. A consideração *clássica* do recurso como um *processo a um acto* implicava, como se viu anteriormente, que o particular não defendesse nenhum direito no processo, nem pudesse agir como uma parte em sentido material.

Para LAFERRIÈRE e HAURIOU, o particular participava no processo como um auxiliar da Administração e não como titular de direitos próprios face a ela. O recurso de anulação só não se encontrava aberto a todos os cidadãos por impraticabilidade de um tal sistema. O interesse *próximo* do da Administração, que se exigia para a apreciação do pedido, era um mero *requisito de seriedade* do recurso, limitando-o àqueles particulares que, no plano de facto, pudessem retirar algum benefício da anulação do acto administrativo. Assim, «o papel do particular era (...) mais parecido ao de um simples denunciante, do que ao de uma verdadeira parte processual» (ENTERRÍA) [63].

---

[63] ENTERRÍA/FERNÁNDEZ, *Curso...*, vol. II pág. 527.

Concepção semelhante à da doutrina francesa *tradicional* é a de GUICCIARDI, que também não atribui ao particular a posição de parte em sentido material, embora, diferentemente da *tradição* francesa, configure a posição da Administração como a de uma parte.

Para este autor, só a Administração é simultaneamente parte em sentido material e formal, enquanto que o particular só o é em sentido formal. Diz GUICCIARDI que «apenas o sujeito que personaliza o interesse público, isto é, a Administração, é, portanto, parte em sentido material no processo administrativo, enquanto que o cidadão recorre, juridicamente falando, para tutela do interesse público e só no plano de facto aproveitará da ocasional coincidência, com este último, do seu interesse pessoal, e é, por isso, apenas parte em sentido formal» [64]. Assim, é o particular que está ao serviço do processo e não o processo ao serviço do particular, actuando o indivíduo «para a tutela do interesse público que é aquele que é protegido pelas normas legais cuja inobservância torna o acto administrativo inválido» [65].

Uma posição algo semelhante foi defendida, em Portugal, por RUI MACHETE, considerando que os particulares não devem ser considerados como fazendo valer um direito no processo, reconduzindo a sua participação no recurso à noção processual de interesse, como condição de legitimidade [66].

2 — BONNARD considera que um «recurso jurisdicional supõe, essencialmente, um direito posto em causa» [67],

---

[64] GUICCIARDI, *Giustizia...*, cit., pág. 69.
[65] GIUCCIARDI, *Giustizia...*, cit., pág. 181.
[66] RUI MACHETE, *Contribuição para o Estudo das Relações entre o Processo Administrativo Gracioso e o Contencioso*, Cadernos de Ciência e Técnica Fiscal, Lisboa, 1969, págs. 194 e segs.
[67] BONNARD, *Les Droits...*, cit., pág. 695.

pelo que se propõe construir um conceito de direito subjectivo adequado às relações cidadão/Estado, discutidas no contencioso administrativo de anulação. Esse conceito, aceitando as contribuições de KELSEN e DUGUIT, deve corresponder a uma «concepção *avoluntarista* do direito subjectivo, sem ser obrigado a suprimir o direito subjectivo» (BONNARD) [68]. «Assim, contra KELSEN e DUGUIT, mantém-se o conceito de direito subjectivo, enquanto conceito autónomo, distinto do conceito de direito objectivo. Mas extrai-se da sua doutrina o aspecto de, na base do direito subjectivo e dando-lhe força, existir o direito objectivo e não um poder da vontade» (BONNARD) [69].

Este autor chega, então, à seguinte noção *objectiva* de direito subjectivo: «é o poder de exigir de alguém, em virtude de uma regra de direito objectivo, qualquer coisa em relação à qual se tem interesse, sob a sanção de uma acção jurisdicional; sendo o conteúdo da coisa exigível fixado imediatamente, quer pelo direito objectivo, quer por um acto jurídico individual» [70].

Para BONNARD, este direito subjectivo público tem como função ligar o indivíduo e o Estado, permitindo o controlo do segundo através da acção do primeiro. Sob a aparência de um controlo de tipo subjectivo, o que se pretende, no fundo, é um controlo objectivo da Administração.

Como diz BONNARD, «se o particular pode exigir qualquer coisa do Estado, em virtude do direito objectivo, é porque o Estado estaria submetido ao direito

---

[68] BONNARD, *Les Droits...*, cit., pág. 721.
[69] BONNARD, *Les Droits...*, cit., pág. 707.
[70] BONNARD, *Les Droits...*, cit., pág. 707.

objectivo. Assim, deparamo-nos com o problema das relações entre o Estado e o direito, da ligação do Estado pelo direito, do próprio princípio do Estado de direito» ([71]).

De uma concepção semelhante parte BARTHÉLÈMY que, contudo, fracciona esse *direito à legalidade* em vários direitos subjectivos: «o direito à oportunidade, à observância das formas, à competência» ([72]).

Esta posição da chamada «escola subjectivista» francesa foi, entre nós, defendida por MARCELLO CAETANO. Inicialmente, numa formulação mais próxima de BARTHÉLÈMY, falando na existência de um «direito subjectivo ao respeito dos princípios de repartição da competência dos funcionários, como haverá o direito subjectivo ao respeito das formas, à prossecução de certo fim, à própria actividade da Administração» ([73]); depois, aproximando-se mais da formulação de BONNARD, que cita expressamente, apresenta-o como o «poder dos particulares de exigir dos órgãos e agentes da Administração a observância estrita dos preceitos legais que os vinculam, serve, a um tempo, os interesses privados dos particulares e o interesse público de uma Administração submissa à lei: é, pois, o mais característico direito subjectivo público» ([74]).

Num contexto algo diferente, o de saber se certas situações de vantagem dos particulares podiam ou não ficar na disponibilidade do legislador que tanto os pode-

---

[71] BONNARD, *Les Droits...*, cit., pág. 707.
[72] BARTHÉLÈMY, *Éssai d'une Théorie sur les Droits Subjectifs des Administrés*, 1899, cit. *in* CAETANO, *Sobre o Problema...*, cit., pág. 29. *Vide*, também, VASCO PEREIRA DA SILVA, *A Natureza...*, cit., pág. 20.
[73] MARCELLO CAETANO, *Sobre o Problema...*, cit., pág. 29.
[74] MARCELLO CAETANO, *Comentario...*, cit., págs. 328 e 329.

ria qualificar como direitos subjectivos e admitir a sua própria protecção jurisdicional, como afastar essa qualificação, impedindo a possibilidade de defesa jurisdicional; WALTER JELLINEK vai, também, defender uma noção objectiva de direitos subjectivos, a dos *direitos reflexos*.

Como diz BACHOF, que nos dá notícia de uma polémica travada com JELLINEK a propósito do conceito de direito subjectivo, na reunião de professores de direito público, em Bona, no Outono de 1953 [75], «o conceito de efeitos reflexos remonta a R. von Jehring. A sua posição fundamentada encontra-se no *Geist des Römischen Rechts*». Aí, se procede à distinção entre «a esfera dos efeitos cuja eficácia foi primariamente pretendida pela lei», da dos «efeitos secundários que são uma consequência necessária da lei e os quais ela deve levar em conta, ou mesmo regular expressamente» [76]. Nestes termos, pretendia JELLINEK que certas posições de vantagem atribuídas pela lei aos particulares (*v. g.* o *direito* de permanência de um estrangeiro em país diverso do de origem), apenas o eram porque a lei o queria e enquanto ela, assim, o quisesse. Tratar-se-ia, não de direitos subjectivos *próprios*, mas de *direitos reflexos*, pois que o seu conteúdo coincidia com a própria lei objectiva, ficando na inteira disponibilidade desta.

Esta noção de *direitos reflexos* é muito semelhante à do *direito à legalidade*. Em ambos os casos, trata-se de direitos subjectivos cujo conteúdo coincide com o da lei, não sendo mais do que consequências *reflexas*

---

[75] BACHOF, *Reflexwirkungen...*, págs. 287 e segs.
[76] BACHOF, *Reflexwirkungen...*, pág. 288.

de normas que existem para a defesa do interesse público ([77]).

3 — A distinção entre direitos subjectivos e interesses legítimos, como duas modalidades de posições substantivas dos particulares, é característica do direito italiano, onde constitui o critério de determinação do tribunal competente.

ZANOBINI considera que a relação existente entre a norma e o interesse constitui o elemento determinante para a qualificação de uma situação jurídica de vantagem como um direito subjectivo ou um interesse legítimo. Assim, existe um direito subjectivo quando «um interesse (é) reconhecido pelo ordenamento jurídico como, exclusivamente, próprio do seu titular e por isso protegido de modo directo e imediato»; diferentemente, existe um interesse legítimo quando um «interesse é protegido pelo ordenamento jurídico apenas através da tutela deste último». Daqui resulta uma concepção unitária das posições materiais dos indivíduos, uma vez que, para este autor, «os interesses legítimos constituem uma categoria de direitos subjectivos, enquanto derivam de normas que fixam deveres e limitações à conduta da Administração pública» (ZANOBINI) ([78]).

Também para SANDULLI, tanto os direitos subjectivos como os interesses legítimos constituem duas categorias de direito substantivo. Isto, porque, segundo afirma, «as normas que prevêm a defesa dos interesses legítimos, não diferentemente daquelas que prevêem a

---

([77]) JELLINEK, *Bundesverweisung*, cit. in BACHOF, *Reflexwirkungen...*, cit., pág. 287.
([78]) GUIDO ZANOBINI, *Corso di Diritto Amministrativo*, 8.ª ed., tomo I, págs. 181 e segs.

defesa dos direitos subjectivos, pressupõem, de facto, a existência desta categoria, a qual, portanto, pré-existe à sua defesa e existe independentemente desta», pelo que «os interesses legítimos são (...) posições jurídicas de natureza substancial e não meramente processual, como é por alguns afirmado» [79].

Para SANDULLI, na tutela directa e imediata, pelo ordenamento jurídico, «da posição subjectiva — e na consequente correlação imediata com uma ou mais obrigações — consiste, portanto, o elemento de diferenciação do direito subjectivo relativamente ao interesse legítimo» [80].

FREITAS DO AMARAL retoma as noções de direito subjectivo e interesse legítimo da doutrina italiana, considerando-as como figuras de direito substantivo, uma vez que, «tanto na figura do direito subjectivo como na do interesse legítimo, existe sempre um interesse privado reconhecido e protegido pela lei» [81].

A sua diferença residiria em que «no direito subjectivo essa protecção é directa e imediata, de tal modo que o particular tem a faculdade de exigir à Administração pública um comportamento que satisfaça plenamente o seu interesse privado»; enquanto que, «no interesse legítimo, porque a protecção legal é meramente indirecta ou reflexa, o particular tem apenas a faculdade de exigir à Administração um comportamento que respeite a legalidade» [82]. Dito de forma abreviada, o direito subjectivo «é um direito à satisfação de um interesse próprio», o interesse legítimo «é apenas um direito

---

[79] SANDULLI, *Manuale...*, cit., pág. 87.
[80] SANDULLI, *Manuale...*, cit., pág. 87.
[81] F. DO AMARAL, *Direito...*, vol. II, pág. 97.
[82] F. DO AMARAL, *Direito...*, vol. II, pág. 97.

à legalidade das decisões que versem sobre um interesse próprio» ([83]).

4 — Uma outra *posição italiana*, que constitui uma variante da posição *clássica* anterior, distingue direitos subjectivos e interesses legítimos, consoante o bem jurídico garantido ao particular não se encontre, ou se encontre (respectivamente), dependente do exercício do poder administrativo.

NIGRO começa por criticar a posição *clássica* quanto à distinção entre as duas figuras, baseada no carácter imediato ou mediato de protecção da norma, considerando que, «quanto a este ponto, direito subjectivo e interesse legítimo não se diferenciam em nada: ambas as situações são constituídas por interesses intencionalmente atribuídos pelo ordenamento» ([84]).

Para NIGRO, a distinção entre as duas figuras tem que ver com o seu diferente «modo de protecção do interesse material», esclarecendo que «modo de protecção significa grau (consistência) e formas de protecção» ([85]). Quanto ao grau de protecção, «o direito subjectivo consta de poderes aptos a satisfazer plenamente (...) o interesse do indivíduo», enquanto que no «interesse legítimo esta satisfação plena e segura não existe, porque se é verdade que a norma (...) tutela, ao mesmo tempo, o interesse público e os interesses privados, (...) o interesse público, sendo tutelado através do exercício do poder, é tutelado imediata e plenamente (necessariamente), enquanto que o interesse privado, sendo tutelado, também, através do exercício do poder,

---

[83] F. DO AMARAL, *Direito...*, vol. II, pág. 98.
[84] NIGRO, *Giustizia...*, cit., pág. 124.
[85] NIGRO, *Giustizia...*, cit., pág. 124.

resulta tutelado mediata e eventualmente» ([86]). Relativamente às formas de protecção, no caso de interesse legítimo, «a protecção não pode senão consistir na possibilidade atribuída ao titular do interesse de influir sobre o exercício do poder, cooperando para a correcta aplicação do mesmo, e intervindo para lhe corrigir os desvios» ([87]), pelo que «o interesse legítimo acaba por consistir na (possibilidade de) participação do privado na função administrativa de carácter activo» ([88]).

Assim, direito subjectivo e interesse legítimo são de considerar como figuras distintas, pois «a titularidade do interesse legítimo consente entrar na dinâmica do desenvolvimento do poder administrativo, orientado-lhe o exercício e corrigindo-lhe os desvios: o direito subjectivo não pode nunca chegar a tanto. Por outro lado, contudo, o interesse legítimo esgota a sua configuração vital nesta participação e não pode, nunca, atingir o bem esperado senão pelo trâmite do exercício do poder e conquanto que este lho consinta» (NIGRO) ([89]).

Posição similar é defendida, na doutrina portuguesa, por RUI MACHETE. O direito subjectivo é definido como uma «posição de vantagem de um sujeito do ordenamento jurídico em ordem a um bem, mediante a atribuição de poderes, incluindo o da tutela jurisdicional, de que pode dispor para satisfazer o seu interesse em relação a esse bem», e o interesse legítimo como uma «posição de vantagem de um sujeito do ordenamento em ordem a um bem objecto do poder administrativo, mediante a atribuição de poderes que influenciem o

---

([86]) NIGRO, *Giustizia...*, cit., págs. 124 e 125.
([87]) NIGRO, *Giustizia...*, cit., pág. 125.
([88]) NIGRO, *Giustizia...*, cit., pág. 126.
([89]) NIGRO, *Giustizia...*, cit., pág. 128.

exercício legal do poder, de modo a satisfazer o seu interesse em relação a esse bem» (MACHETE) ([90]).

5 — KORNPROBST considera que o recurso por excesso de poder é um contencioso de tipo subjectivo, porque o particular nele faz valer um direito. Não se trata de um direito pré-existente à interposição do recurso, mas de um direito que nasce com o sucesso da pretensão do autor.

Este direito eventual, nascido do processo, seria constituído por dois elementos: um material, consistente no interesse juridicamente protegido e que é a vantagem que o particular pretende obter através da interposição do recurso; e um voluntário, que se manifesta através da interposição do recurso. «O objecto do direito é criado pelo sucesso de uma acção de excesso de poder, com a protecção de uma situação individual que o particular considera irregularmente afectada pela emissão de um acto administrativo», aproximando-se, assim, dos direitos subjectivos nascidos de uma acção de responsabilidade extra-contratual» (KORNPROBST) ([91]).

LALIGANT, partindo dos requisitos exigidos pelo juiz ao interesse, como condição de legitimidade, considera que este se tornou numa categoria de direito substantivo. Segundo LALIGANT, «o juiz administrativo foi levado a atribuir ao interesse, pelo menos no domínio do recurso directo de anulação, um papel idêntico ao do direito para o contencioso de plena jurisdição. Foi por falta de poder exigir um direito, o que é, com frequência, o caso no contencioso de legalidade, que o juiz recorreu ao interesse. Este aparece, desde então, como

---

([90]) MACHETE, *A Garantia...*, cit., pág. 18.
([91]) KORNPROBST, *La Notion...*, cit., págs. 237 a 243.

uma noção supletiva do direito» (⁹²). Deste modo, «através das múltiplas características que se lhe exigem, o interesse aparece como um verdadeiro direito potencial ou, para usar uma expressão já empregada, como um direito eventual. Ele não foi, ainda, elevado à dignidade de direito subjectivo, mas é susceptível de o ser. Trata-se, na verdade, de uma noção supletiva do direito e, enquanto tal, ele confere qualidade para agir» (LALIGANT) (⁹³).

Para ENTERRÍA, o particular, ao interpor um recurso de anulação, não está a prosseguir «um abstracto interesse pela legalidade, mas o concretíssimo considerar que a Administração o está prejudicando», pelo que exerce um direito subjectivo que «consiste, essencialmente, na possibilidade atribuída ao indivíduo de pôr em movimento uma norma objectiva no seu próprio interesse. E isto é o que faz, justamente, o ordenamento jurídico, quando atribui ao cidadão uma acção anulatória contra os actos administrativos ilegais» (⁹⁴).

Também para ENTERRÍA, «antes da infracção não existia um direito subjectivo propriamente dito, mas um simples dever imposto pela lei a outro sujeito» (⁹⁵). Só depois de ter sido cometido um acto administrativo ilegal é que o indivíduo «adquire, pela conjugação dos dois elementos de prejuízo e de ilegalidade, um direito subjectivo à eliminação dessa actuação ilegal de modo a que se defenda e restabeleça a integridade dos seus

---

(⁹²) LALIGANT, *La Notion...*, cit., pág. 53.
(⁹³) LALIGANT, *La Notion...*, cit., pág. 67. V. referência à obra de VERDIER, *Les Droits Éventuels*, tese, Paris, 1951.
Esta noção de direito *eventual* ou *futuro* aparece, também, em DEBBASCH//RICCI, *Contentieux...*, cit., págs. 321 e 322.
(⁹⁴) ENTERRÍA/FERNÁNDEZ, *Curso...*, cit., vol. II, pág. 46.
(⁹⁵) ENTERRÍA/FERNÁNDEZ, *Curso...*, cit., vol. II, pág. 51.

interesses. Esse direito subjectivo revela-se na atribuição, pelo ordenamento, de uma acção impugnatória cuja titularidade e consequente disponibilidade ostenta, a partir desse momento, plenamente» ([96]).

Assim, nas relações administrativas, o particular pode fazer valer direitos subjectivos *típicos*, «quando exibe pretensões activas face à Administração», ou direitos *reactivos*, «quando foi perturbado na sua esfera vital por uma actuação administrativa ilegal». Em ambos os casos, «estamos em presença de verdadeiros direitos subjectivos e a sua funcionalidade é, salvo certas diferenças, substancialmente a mesma» (ENTERRÍA) ([97]).

6 — A doutrina alemã tende a unificar as posições jurídicas substantivas dos particulares, em relação à Administração, na categoria de direitos subjectivos. Por intermédio da *teoria da norma de protecção (Schutznormtheorie)*, o conceito de direito subjectivo público foi-se, progressivamente, aperfeiçoando e alargando, de forma a permitir uma mais eficaz protecção dos indivíduos face à Administração. Esse *percurso* intelectual é-nos sintetizado por KREBBS, quando afirma que o direito subjectivo é um «conceito que BÜHLER desenvolveu, BACHOF aperfeiçoou e a doutrina grandemente maioritária aceitou» ([98]).

Nos termos da *teoria da norma de protecção*, a atribuição de direitos aos indivíduos pelo ordenamento pode ocorrer de duas maneiras diferentes:

---

[96] ENTERRÍA/FERNÁNDEZ, *Curso...*, cit., vol. II, pág. 52.
[97] ENTERRÍA/FERNÁNDEZ, *Curso...*, cit., vol. II, pág. 53.
[98] KREBBS, *Subjektiver...*, cit., pág. 210. Referência a BÜHLER, *Die Subjecktiven...*, cit., págs. 9 e segs., 21 e 2224. *Vide*, também, BACHOF, *Reflexwirkungen...*, cit., págs. 287 e segs.

— Mediante a expressa atribuição de um direito. «O legislador, de facto, procede muitas vezes de maneira a atribuir expressamente um direito; falamos, então, de uma *norma atributiva de um direito* (*Berechtigunsnorm*) ou *norma de autorização* (*Ermächtigungsnorm*) (BACHOF) [99].

— Mediante a imposição de um dever. O legislador «limita-se, por vezes, a ordenar ao obrigado um determinado comportamento relativamente ao beneficiado: *norma imperativa* (*Befehlsnorm*), *norma obrigando a uma conduta determinada* (*Bestimmungsnorm*), *norma criadora de um dever* (*Verplichtungsnorm*) (BACHOF) [100].

No direito público, os problemas de qualificação, como direito subjectivo, de uma posição de vantagem atribuída por uma norma jurídica têm lugar quando nos encontramos perante uma norma que cria um dever, «uma vez que, aqui, diferentemente do direito privado, o dever jurídico não corresponde, em regra, a uma pretensão jurídica de um sujeito determinado» (BACHOF) [101]. Daí que surja o problema «de saber, sob que condições uma situação jurídica de vantagem, um poder jurídico ou poder de vontade (*Rechtsmacht oder Willensmacht*), objectivamente concedida pelo direito público, se transforma num direito subjectivo público» (BACHOF) [102].

Considera a doutrina da *norma de protecção* que, para que exista um direito subjectivo, é necessário que a

---

[99] BACHOF, *Reflexwirkungen*..., cit., pág. 289.
[100] BACHOF, *Reflexwirkungen*..., cit., pág. 289.
[101] BACHOF, *Reflexwirkungen*..., cit., pág. 291, nota 3.
[102] BACHOF, *Reflexwirkungen*..., cit., pág. 294.

norma jurídica preencha os seguintes três requisitos:

1 — Que «tenha carácter vinculativo, quer dizer, exclua a discricionaridade da Administração na sua aplicação» (BACHOF) ([103]). Caso se trate de um poder discricionário, só pode existir um direito dos particulares a um determinado comportamento da Administração na medida da vinculação.

2 — «Que seja decretada a favor de pessoas determinadas ou de um círculo de pessoas, para a satisfação de interesses individuais e não, apenas, no interesse da generalidade» (BACHOF) ([104]). Ou seja, a norma jurídica tem que ser emitida, também, para a protecção dos direitos dos particulares e não, apenas, para a prossecução do interesse público. Nos modernos Estados de Direito, que têm na sua base a dignidade da pessoa humana, as normas que se destinam a regular as relações entre a Administração e os particulares devem ser consideradas como destinadas, também, à protecção individual destes.

3 — «Que a sua atribuição tenha como efeito o facto de os interessados poderem recorrer por causa dela, quer dizer, meios destinados a obter uma determinada conduta por parte dos órgãos administrativos ([105]). No ordenamento jurídico alemão, a doutrina da *norma de protecção* tem considerado que esta condição decorre, em geral, do art. 19, IV, da Lei Fundamental.

Preenchidas estas três condições, tem a doutrina alemã entendido que existe um verdadeiro e próprio

---

[103] BACHOF, *Reflexwirkungen...*, cit., pág. 294.
[104] BACHOF, *Reflexwirkungen...*, cit., pág. 294.
[105] BACHOF, *Reflexwirkungen...*, cit., pág. 294.

direito subjectivo. A consagração, pelo art. 19, IV, da Lei Fundamental, de um genérico poder de reacção, levou BACHOF a afirmar que todas «as situações de vantagem objectivamente concedidas e queridas pelo direito público são, de acordo com a lei constitucional, direitos subjectivos públicos» ([106]), não podendo ficar na disponibilidade do legislador a possibilidade da sua *despromoção* a meros interesses de facto. Esta tese da *norma de protecção* recebe, hoje, na doutrina alemã, aceitação universal ([107]).

Nos nossos dias, começa-se a desenhar uma tendência para, aceitando os pressupostos da teoria da norma de protecção, alargar o seu âmbito de incidência, também relativamente a interesses de facto, sobretudo, se no domínio da aplicação dos direitos fundamentais. Esta nova tendência doutrinal parece apresentar duas orientações distintas:

— Pretende uma dessas orientações (aquela que, da minha perspectiva, é a mais interessante) que a noção de direitos subjectivos é, também, de alargar aos meros interesses de facto, desde que caiam no âmbito de aplicação dos direitos fundamentais. Assim, «a existência de um direito subjectivo é (...), também, de afirmar, quando a disposição jurídica apenas favorece o particular de facto, fazendo-o, contudo, (...) com fundamento numa decisão jurídica superior» (TSCHIRA/GLÄESER) ([108]).

([106]) BACHOF, *Reflexwirkungen...*, cit., pág. 287.
([107]) V., por todos, MAURER, *Allgemeines...*, cit., págs. 114 e segs.; ERICHSEN/MARTENS, *Das Verwaltungshandeln*, cit., págs. 150 e segs.
([108]) TSCHIRA/GLÄESER, *Verwaltungsprozessrecht*, cit., pág. 92.

Isto, porque se «os direitos fundamentais, no seu domínio de aplicação, obrigam o Estado à omissão de medidas ilegais», então, verifica-se uma lesão de um direito «quando o acto administrativo impugnado afecta o direito fundamental do autor e é, por isso, ilegal» (KREBBS) ([109]).

— Uma outra orientação, fazendo uso da noção de direito reactivo, pretende alargar o conceito de direito subjectivo a todas as situações de actuação ilegal da Administração lesivas dos particulares, em termos não muito diferentes dos das concepções analisadas anteriormente (RUPP, HENKE) ([110]).

4. Apreciação crítica das teses apresentadas. O direito subjectivo como categoria unitária.

Expostas, a traços gerais, as principais concepções quanto ao modo de conceber as posições jurídicas substantivas dos particulares, importa proceder à sua apreciação crítica.

1 — Relativamente à tese negadora da existência de direitos feitos valer no recurso directo de anulação, há que dizer:

a) Que se trata de uma solução que remonta à ascendência *autoritária* do recurso por excesso de poder, encontrando-se, por isso, ultrapassada, nos dias de hoje. Nela, o recurso contencioso de anulação era visto como uma forma de introspecção administra-

---

([109]) KREBBS, *Subjektiver...*, cit., pág. 202.
([110]) HANS RUPP, *Grundfragen der heutigen Verwaltungsrechtslehre*, Tübingen, 1965, págs. 153 e segs.; HENKE, *Das Subjektive Öffentliche Rechte*, Tübingen, 1968, págs. 60 e segs.; V. RUI MACHETE, *A Garantia...*, cit., págs. 15 e 16.

tiva, encontrando-se os particulares ao serviço do cumprimento da legalidade pela Administração.

Como atrás se procurou demonstrar, tal solução é, à luz dos princípios dos modernos Estados de Direito, inadmissível. Não é, mais, possível configurar a posição jurídica dos particulares em relação à Administração como meros objectos do poder administrativo, tal como não é mais concebível que a posição do particular no recurso directo de anulação seja a de um «Ministério Público» (HAURIOU), em vez de um defensor de direitos próprios. Face à Administração, o particular é titular de uma situação jurídica substantiva que, quando lesada pela actuação administrativa, ele fará valer no processo. Isto, independentemente de se configurar esta posição jurídica de vantagem como um direito subjectivo, um direito reactivo ou um mero interesse legítimo, que constituem, todas elas, categorias de direito substantivo e não, apenas, processual.

b) Que se trata de uma solução incompatível com o ordenamento jurídico vigente em Portugal. Na nossa ordem jurídica, não só os indivíduos são, nos termos da Constituição, titulares de situações jurídicas susbstantivas face à Administração (v. art. 266, n.º 1, e 18.º, n.º 1, C.R.P.), como também lhes é reconhecido um direito de impugnação judicial contra actos administrativos ilegais que lesem os seus direitos, assim como para obter o reconhecimento de um direito ou interesse legalmente protegido (v. art. 268.º, n.º 3, C.R.P.).

c) Que se trata de uma solução algo contraditória. Se o recurso de anulação fosse de mera legalidade, ele devia estar aberto ao maior número de pessoas possíveis, em termos de uma *acção popular*. E, se olharmos para a jurisprudência do Conselho de Estado, isso parece ter-se, quase, verificado numa certa fase, em que «o liberalismo cada vez maior que o juiz utilizava para apreciação do carácter directo e pessoal do interesse pôde, em certas épocas, levar a pensar que a evolução jurisprudencial deveria conduzir à admissibilidade generalizada de todos os pedidos no recurso directo de anulação» (LALIGANT) [111], o que parecia corresponder à orientação de HAURIOU.

Tal não veio, no entanto, a suceder e, pelo contrário, os requisitos do interesse, como condição de legitimidade, conduziram à *substantivização* da posição do particular no processo. Como diz LALIGANT, mesmo no sistema francês, onde a evolução neste sentido foi mais demorada, da «jurisprudência do Conselho de Estado resulta que a noção de interesse reveste uma força e uma eficácia particulares (...) e que (...) o juiz tem tendência a fazer dela, senão o mesmo que ao direito, pelo menos, uma noção que o possa substituir» [11].

De, teoricamente, aberto a todos para defesa da legalidade, o recurso foi-se afirmando como meio de defesa dos direitos dos cidadãos, mesmo quando ainda continuava a usar a *roupagem tradicional*.

---

[111] LALIGANT, *La Notion...*, cit., pág. 64.
[112] LALIGANT, *La Notion...*, cit., pág. 81.

2 — A concepção que configura a posição do particular como titular de um *direito à legalidade* ou *direito reflexo* é, também, passível de críticas. Assim:
a) Trata-se de uma tese que parte da confusão entre o direito objectivo e o subjectivo, procurando construir uma noção *objectiva* de direito subjectivo.

O *direito à legalidade* é uma figura que nada acrescenta ao que já se encontra na norma jurídica objectiva, uma vez que a existência de um dever da Administração não tem como correlato um cidadão ou um conjunto de cidadãos que sejam seus beneficiários. Consiste numa espécie de direito sem sujeito, pois todos os indivíduos (e nenhum) são seus titulares.

Uma tal concepção de direito subjectivo implica que não haja outra forma de determinação da titularidade desse direito que não seja o recurso à noção de interesse processual, como condição de legitimidade. Por isso, os defensores deste *direito subjectivo* continuaram a conceber o acesso ao tribunal, não em função da afirmação da lesão de um direito substantivo, mas sim em função da noção processual de interesse.

O direito à legalidade, como direito geral e abstracto, não é *próprio* de particulares determinados, antes se encontra à disposição de todos aqueles que mostrem ter interesse no processo. Sob uma roupagem subjectiva aparente, a posição do particular no recurso directo de anulação era precisamente a mesma, a de uma mera parte processual que defendia, não os seus interesses individuais, mas a legalidade e o interesse público. Uma tal concepção, não alterando substancialmente a posição, subordinada à Administração, do particular no processo, pode-se, também, considerar como sendo constitucionalmente inadequada ([113]).

b) Em relação à formulação da teoria objectiva dos *direitos reflexos*, pode-se dizer que há que distinguir entre os direitos subjectivos e os *reflexos* do direito objectivo. Só os primeiros constituem uma posição jurídica individual de vantagem, sendo os segundos meras situações de protecção fáctica dos particulares (os interesses de facto). Como diz BACHOF, «protecção da norma (...) e direito subjectivo não são idênticos» ([114]).

3 — Distinguir direitos subjectivos e interesses legítimos com base no carácter imediato ou mediato da protecção da norma, dá origem às seguintes objecções:

a) A distinção entre direitos subjectivos e interesses legítimos é uma concepção italiana quanto ao modo de configurar a posição do particular face à Administração, que resulta dos condicionalismos históricos da evolução do contencioso administrativo nesse país.

A lei de abolição do contencioso administrativo, de 1865, pretendera abolir o contencioso administrativo, remetendo aos tribunais judiciais a resolução dos litígios referentes a direitos subjectivos e deixando à Administração as questões sobre a legalidade ou ilegalidade dos actos administrativos. A instauração, a partir de 1889, de uma IV Secção do Conselho de Estado vai criar um sistema de dualidade de jurisdições que se sobrepõe ao sistema

---

([113]) *Vide* considerações feitas a propósito da tese anteriormente exposta.
([114]) BACHOF, *Reflexwirkungen...*, cit., pág. 293, nota 4.

anterior. Assim, os tribunais comuns continuam a conhecer dos direitos subjectivos, enquanto que as questões de legalidade dos actos administrativos, que se prendem com os interesses legítimos dos particulares, são conhecidas pelo Conselho de Estado. O critério de distinção entre estas duas figuras nasceu, pois, como critério de distribuição de competências entre a jurisdição ordinária e a jurisdição administrativa e, só depois, se veio a tornar, também, uma categoria conceptual.

Contudo, a *lógica* da distribuição jurisdicional de competências, que justificava a distinção das duas figuras, vai ser posta em causa pela legislação posterior sobre o contencioso administrativo. Desde 30 de Dezembro de 1923, deu-se a «criação da denominada jurisdição exclusiva (pela qual o Conselho de Estado é juiz dos direitos e dos interesses legítimos) nalgumas matérias (a principal das quais é o emprego público)» (CASSESE) ([115]). E, como nota NIGRO, a evolução posterior, mx. através da legislação de 1971, acentua esta «tendência do ordenamento para a criação de âmbitos de *jurisdição exclusiva*» ([116]). O que tem como consequência que o Conselho de Estado possa decidir (em muitos domínios) tanto em relação a questões de direitos subjectivos como de interesses legítimos.

Nestes termos, a doutrina e a jurisprudência deparam-se, hoje, com numerosas dificuldades práticas de distinção dos conceitos, «razão pela qual se costuma, frequentemente, invocar a oportunidade

---

([115]) CASSESE, *Le Ingiustizie...*, cit., pág. 423.
([116]) NIGRO, *Problemi veri...*, cit., pág. 1825.

de substituir o critério, baseado sobre a distinção dos direitos e dos interesses, por um outro menos incerto para diferenciar a jurisdição ordinária da administrativa» (SANDULLI) ([117]).

Após ter tentado, sem sucesso, propor outros critérios alternativos de distribuição de competências judiciais, como o critério do pedido ou o da causa de pedir (v. CANNADA-BARTOLI) ([118]), a doutrina parece ter-se conformado com a irracionalidade do sistema, decorrente da ilogicidade da distinção, e caído num puro casuísmo. Como diz SANDULLI, «nos casos-limite, cabe, substancialmente, às escolhas do operador jurídico, com base na sua percepção do contexto histórico, o estabelecer se a norma atribui uma protecção directa ou só indirecta e mediata às posições jurídicas subjectivas» ([119]).

Assim sendo, não se consegue muito bem perceber, porque é que uma doutrina, tão criticada no direito italiano e só compreensível numa perspectiva histórica, possa servir de modelo e ser exportada para países cuja história do contencioso administrativo não é, em nada, semelhante à italiana.

b) A distinção entre o direito subjectivo e o interesse legítimo, com base no carácter imediato ou mediato da protecção pela norma, apresenta uma «contradição insolúvel» (NIGRO) ([120]): a de procurar explicar a concessão de situações jurídicas substan-

---

[117] SANDULLI, *Manuale...*, cit., pág. 88.
[118] V. CANNADA BARTOLI, *Interesse (diritto amministrativo)*, in «Encicopedia del Diritto», vol. XXII, Giuffrè, Varese, 1972, págs. 12 e segs. *Vide* também indicações bibliográficas aí incluídas.
[119] SANDULLI, *Manuale...*, cit. pág. 118.
[120] NIGRO, *Giustizia...*, cit., pág. 117.

tivas dos particulares (os interesses legítimos), por intermédio de normas que apenas se preocupam com a realização do interesse público. É um paradoxo dizer-se que os interesses legítimos são situações substantivas dos particulares, resultantes de «normas que, por definição, não se ocupam deles» (NIGRO) ([121]), que são, por assim dizer, uma *distracção* do direito objectivo.

No fundo, a noção que se dá de interesses legítimos é equívoca, relativamente à noção de interesses de facto. Se os interesses legítimos são, tal como os seus defensores o afirmam, posições jurídicas substantivas, eles não podem ser definidos como sendo o resultado de uma protecção ocasional por uma norma, como os interesses de facto. Ou se trata de uma protecção directa e então temos uma situação jurídica subjectiva, ou se trata de uma protecção ocasional e, então, temos um simples interesse de facto, de que o particular se não pode prevalecer.

4 — No que respeita à distinção entre direitos subjectivos e interesses legítimos, consoante se trate de uma situação que seja independente ou dependente do exercício do poder administrativo, pode-se dizer que:
a) Tal como a concepção referida imediatamente antes, assenta numa bipartição das posições substantivas dos particulares que resulta da evolução histórica do contencioso administrativo italiano, pelo que não se percebe bem, porque é que ela é *importada* para outros países, onde a evolução do sistema de con-

([121]) NIGRO, *Giustizia...*, cit., pág. 120.

tencioso administrativo foi bastante diferente, sobretudo, tendo em atenção as críticas que, unanimemente, lhe são feitas pela doutrina italiana.

b) A distinção entre direitos subjectivos e interesses legítimos, consoante o bem protegido do particular seja independente ou dependente do exercício do poder administrativo, também não parece ser muito correcta, pelo menos na ordem jurídica portuguesa. Com efeito, uma tal noção implica excluir do conceito de direito subjectivo todas aquelas situações de vantagem individual que, também, resultem do exercício do poder administrativo, designadamente, todos aqueles direitos que são constituídos pela actuação da Administração (v.g. prestações de tipo económico e social, autorizações, licenças, direitos dos funcionários). Nestes termos, todas as posições individuais que resultem do exercício do poder administrativo deveriam ser configuradas como interesses legítimos, o que, a admitir-se a bipartição nessas duas figuras, não é de aceitar.

Numa altura, em que a Administração já não é apenas Agressiva, mas Prestadora ou Constitutiva não me parece, salvo o devido respeito, que se possam desligar, totalmente, os direitos subjectivos da actividade da Administração. Se certos direitos subjectivos podem ser concebidos como uma relação imediata entre uma pessoa e um bem, sem a mediação do poder administrativo, uma grande parte dos direitos subjectivos dos particulares resulta de uma determinada relação jurídica com a Administração. E, contra NIGRO, poderíamos, aliás, citar NIGRO, quando referia que os direitos subjectivos «não se tratam mais de pretensões originárias, pois, nascem e reforçam-se relativamente à posição e ao funcionamento da organização da Administração e, consequentemente, ao desenvolvimento de certos procedimentos; nem de pretensões (exclusivamente) substanciais, porque a condição, agora dita, lhes confere um carácter instrumental e processual; nem de pretensões individuais, pois são repetidas e tipicizadas como os exemplares de um livro» ([122]).

c) Não me parece, também, correcta a consideração de NIGRO, de que o diferente grau de protecção dos direitos subjectivos e dos interesses legítimos resulta de, nos segundos, o interesse público ser tutelado directa e imediatamente e o interesse privado mediata e eventualmente. Para além de se deixar entrar pela janela, o que se tinha feito sair pela porta (a protecção mediata ou imediata do interesse privado pela norma), o diferente grau de protecção que direitos e interesses legítimos comportam não tem a ver com a mediatez ou imediatez da tutela do interesse, mas com o *quid* dessa protecção, com o bem juridicamente protegido. O interesse privado, mesmo se protegido, simultaneamente, com o interesse público, é-o, sempre, de forma imediata, ainda que o conteúdo dessa protecção possa variar. A este argumento se voltará mais tarde.

d) A ideia, de que o interesse legítimo possui formas de protecção diferentes das do direito subjectivo, parte da errónea consideração, de que só o interesse legítimo tem a ver com o exercício do poder administrativo.

([122]) NIGRO, *Problemi...*, cit., pág. 1820.

As formas de protecção de um direito subjectivo que depende da vontade da Administração (*v. g.* uma autorização ou a concessão de um subsídio) não são diferentes das que Nigro aponta como típicas dos interesses legítimos, designadamente, e citando Nigro: «o poder de provocar a eliminação de um acto administrativo na via administrativa»; «o poder de participar no próprio procedimento administrativo (que é anterior à formação do acto)»; «o poder de provocar o exercício do poder administrativo, que é o poder de dar início ao procedimento administrativo, quando a abertura dele é da iniciativa do privado» ([123]); a que acresce o poder de anulação do acto, se ilegal. A limitação destas formas de protecção, apenas, aos interesses legítimos é uma consequência do pressuposto erróneo, de que só os interesses legítimos, e não os direitos subjectivos, se conectam com o modo de exercício do poder administrativo.

5 — Quanto à concepção que distingue entre direitos activos e direitos reactivos, ou que fala em direitos eventuais ou futuros, pode-se dizer que:

a) A teoria do direito reactivo reconduz o direito subjectivo dos particulares, feito valer no processo, ao direito de acção e à lesão sofrida pelo particular, deixando de fora «o interesse material do indivíduo (o interesse realmente protegido) na sua conexão com o poder administrativo» (Nigro) ([124]).

No fundo, trata-se de confundir o direito ao recurso, que é uma modalidade do direito de acção

---

([123]) Nigro, *Giustizia...*, cit., pág. 126.
([124]) Nigro, *Giustizia...*, cit., págs. 119 e 120.

e que constitui um direito subjectivo autónomo (v., na nossa ordem jurídica, os arts. 268.°, n.° 3, e 20.°, n.° 2, da C.R.P.), com a situação jurídica subjectiva para cuja defesa este direito existe.

Diga-se, contudo, que a existência de um direito de recurso, constitucionalmente concedido, tem como consequência promover à categoria de direitos subjectivos os poderes de vantagem intencionais conferidos pelo ordenamento jurídico. Ou, como diz BACHOF, «a possibilidade de recurso não é nenhuma característica de natureza do direito subjectivo. Mas a concessão da possibilidade de recurso jurisdicional a um interesse juridicamente protegido significa, diferentemente, o aperfeiçoamento e a promoção do mesmo a um direito subjectivo» ([125]).

b) As teses que falam na existência de um direito futuro ou eventual só consideram o momento do reconhecimento da existência de um direito do particular, pelo tribunal. Ora, não é a sentença de anulação do tribunal que cria o direito subjectivo, antes, ela limita-se a reconhecer um poder jurídico de vantagem do particular, que resulta de uma relação jurídica administrativa, e que foi lesado pela actuação da Administração. A montante da sentença do tribunal, encontra-se o direito subjectivo do particular e a relação jurídica que a Administração com ele constituiu, e foi para defesa desse direito subjectivo lesado que o particular interpôs o recurso contencioso.

([125]) BACHOF, *Reflexwirkungen...*, cit., pág. 300.

6 — Como já deve ter resultado das considerações anteriores, a concepção que trata de forma unitária as posições jurídicas dos indivíduos face à Administração, afigura-se-me ser a mais adequada. Nos termos da *teoria da norma de protecção* e aceitando o seu alargamento no domínio dos direitos fundamentais (tal como propõem TSCHIRA/GLÄESER e KREBBS) ([126]), o indivíduo é titular de um direito subjectivo em relação à Administração, sempre que, de uma norma jurídica que não vise, apenas, a satisfação do interesse público, mas também a protecção dos interesses dos particulares, resulte uma situação de vantagem objectiva, concedida de forma intencional ou, ainda, quando dela resulte a concessão de um mero benefício de facto, decorrente de um direito fundamental.

Assim, face a uma norma jurídica atributiva de um dever à Administração, é preciso verificar se ela preenche as condições necessárias para que se possa considerar como atributiva de um direito subjectivo, a saber:

— É preciso que a Administração se encontre vinculada ao cumprimento desse dever, pois o direito do particular só existe na medida dessa vinculação. Quando se trate de um poder discricionário, o direito subjectivo dos particulares só pode existir relativamente aos aspectos vinculados desse poder (fim, competência, vinculações autónomas decorrentes do princípio da legalidade), não existindo «uma pretensão geral a uma decisão discricionária correcta» (MAURER) ([127]). O conteúdo, mais ou menos amplo, do

---

([126]) *Vide* notas (107) e (108).
([127]) MAURER, *Allgemeines...*, cit., pág. 123.

direito do particular depende da maior ou menor amplitude da vinculação da Administração.

— É necessário que esse dever tenha sido determinado, também, em benefício de pessoas determinadas ou determináveis. A norma em questão não pode ter como fim, apenas, a prossecução do interesse público, mas a protecção simultânea dos interesses dos particulares.

Saber quais os beneficiários de uma norma jurídica é um problema de interpretação da norma, a qual deve ser feita com recurso à própria Constituição. Nos modernos Estados de Direito, em que a prossecução do interesse público e a garantia dos direitos individuais se interpenetram, pode-se considerar, como BACHOF, que todas as vantagens, objectivas e intencionais, concedidas pela ordem jurídica aos particulares, são de conceber como direitos subjectivos ([128]). É este, igualmente, o entendimento imposto pela ordem jurídico-constitucional portuguesa, segundo a qual, na actuação administrativa, a realização do interesse público e a garantia dos direitos dos indivíduos devem andar a par (v. art. 266, n.º 1 — «A Administração pública visa a prossecução do interesse público, no respeito pelos direitos e interesses legalmente protegidos dos cidadãos»).

Não.é relevante, para a questão de saber se uma norma protege ou não os interesses dos particulares, o número, maior ou menor, dos seus destinatários. No dizer de BACHOF, «uma disposição jurídica que

---

([128]) V. BACHOF, *Reflexwirkungen...*, cit., pág. 300.

protege *todos* pode proteger unilateralmente cada um, como se pode ver pelos direitos fundamentais. Ao invés, um círculo limitado de interessados não constitui nenhuma prova da protecção dos interesses individuais» ([129]). Assim, o problema da protecção dos interesses difusos ou colectivos, que tanto tem preocupado, sobretudo, a doutrina francesa e italiana, parece ser de fácil solução ([130]). Se a norma que beneficia os interesses colectivos ou difusos preenche as condições necessárias para conferir um direito subjectivo ou se atribui um benefício de facto decorrente de um direito fundamental, não parece existirem dúvidas, de que nos encontramos perante um direito subjectivo de uma entidade colectiva ou de um círculo de pessoas mais ou menos amplo. Se se não verificam nenhuma das hipóteses anteriormente referidas, então, trata-se de uma situação de interesse de facto que, como tal, não dá lugar à possibilidade de instauração de um recurso contencioso.

— É, por último, necessário que se encontre garantida a possibilidade de recurso ao tribunal, para a defesa dessa situação individual de vantagem. Como se referiu já, esta possibilidade de recurso contencioso encontra-se, na ordem jurídica portuguesa, consagrada pelo art. 268.º, n.º 3.

([129]) BACHOF, *Reflexwirkungen*..., cit., pág. 297.
([130]) V, por todos, DEBBASCH/RICCI, *Contentieux*..., cit., págs. 324 e segs.; VEDEL/DEVOLVÉ, *Le Droit*..., cit., págs. 760 e segs.; CHAPUS, *Contentieux*..., cit., págs. 178 e segs.; NIGRO, *Esperienze e Prospettive del Processo Amministrativo*, in «Riv. Trim. di Dir. Pub.», 1981, n.º 2, págs. 403 e segs.; VIGORITA, *Princípio*..., cit., págs. 639 e segs.; ENRICO GABRIELLI, *Appunti su Diritti Soggettivi, Interessi Legitimi, Interessi Colettivi*, in «Riv. Trim. di Dir. e Procedura Civile», 1984, n.º 4, Dezembro, págs. 969 e segs.

Mas esta teoria da norma de protecção necessita de ser completada, designadamente, no domínio dos direitos fundamentais. Sempre que a Constituição imponha (como o faz o nosso art. 18.º, n.º 1) a aplicabilidade directa dos direitos fundamentais, a lesão de meros benefícios de facto, atribuídos pela ordem jurídica, que decorram do reconhecimento desses direitos fundamentais, deve ser tratada como se fôra a lesão de um direito subjectivo. Uma tal concepção «decorre necessariamente da lei de protecção imposta pela Constituição. Cada norma infra-constitucional está vinculada à Constituição e deve ser interpretada à luz da Constituição e dos direitos fundamentais» (TSCHIRA/GLÄESER) ([131]).

Este entendimento da teoria dos direitos subjectivos é, sobretudo, necessário no que toca ao domínio das novas modalidades de actuação da moderna Administração constitutiva. Face a uma norma de planeamento, que apresenta um «grande deficit de regulamentação material» (TSCHIRA/GLÄESER), torna-se necessário recorrer à Constituição e aos direitos fundamentais para saber se essa norma se encontra ou não destinada a proteger interesses individuais. Como dizem TSCHIRA/GLÄESER, à «modificação estrutural das condições de relacionamento entre a lei e a Administração não se adapta a teoria da norma de protecção, dirigida para a tradicional Administração reguladora (*Ordnungsverwaltung*), a qual considera os direitos subjectivos como benefícios individuais *intencionais* ou compreende interesses privados legislativamente *delimitados*. A maior parte das vezes, quase não se deixa perceber, pela previsão da norma, qual o círculo dos destinatários; uma determinação intencional (prévia) ou mesmo, apenas, um benefício de facto é, quase sempre, impossível» ([132]).

A esta configuração unitária das posições jurídicas substantivas dos particulares poder-se-ia, ainda, objectar que existe uma

---
([131]) TSCHIRA/GLÄESER, *Verwaltungsprozessrecht*, cit., pág. 93.
([132]) TSCHIRA/GLÄESER, *Verwaltungsprozessrecht*, cit., pág. 94.

diferença de natureza entre os direitos subjectivos *típicos* e outro tipo de situações jurídicas subjectivas, que poderiam ser denominadas como direitos reactivos ou interesses legítimos.

Uma tal observação, salvo o devido respeito, não me parece, contudo, procedente. Conforme anteriormente escrevi, entre os direitos subjectivos e os denominados *interesses legítimos* «não existem diferenças de substância mas de grau, não diferenças de qualidade mas de quantidade» ([133]). Tanto os direitos subjectivos, como os denominados interesses legítimos, são posições substantivas e não meramente processuais dos particulares em relação à Administração, concedidas objectiva e intencionalmente por uma norma jurídica que visa a satisfação, não apenas do interesse público, mas também dos interesses dos particulares. Num caso ou no outro, o que pode variar é o conteúdo do direito, directamente atribuído pela lei ou resultante da maior ou menor amplitude do dever a que a Administração está obrigada relativamente ao particular. A diferença entre o direito subjectivo e o denominado interesse legítimo não respeita, portanto, à existência do próprio direito, mas a uma, eventual, maior ou menor amplitude do seu conteúdo.

Procuremos clarificar a questão recorrendo a dois exemplos que, tradicionalmente, são apontados como constituindo um direito subjectivo e um interesse legítimo:

— Hipótese n.º 1:

Se a lei estabelecer que os funcionários públicos, ao fim de um prazo de cinco anos, têm direito a uma diuturnidade, tem-se, unanimemente, entendido que essa situação é de qualificar como um *típico* direito subjectivo. Como diz FREITAS DO

([133]) VASCO PEREIRA DA SILVA, *O Recurso Directo de Anulação — Uma Acção chamada Recurso*, Cognitio, Lisboa, pág. 30.

AMARAL, «o funcionário pode legalmente exigir o pagamento dessa diuturnidade, e (...) o Estado tem a obrigação jurídica de fazer o respectivo pagamento ao funcionário. Mais: significa que se o Estado não pagar a diuturnidade devida ao funcionário, ele pode legalmente usar dos meios adequados para obter a efectiva realização desse pagamento a que tem direito» [134].

— Hipótese n.º 2:

Se a Administração abrir um concurso público, *v. g.*, para o preenchimento de um lugar de professor catedrático, é comum dizer-se que os indivíduos candidatos a concurso têm apenas um interesse legítimo relativamente à Administração. Isto, porque o interesse material, «o interesse em ser nomeado», «não está protegido directamente por lei em termos de fazer dele um direito subjectivo» [135]. «A obrigação de respeitar a legalidade que recai sobre a Administração (só) pode ser invocada pelos particulares a seu favor para remover as ilegalidades que os prejudiquem e para tentar em nova oportunidade a satisfação do seu interesse» (FREITAS DO AMARAL) [136]. Nesta segunda hipótese, o particular só goza «de um direito à legalidade das decisões que versem sobre um interesse próprio» ou, de outra forma, de um «direito a que uma eventual decisão desfavorável ao seu interesse não seja tomada ilegalmente» (FREITAS DO AMARAL) [137].

Mas, vejamos, um pouco melhor, se existem mesmo diferenças de natureza entre as duas situações:

— Hipótese n.º 1: Direito à diuturnidade do funcionário público.

Não parecem haver dúvidas de que se verificam as três condições exigidas para que esta situação seja configurada como um direito subjectivo. A saber:

---

[134] F. DO AMARAL, *Direito...*, cit., vol. II, págs. 87 e 88.
[135] F. DO AMARAL, *Direito...*, cit., vol. II, pág. 96.
[136] F. DO AMARAL, *Direito...*, cit., vol. II, pág. 97.
[137] F. DO AMARAL, *Direito...*, cit., vol. II, pág. 98.

a) Primeira Condição — Imperatividade da norma. A norma que concede ao funcionário um direito subjectivo, estabelece, de forma vinculativa, uma obrigação à Administração, a qual deve ser cumprida sempre que se verifiquem as condições legais.

b) Segunda Condição — Protecção dos interesses dos particulares. A norma que atribui uma diuturnidade aos funcionários públicos que se encontrem em determinadas condições, foi emitida para a protecção dos interesses desta categoria de pessoas, embora o tenha sido, também, a pensar na realização do interesse público decorrente da existência de uma carreira do funcionalismo público legalmente estruturada.

c) Terceira Condição — Poder de reacção jurisdicional. No caso de a Administração não atribuir a diuturnidade ao funcionário, este tem a possibilidade de recorrer ao tribunal, com o fim de obter uma sentença que permita a realização do seu direito.

— Hipótese n.º 2: Direitos dos participantes num concurso público.

Também, neste caso, se verificam todas as condições de que depende a consideração dos concorrentes como titulares de um direito subjectivo. Senão, vejamos:

a) Primeira Condição — Imperatividade da norma. A Administração, nos termos do concurso, está sujeita a um conjunto de deveres que vinculam, de forma mais ou menos ampla, a sua actividade; a eles acrescem todos os deveres decorrentes de outras normas ou da própria constituição que, também, sejam aplicáveis ao caso concreto. Da medida destas vinculações legais da Administração depende o conteúdo, mais ou menos amplo, dos direitos dos particulares. Assim, por exemplo, o concorrente tem direito a que a Administração prossiga o fim legalmente determinado, quando se trate do exercício de poderes discricionários, ou a que trate todos os concorrentes de forma imparcial ou, ainda, a que a Administração adopte uma determinada conduta a que está legalmente vinculada...

b) Segunda Condição — Protecção dos particulares. As normas que estabelecem deveres à Administração que actua através da abertura de um concurso público, não foram determinadas, apenas, em função do interesse público que a Administração prossegue através dessa actuação, mas também dos interesses dos particulares que se colocaram dentro do seu âmbito de aplicação, pelo facto de se terem apresentado a concurso. Assim, essas normas protegem, simultaneamente, o interesse público da Administração e o interesse privado dos particulares que com ela entraram em relação.

c) Terceira Condição — Poder de reacção jurisdicional. No caso de a Administração ter violado determinadas regras que lhe impunham deveres que, também, existiam para proteger o cidadão, a este cabe a possibilidade de recurso aos tribunais para, através da anulação dos actos ilegais, obter a satisfação dos seus direitos subjectivos lesados.

Mas, dir-se-á que, num caso, o particular tem direito a obter uma diuturnidade, enquanto que, no outro, apenas tem direito a que a sua posição seja de novo apreciada em termos legais. Assim é, de facto! Mas isso não resulta do facto de o particular não ser titular de um direito em ambos os casos, mas, pura e simplesmente, do facto de o direito que ele detém, e que é o correlativo de um dever da Administração, ter um conteúdo diferente num caso e no outro.

Num caso, a Administração tem o dever legal de conceder a diuturnidade ao particular, no outro, a Administração tem apenas o dever legal de, no decurso do concurso, cumprir todas as normas legais aplicáveis, as quais não foram determinadas apenas para a protecção do interesse público, mas também para a protecção dos interesses dos particulares. A existência de deveres legais diferentes origina direitos subjectivos de conteúdo diferente. Dizer que, num caso, o particular tem um direito subjectivo e, no outro, não tem, é confundir a questão da existência de um direito com a do seu conteúdo.

O mesmo se diga do argumento de que só o direito subjectivo permite a realização plena do interesse material do particular, o que não aconteceria no caso do interesse legítimo. Se a anulação do concurso público não realiza o interesse material do concorrente ao preenchimento do lugar, tal acontece por não ser esse o interesse material protegido pelas normas que impõem à Administração vinculações legais no concurso e que é, antes, o interesse do particular ao cumprimento, por parte da Administração, de todas as vinculações a que está legalmente obrigada. Dizer que o direito ao cumprimento, por parte da Administração, das vinculações legais favoráveis ao particular, a que está obrigada num concurso público, não é um direito subjectivo, porque não garante o interesse material do candidato ao preenchimento do cargo, é o mesmo que dizer que um usufruto ou uma servidão legal não são direitos subjectivos, porque não protegem o interesse material dos seus titulares de gozarem da propriedade plena sobre uma coisa.

O facto de a Constituição portuguesa, *v. g.*, no seu art. 268.º, n.º 3, falar em direitos ou interesses legalmente protegidos, em nada contraria a posição que acabo de defender. Repare-se, antes de mais, que a Constituição não utiliza a expressão «interesses legítimos», mas sim «interesses legalmente protegidos», o que é muito diferente (aliás, que outra coisa, senão um direito subjectivo, é um interesse legalmente protegido susceptível de recurso contencioso?). Também, não me parece que devam existir dúvidas de que a Constituição equipara os direitos subjectivos e os interesses legalmente protegidos, tratando-os, a ambos, como situações jurídico-materiais dos indivíduos. Entidades da mesma natureza, direitos subjectivos e interesses legalmente protegidos devem ser reconduzidos à categoria doutrinária dos direitos subjectivos, no que em nada se contrariam as disposições constitucionais.

5. O direito ao recurso.

A autonomização, no presente capítulo, de um brevíssimo número sobre o direito ao recurso destina-se, apenas, a chamar a atenção para a necessidade de distinguir o direito de recorrer aos tribunais administrativos, dos direitos subjectivos *substantivos* que esse poder de reacção jurisdicional visa defender.

O direito ao recurso, consagrado na ordem jurídica portuguesa pelo art. 268.º, n.º 3, da C.R.P., representa a especificação, no domínio do contencioso administrativo, do direito de acesso aos tribunais (previsto, genericamente, no art. 20.º, n.º 2, da C.R.P.). O direito ao recurso é, assim, uma modalidade do direito de acção. Como diz JORGE MIRANDA, «assim como no domínio dos direitos civis a todo o direito corresponde uma acção (art. 2.º do C.P.C.), também, no domínio das relações jurídico-administrativas os cidadãos usufruem de um direito de acção específico, o entre nós chamado (por reminiscência das concepções doutrinais de unidade do processo administrativo gracioso e contencioso) *recurso contencioso*» [138].

---

[138] JORGE MIRANDA, *Manual de Direito Constitucional — Direitos Fundamentais*, tomo IV, Coimbra Editora, Coimbra, 1988, pág. 260.

Este direito de recurso constitui um direito fundamental da natureza análoga aos direitos, liberdades e garantias, pelo que, nos termos do art. 17.º da C.R.P., o regime jurídico destes lhe é aplicável ([139])

6. A legitimidade processual.

O entendimento do particular como titular de posições jurídicas substantivas face à Administração vai implicar uma mudança radical do modo de considerar a figura da legitimidade processual.

Enquanto se entendia que o particular não fazia valer no processo nenhuma posição jurídica material, a figura da legitimidade adquiria uma importância desproposita. Configurado o recurso de anulação como uma auto-verificação da legalidade, a determinação do acesso ao juiz não tinha que ver com a afirmação de um direito subjectivo lesado, mas com a mera existência de um interesse de facto do particular, *próximo* do da Administração, que conferia ao indivíduo legitimidade para ser parte no processo.

Como se viu, a instauração de um recurso de legalidade, teoricamente, deveria ter levado à institucionalização de uma acção popular genérica. Tal não aconteceu, contudo, por razões práticas do funcionamento dos tribunais, o que teve como consequência necessária que o critério de selecção dos sujeitos que podiam interpor o recurso fosse, exclusivamente, o interesse processual, como condição de legitimidade. Em vez de ser vista como uma figura que permite ligar a relação jurídica material e a processual, assegurando que compareçam em juízo os titulares da relação material controvertida, a figura da legitimidade quis

---

([139]) JORGE MIRANDA, *Manual...*, cit., tomo IV, pág. 260; F. DO AMARAL, *Direito...*, cit., vol. IV, pág. 120.

ir *além da chinela*, arvorando-se em critério exclusivo de determinação dos particulares que podiam interpor o recurso.

Negando-se ao cidadão a qualidade de parte no recurso de anulação, a legitimidade do particular não era determinada pela relação jurídica material com a Administração, mas variava, consoante a maior ou menor abertura da *política* seguida pelo tribunal. Mais do que uma questão teórica, a figura da legitimidade era uma questão de *política jurisprudencial*, uma vez que «se aceitou como expressão dogmática uma simples tentativa de sistematização teórica da jurisprudência do Conselho de Estado francês, jurisprudência que deliberadamente se mantém fluida e foge a conceitos precisos» (M. Caetano) ([140]).

De acordo com esta lógica invertida, a legitimidade processual, e não a titularidade de direitos pelos particulares, tornava-se a questão decisiva para indagar da efectividade do contencioso. Como diz M. Caetano, «da resposta dada (ao problema da legitimidade) depende a maior ou menor garantia da liberdade individual que os meios contenciosos se destinam a assegurar». ([141]). Uma vez que tudo se resume ao direito processual e não ao substantivo, «um contencioso limitado a poucos actos e fechado a raros cidadãos corresponde a uma suave fiscalização jurisdicional sobre a Administração activa», enquanto que «o fácil acesso aos tribunais e a restrição do domínio reservado ao poder administrativo representa, pelo contrário, uma considerável segurança contra as investidas da autoridade e da burocracia» (M. Caetano) ([142]).

A importância do interesse, como condição de legitimidade, para o recurso de anulação justifica que, desde cedo, a doutrina procurasse definir critérios para a sua determinação. No seu

---

([140]) Caetano, *O Interesse...*, cit., pág. 225.
([141]) Caetano, *Sobre o Problema...*, cit., pág. 11.
([142]) Caetano, *Sobre o Problema...*, cit., págs. 11 e 12.

«Précis», HAURIOU considera que o interesse do particular no recurso deve ser «directo, pessoal e legítimo». Assim:
— o interesse deve ser «directo ou imediato (...), quer dizer que o interesse não deve ser eventual mas actual e que a anulação do acto deve procurar uma satisfação imediata ao reclamante, e não longínqua»;
— o interesse deve ser «pessoal, o que significa não se confundir este recurso contencioso com a acção popular: o interesse que o justifica deve provir de uma situação jurídica em que se ache o reclamante relativamente ao acto atacado e à qual este possa causar dano»;
— o interesse deve ser «finalmente legítimo, ou seja, resultante de uma situação jurídica definida em face da Administração, quer se trate de direitos, quer de situações provenientes de actos e decisões administrativas anteriores e com exclusão dos simples interesses de facto» (HAURIOU) [143].

Se se atentar bem nesta noção de interesse, é fácil verificar que ela se apresenta como um sucedâneo de uma posição jurídica substantiva do indivíduo que se pretende negar. Tirando o carácter directo do interesse, os requisitos de pessoal e legítimo não se referem, apenas, à relação processual, mas apontam, sobretudo, para a relação jurídica material. É assim, que o carácter pessoal do interesse aparece referido à «situação jurídica particular do reclamante», o que parece ser uma forma subtil de não se mencionar a existência de uma situação substantiva individual lesada; ou o carácter legítimo do interesse como decorrente de uma relação material com a Administração («situação jurídica definida em face da Administração»). O que é, de certo modo,

---

[143] HAURIOU, *Précis...*, cit., 11.ª ed., págs. 402 e 403, cit. *in* CAETANO, *Sobre o Problema...*, cit., pág. 24.

paradoxal; por um lado, nega-se que o particular possa fazer valer direitos em relação à Administração no contencioso administrativo, por outro lado, a definição do interesse aproxima-se, em muito, da de um direito, indo para além da relação processual.

Igualmente, na definição que Marcello Caetano dá do interesse processual (que continuava a ser decisivo para a determinação do acesso ao tribunal, em virtude da sua noção geral e abstracta de direito à legalidade), sobressai o facto de este ser configurado como o sucedâneo de uma situação jurídica substantiva do particular que se quer disfarçar. Segundo este autor, o interesse deve ser directo, pessoal e legítimo. Para M. Caetano, dizer que o interesse deve ser pessoal significa que «tem de haver uma relação de titularidade entre a pessoa (singular ou colectiva) do recorrente e a pretensão por cuja vitória se pugna ou o prejuízo causado pelo acto cuja anulação se requer» ([144]). Repare-se nos termos utilizados, fala-se de *«titularidade de uma pretensão»* ou *«titularidade de um interesse»* ([145]), como se de uma situação jurídica substantiva se tratasse. Também o requisito *legítimo* do interesse apela para uma noção material e não apenas processual deste interesse — «utilidade (...) não reprovada pela ordem jurídica ([146]).

Estas e outras definições do interesse, como condição de legitimidade, espelham um paradoxo da concepção *clássica* do contencioso administrativo. Por um lado, recusava-se que o particular fizesse valer um direito no recurso ou falava-se num direito à legalidade, concebido em termos objectivos, por outro lado, os requisitos que a jurisprudência e a doutrina exigiam para a determinação do interesse processual apontavam para a sua substancialização. Trata-se de uma contradição entre a «doutrina

---

([144]) Caetano, *O Interesse...*, cit., pág. 242.
([145]) Caetano, *O Interesse...*, cit., pág. 250.
([146]) Caetano, *Manual...*, cit., vol. II, pág. 1357.

oficial» do contencioso administrativo e a sua realidade prática, que foi apontada por LALIGANT ([147]) relativamente à prática do Conselho de Estado francês e que parece ter influenciado, também, outras configuraçoes *objectivistas* do contencioso administrativo.

A prova, de que por detrás desta noção processual de interesse se escondia um entendimento, já, substantivo da posição do particular, encontra-se no desenvolvimento do tratamento da figura da legitimidade, em comparação com o que se passou no processo civil.

No processo civil, tudo gira em torno do direito subjectivo lesado que se faz valer no processo, pelo que a noção de interesse, como condição de legitimidade, assume uma relativamente menor importância, apenas se exigindo que este tenha um carácter directo. Como diz ANTUNES VARELA, «é parte legítima como autor, segundo o critério estabelecido no art. 26.º (do C.P.C.), quem tiver interesse directo em demandar. Será parte legítima como réu quem tiver interesse directo em contradizer», acrescentando que «não basta um interesse indirecto, reflexo ou condicionado» ([148]). E é tudo quanto se exige a este interesse, como condição de legitimidade, que é um simples pressuposto processual.

Não que a fórmula do interesse «directo, pessoal e legítimo» que, aliás, foi legislativamente consagrada no art. 46.º, do R.S.T.A., e 821.º, do C.A., cause mal algum ao mundo, só que é desnecessária, a partir do momento em que se considere, o que, como se viu é forçoso (na nossa ordem jurídica), que o particular defende no processo uma situação jurídica substantiva.

O carácter pessoal e legítimo do interesse é uma mera decorrência lógica do direito subjectivo que o particular faz valer

---

([147]) LALIGANT, *La Notion...*, cit., mx., pág. 64.
([148]) ANTUNES VARELA/BEZERRA/NORA, *Manual de Processo Civil*, Coimbra Editora, Coimbra, 1984 pág. 128.

no processo. O interesse é pessoal, porque o particular alega ser titular de um direito, que se encontra na sua esfera jurídica e que foi lesado por uma conduta ilegal da Administração; e é legítimo, porque esse direito lhe foi conferido pelo ordenamento, através de uma norma atributiva de um direito ou através da imposição, em seu benefício, de um dever à Administração. A afirmação do carácter pessoal e legítimo do interesse, como condição de legitimidade, é, pois, uma mera tautologia, a partir do momento em que se considera que o particular é titular de direitos face à Administração que são feitos valer através do processo.

É ao nível do direito substantivo e não do direito processual que se deve colocar a questão da maior ou menor abertura do recurso de anulação e da sua maior ou menor eficácia, no que respeita ao controlo da Administração. O recurso contencioso de anulação será tanto mais aberto aos particulares e eficaz como forma de controlo da Administração, quanto mais a ordem jurídica reconheça os indivíduos a titularidade de direitos face à Administração.

Uma concepção adequada da legitimidade, no contencioso administrativo de anulação, é aquela que procura assegurar a ligação entre a relação material substantiva e a relação processual, fazendo com que os participantes no recurso sejam os sujeitos efectivos da relação material e não uma concepção que pretenda substituir-se à consideração das situações jurídicas substantivas das partes e arvorar-se em critério exclusivo de determinação do acesso ao juiz. Como diz VARELA, «ser parte legítima na acção é ter o poder de dirigir a pretensão deduzida em juízo ou a defesa contra ela oponível. A parte terá legitimidade como autor, se fôr ela quem juridicamente pode fazer valer a pretensão em face do demandado, admitindo que a pretensão exista, e terá legitimidade como réu, se fôr a pessoa que juridicamente pode opor-se à procedência da pretensão, por ser ela a pessoa cuja esfera jurídica é directamente atingida pela providência requerida» ([149]). A função deste pressuposto processual é a de evitar que a decisão deixe de produzir o seu efeito jurídico útil, por «não poder vincular os verdadeiros sujeitos da relação controvertida» (VARELA) ([150]), razão pela qual têm legitimidade, «em regra, as partes na relação jurídica litigada» (WIESER) ([151]).

No contencioso administrativo de anulação e relativamente ao aspecto que agora nos interessa, o da legitimidade activa, é parte legítima todo aquele que alegue a lesão de um direito substantivo próprio. Para ser considerado como parte legítima basta a alegação da lesão do direito e não é necessária a existência de uma lesão efectiva, uma vez que saber «se o direito que o autor faz valer como próprio efectivamente existe e se, no caso considerado, foi, também, verdadeiramente lesado, pertence ao âmbito do fundo da causa» (TSCHIRA/GLÄESER) ([152]). Essa alegação de um direito subjectivo lesado comporta dois elementos: «primeiro, deve o autor alegar que o acto administrativo impugnado o afectou na sua esfera jurídica, para, depois, fazer valer que essa agressão era ilegal» (TSCHIRA/GLÄESER) ([153]).

Uma vez que a alegação do direito lesado é um mero pressuposto processual e não uma condição da acção, deve ser considerada «suficiente uma afirmação fundamentada da lesão de um direito», segundo a formulação alemã da *teoria da possibilidade* da lesão de um direito (*Möglichkeitstheorie*), não sendo necessária uma *afirmação concludente* da lesão de um direito, como exige a concepção, também alemã, da *teoria da concludência* da lesão de um direito (*Schlussigkeitstheorie*) ([154]).

([149]) VARELA/BEZERRA/NORA, Manual..., cit., pág. 122.
([150]) VARELA/BEZERRA/NORA, Manual..., cit., pág. 123.
([151]) EBERHARD WIESER, *Grundzüge des Zivilprozessrechts*, Carl Heymanns Verlag, Colónia/Berlim/Bona/Munique, 1986, pág. 34.
([152]) TSCHIRA/GLÄESER, *Verwaltungsprozessrecht*, cit., pág. 84.
([153]) TSCHIRA/GLÄESER, *Verwaltungsprozessrecht*, cit., pág. 84.
([154]) V. TSCHIRA/GLÄESER, *Verwaltungsprozessrecht*, cit., págs. 83 e segs.; K. H. KLEIN, *Gutachten und Urteil im Verwaltungsprozess*, 2.ª ed., Verlag Franz Vahlen, Munique, 1976, págs. 9 e 10.

7. A posição do particular no recurso directo de anulação.

O reconhecimento ao particular da qualidade de parte em sentido material implica o seu tratamento como uma parte em sentido processual, com todos os poderes e deveres inerentes a essa condição. O particular integra-se, assim, numa relação jurídica processual, a qual «é concebível tanto entre as partes como entre o tribunal e as partes. O melhor é a consideração de uma relação jurídica triangular, que se verifica entre o tribunal e cada uma das partes, para além da que se verifica entre as partes. Só assim se compreendem a globalidade das relações jurídicas singulares» (JAUERNING) [155].

Esta consideração do particular como parte determina a equiparação do tratamento processual do particular e da Administração (que, como veremos no próximo capítulo, detém, também, a qualidade de parte). No contencioso de anulação verifica-se, pois, a existência «de um órgão administrativo e de um cidadão que, em medida igual, se encontram limitados pelo tribunal e, aí, devem defender as suas interpretações jurídicas» (MAURER) [156].

Esta tendência para a equiparação das posições processuais do particular e da Administração, decorrente da sua consideração como partes no processo, encontra consagração na actual legislação portuguesa sobre o contencioso administrativo. Com efeito, o recurso contencioso de anulação encontra-se estruturado nos termos do princípio do contraditório, pelo que, tanto na fase dos articulados, como na fase das alegações, o particular tem a possibilidade de fazer ouvir as suas razões, em igualdade de circunstâncias com a Administração.

---

[155] OTHMAR JAUERNING, *Zivilprozessrecht*, 19.ª ed., Beck, Munique, 1981, pág. 100.
[156] MAURER, *Allgemeines...*, cit., pág. 116.

Assim, na fase dos articulados, o particular (que no recurso de anulação ocupa a posição de demandante, uma vez que este processo tem como pressuposto a prévia existência de um acto administrativo), através da petição, faz ouvir as suas razões, alegando a lesão do seu direito originada pela conduta ilegal da Administração. Nessa petição, o particular deve «expor com clareza os factos e as razões de direito que fundamentam o recurso, indicando precisamente os preceitos ou princípios de direito que considere infringidos» (art. 36.º, n.º 1, *d*), da L.P.); bem como «formular claramente o pedido» (art. 36.º, n.º 1, *e*), da L.P.).

Mais tarde, depois da Administração ter sido convidada a expor as suas razões, o particular é de novo chamado a participar (juntamente com a Administração, art. 26.º, da L.P.) na fase das alegações, que tem como objectivo «contribuir para a discussão de facto e de direito, preparando assim o julgamento do recurso» (F. AMARAL) [157], conforme decorre do art. 67.º do R.S.T.A..

Reconhece-se, também, tanto ao particular como à Administração, a possibilidade de recorrer de uma sentença desfavorável (art. 104.º, L.P.).

Donde resulta que, à face da ordem jurídica portuguesa, ao particular é reconhecida, tanto a qualidade de parte em sentido material, como em sentido processual.

---

[157] AMARAL, *Parecer* (inédito), exemplar gentilmente cedido pelo autor, Lisboa, 20 de Junho de 1983.

CAPÍTULO III

A ADMINISTRAÇÃO

1. A qualidade de parte da Administração como consequência da plena jurisdicionalização dos tribunais administrativos.

2. A noção de acto administrativo e sua evolução histórica. O sentido actual do acto administrativo. O acto e a relação jurídica administrativa.

3. A posição da Administração no recurso directo de anulação.

A ADMINISTRAÇÃO

1. A qualidade de parte da Administração como consequência da plena jurisdicionalização dos tribunais administrativos.

A origem histórica do contencioso administrativo não vai, apenas, marcar o modo de entender a posição do particular no recurso de anulação, mas também o da própria Administração. Só é possível compreender a negação à Administração da qualidade de parte no recurso contencioso de anulação, recuando aos primórdios do contencioso administrativo francês. Como diz MARCELLO CAETANO, «sem se conhecer a origem do recurso e a sua evolução, nunca se poderão entender certos aspectos actuais da sua natureza e do seu processo» ([1]).

Em consequência do entendimento distorcido do princípio da separação de poderes, surgido da revolução francesa, o contencioso administrativo vai nascer ligado aos órgãos da própria Administração («julgar a Administração é ainda administrar»). Já se fez referência, no Capítulo I, ao nascimento do contencioso administrativo, em França, e à sua evolução posterior. Convirá aqui apenas lembrar que essa ligação do contencioso administrativo aos órgãos do poder administrativo passou por três fases distintas:

— Numa primeira fase, a tarefa de decidir em matéria administrativa estava confiada, em exclusivo, aos órgãos da Administração activa. Iniciava-se, assim, o sistema do Administrador-juiz.

([1]) MARCELLO CAETANO, *Comentário...*, cit., págs. 317 e 318.

— Mais tarde, numa segunda fase, é criado o Conselho de Estado como órgão da Administração consultiva, encarregado do julgamento das questões administrativas, embora as suas decisões carecessem de homologação do Chefe de Estado. Nesta fase do sistema da *justiça reservada*, o controlo dos actos da Administração assumia a forma de um «recurso hierárquico jurisdicionalizado interposto para o Chefe de Estado e que este resolvia por decreto, sob consulta de um conselho, perante o qual o processo era instruído com as necessárias garantias contenciosas» (CAETANO) [2].

— Finalmente, numa terceira fase, o Conselho de Estado passa a ter a última palavra no que respeita à resolução dos litígios administrativos, mas continua *umbilicalmente* ligado à Administração, integrando-se na orgânica do poder administrativo. Como diz HAURIOU, «a separação de contenciosos teve por consequência a instituição de uma jurisdição administrativa absolutamente separada da jurisdição civil e, pelo contrário, muito aproximada da Administração activa, tão aproximada que, do ponto de vista constitucional, ela faz parte do próprio poder administrativo» [3]. Esta última fase instituía um sistema meio-administrativo, meio-jurisdicional que, como vimos, correspondia ao modelo *típico* do Estado liberal nos países da Europa continental. É a este *momento histórico* das relações entre a Administração e a Justiça que se vão referir as concepções *clássicas* do contencioso administrativo. A doutrina *clássica* (LAFERRIÈRE, HAURIOU, M. CAETANO) vai tomar, como ponto de partida da sua elaboração teórica sobre o recurso de anulação,

---

[2] CAETANO, *O Interesse...*, cit., págs. 232 e 233.
[3] HAURIOU, *Précis...*, cit., págs. 448 e 449.

esta situação de ligação orgânica entre as tarefas de administrar e julgar, esta situação de *pecado original* do contencioso administrativo. Daqui decorriam uma série de consequências quanto ao modo de conceber o contencioso de anulação, designadamente:

a) O entendimento deste meio jurisdicional em termos de recurso de uma decisão de uma autoridade administrativa para outra autoridade superior, também integrada no poder administrativo. Como diz Marcello Caetano, «recurso é todo o apelo que se faz de uma autoridade que praticou um acto jurídico para outra superior com poder para anular ou reformar o acto ou para ordenar a sua reforma ou anulação, tendo por objectivo a revisão e a cassação ou modificação do acto recorrido» ([4]). Tratava-se de um recurso e não de uma acção, porque «proferido o acto definitivo e executório disse a Administração activa a sua última palavra: definiu situações e está apta a impor coercivamente a sua vontade», pelo que o particular «recorre do acto, solicitando a uma nova autoridade, agora organizada em tribunal e procedendo jurisdicionalmente, que o reveja sob o aspecto da legalidade para o confirmar ou anular» (M. Caetano) ([5]). O órgão autor do acto e o tribunal integram-se no poder executivo, o controlo que o tribunal faz dos actos administrativos é uma mera *revisão* da legalidade destes.

b) A ideia da continuidade entre o processo administrativo gracioso e o contencioso. Integrado na orgânica do poder executivo, a apreciação que o tri-

---

([4]) Caetano, *Comentário*, cit., pág. 325.
([5]) Caetano, *Comentário*, cit., pág. 318.

bunal faz da legalidade dos actos administrativos enxerta-se na actividade administrativa, de que é a continuação. Assim, «o processo é um só, embora possa compreender duas fases, uma graciosa e outra contenciosa» (CAETANO) ([6]), uma vez que, «na Administração, quando se trata do recurso anulatório, o processo contencioso é a sequência do processo gracioso» (CAETANO) ([7]).

c) A Administração não ocupa o papel de parte, mas de autoridade recorrida. Só é possível falar de um processo de partes quando o juiz desempenha o papel de um terceiro, face a dois interesses antagónicos que lhe são trazidos. Ora, no recurso de anulação não se chegou a sair do âmbito da Administração, a autoridade que praticou o acto e o tribunal não são terceiros, mas uma só e a mesma parte. Tribunal e autor do acto prosseguem o mesmo fim, têm a mesma natureza e integram-se no mesmo poder do Estado. No dizer de MARCELLO CAETANO, «o interesse da Administração é o mesmo que o do tribunal, está interessada no cumprimento preciso, inteligente, adequado, oportuno da lei» ([8]).

Deste modo, o particular «não cita a pessoa colectiva para ir ao tribunal como ré, discutir com ele a divergência de opiniões, recorre do acto» ([9]). A Administração não vai ao processo para apresentar uma defesa dos seus actos, ela «é chamada a pronunciar-se sobre a razão ou sem razão do recurso, como o juiz

---

([6]) CAETANO, *O Interesse...*, cit., pág. 232.
([7]) CAETANO, *Comentário*, cit., pág. 318.
([8]) CAETANO, *Princípios Fundamentais do Direito Administrativo*, Forense, Rio de Janeiro, 1977, pág. 554.
([9]) CAETANO, *Princípios...*, cit., pág. 318.

é chamado a sustentar o despacho agravado ou a reparar o agravo. Mas não entra em debate com o recorrente, não passa a intervir a cada momento, sempre que o recorrente apresentar um requerimento ou der um passo no processo» (CAETANO) ([10]).

d) Igualmente, como se viu, a posição do particular não é a de uma parte que actua para a defesa dos seus direitos, mas a de um auxiliar da Administração, pois tudo se passa dentro da esfera administrativa e o objecto do recurso é a legalidade da actuação da Administração. Sendo o processo contencioso a continuação do gracioso, a aferição da legitimidade para interpor o recurso de anulação pode ficar dependente da participação ou não na fase graciosa.

Realçando o que agora nos interessa, é como resultado da «costela» administrativa do recurso de anulação que a doutrina clássica vai negar à Administração a qualidade de parte. Se tanto o órgão autor do acto como o tribunal pertencem à estrutura dos órgãos da Administração, não faz sentido falar em processo de partes, quando se trata da revisão dos actos do primeiro pelo segundo.

A doutrina transformou esta realidade histórica numa realidade lógica. A explicação da origem histórica do recurso de anulação, determinada pela peripécias da sua instauração após a revolução francesa, desembocou na elaboração teórica da doutrina clássica do *processo feito a um acto*. Esse momento histórico cristalizou «na lição tradicional, que vê o recurso administrativo como um processo feito a um acto, de acordo com a velha lição de LAFERRIÈRE, depois desenvolvida por HAURIOU. No recurso por excesso de poder, o particular é mais um fiscal da

---

([10]) CAETANO, *Comentário*, cit., págs. 326 e 327.

legalidade do que propriamente uma parte que defendia interesses próprios, o que leva a dizer-se que o recurso contencioso não é mais do que um prolongamento do procedimento administrativo gracioso e que o juiz tem um pouco a situação de um juiz que decide sobre um agravo, não havendo partes propriamente ditas no processo» (MACHETE) ([11]).

Um outro contributo teórico para a ligação entre a Administração e a Justiça vai surgir com a teorização das funções do Estado, feita pela escola positivista de Viena (KELSEN, MERKL). A concepção piramidal do ordenamento jurídico, apresentada por esta escola, conduz ao entendimento da Administração e da Justiça como entidades situadas ao mesmo nível, cuja função é a execução do direito e praticando actos da mesma natureza, ainda que formalmente diferenciados. Como diz KELSEN, contrapondo a função legislativa às funções administrativa e judicial, «na função legislativa, o Estado estabelece regras gerais, abstractas; na jurisdição e na Administração desenvolve uma actividade individualizada, resolve directamente tarefas concretas» ([12]).

Esta concepção originou, também, uma tendência para equiparar os actos da função administrativa e da função jurisdicional, configurando-os como actos que definem o direito aplicável ao particular num caso concreto. Nesta linha, OTTO MAYER define acto administrativo como um «acto que decide autoritariamente a situação jurídica do súbdito num caso individual», ao mesmo tempo que considerava «que a actuação da Administração deve ser, o mais possível, similar à actuação dos tribunais» ([13]).

A mudança do modelo de Estado vai originar, também, a mudança do modelo de contencioso. Como resultado da plena

---

([11]) RUI MACHETE, *O Estatuto dos Tribunais Administrativos e Fiscais*, in «A Feitura das Leis», vol. I, I.N.A., 1986, págs. 105 e 106.
([12]) KELSEN, *Teoria...*, cit., pág. 301.
([13]) OTTO MAYER, cit. *in* ENTERRÍA/FERNÁNDEZ, *Curso...*, cit., vol. I, pág. 502.

jurisdicionalização das instituições do contencioso administrativo, vai ser cortado o *cordão umbilical* que ligava a Administração e a Justiça e os tribunais administrativos vão ser integrados no poder judicial Este fenómeno da jurisdicionalização da fiscalização administrativa, conforme se viu no Capítulo I, verificou-se em todos os países de modelo francês; nuns casos, nos finais do século XIX e início do século XX, como aconteceu na Alemanha, Itália e Espanha, noutros casos, algo mais tardiamente, como aconteceu em França e em Portugal, onde a evolução neste sentido se deu de forma mais lenta.

Nos nossos dias, **Administração e Justiça** não são, apenas, funções **diferenciadas,** como devem pertencer a poderes distintos. Conforme **anteriormente** escrevi, pode-se mesmo falar numa «separação **radical** entre a Administração e a Justiça (a Justiça visa **resolver conflitos** de interesses e caracteriza-se pela passividade e imparcialidade; a Administração actua para a satisfação das necessidades colectivas de segurança, cultura e bem-estar, caracteriza-se pela iniciativa e parcialidade). Nem a Justiça e a Administração são actividades similares, nem os seus actos são da mesma espécie» ([14]).

Esta alteração de fundo do modo de conceber a natureza e a função do contenicioso administrativo não poderia deixar de ter consequências no modo de entender o recurso de anulação, cuja elaboração teórica *clássica* assentava, grandemente, no pressuposto da identidade de natureza entre órgãos da Administração e tribunais administrativos. Deste modo:

    a) Se o contencioso administrativo continua a ser, essencialmente, concebido como um meio jurisdicional de anulação, a ideia de *recurso*, em sentido próprio, deixa de fazer qualquer sentido. O tribunal nem é uma autoridade administrativa, nem é uma autoridade *superior*

([14]) Vasco Pereira da Silva, *O Recurso...*, cit., págs. 25 e 26.

àquela que praticou o acto; o tribunal integra-se no poder judicial e, de forma independente e autónoma, aprecia os litígios que lhe são apresentados, quer tenham ocorrido entre particulares, entre entidades públicas ou entre entidades públicas e particulares. O nome, recurso, é um resquício histórico de uma concepção ultrapassada, mas que não faz mal conservar, desde que se tenha presente que se trata de uma acção — «uma acção chamada recurso» [15].

Nem se diga que a designação *recurso* é ainda exacta, porque «foi a Administração pública, actuando como poder, que definiu unilateralmente o direito aplicável (acto definitivo). Assim, quando o particular vai a tribunal recorrer, já não tem de pedir ao tribunal que faça uma primeira definição do direito aplicável (...). O que o particular vai, apenas, é impugnar, ou seja, atacar, contestar, a definição que foi feita pela Administração» (FREITAS DO AMARAL) [16]. Salvo o devido respeito, a situação não é, em nada, diferente da que se passa quando um particular interpõe uma acção de anulação para impugnar a *definição de direito*, aplicável às partes, feita por outro particular que exerceu um direito potestativo, a cuja *sujeição* o primeiro estava obrigado (*v. g.* a anulação de uma deliberação social).

b) A teoria monista, da continuidade entre o processo administrativo gracioso e o contencioso, perde, também, a sua justificação. A continuidade entre os processos gracioso e contencioso só é justificável quando os tribunais e o órgão autor do acto se integram no poder

---

[15] VASCO PEREIRA DA SILVA, *O Recurso Directo da Anulação — Uma Acção chamada Recurso*, cit..
[16] F. DO AMARAL, *Direito...*, cit., vol. IV, pág. 79.

administrativo, mas não quando se encontram, funcional e organicamente, separados. Julgar a Administração não é ainda administrar, mas é ainda julgar. A separação de funções espelha-se na separação de processos, em dois níveis: fim e posição dos agentes.

Como diz ROGÉRIO SOARES, «a oposição essencial entre procedimento e processo resulta da diferença dos fins que prosseguem. O procedimento tende à emissão dum acto jurídico da Administração, nomeadamente um acto administrativo. O processo dirige-se à produção duma sentença. A finalidade do procedimento é a de satisfazer, numa situação concreta, uma questão de interesse público. A finalidade do processo é a de decidir um conflito jurídico entre dois particulares ou entre um particular e um ente público» ([17]). E acrescenta, «da diferença de fins decorre uma diferença de posição dos agentes: o juiz está no processo alheio ao conflito que procura decidir, está acima das partes; ao contrário, o agente administrativo figura no procedimento como parte, com o encargo de prosseguir um interesse seu (da Administração)» ([18]).

c) O tratamento da Administração como autoridade recorrida cede o seu lugar à consideração da Administração como parte. Se, enquanto os tribunais administrativos se integram no poder executivo, a Administração e os tribunais são *uma só parte*, quando o tribunal administrativo se torna um *terceiro*, integrado num outro poder do Estado, o Judicial, então, a Administração torna-se lógica e necessariamente uma parte.

([17]) ROGÉRIO SOARES, *A Propósito de um Processo Legislativo: o chamado Código do Processo Administrativo Gracioso*, in «Revista de Legislação e de Jurisprudência», n.º 3703, pág. 296.

([18]) RORÉRIO SOARES, *A propósito...*, cit., «R.L.J.», n.º 3703, pág. 296.

Ante um terceiro alheio ao litígio (o tribunal), o particular e a Administração expõem o seu conflito de interesses originado por uma actuação administrativa que o particular alega ser ilegal. No contencioso de anulação «a Administração pública tem o dever — ou pelo menos deve ter o direito — de se explicar acerca dos actos que pratica, esse direito (ou dever) traduz-se em a autoridade recorrida se explicar acerca da legalidade do acto impugnado» (F. DO AMARAL) [19].

Tal não significa que «a Administração pública possa definir os interesses públicos que lhe incumbe prosseguir ou deva ser admitida a defender interesses públicos contra o disposto na lei, ou para além dela» [20]; mas, tão apenas, permitir à Administração «apresentar o seu ponto de vista acerca da legalidade — o qual é perfeitamente legítimo, tem de ser considerado pelo menos tão legítimo como o ponto de vista da parte contrária e, em bom rigor, deve mesmo ser considerado mais legítimo do que o de qualquer outra entidade até que o Tribunal se pronuncie, dada a presunção de legalidade de que gozam os actos administrativos» (F. DO AMARAL [21]).

A comparação, feita por MARCELLO CAETANO, da posição da Administração no processo e da posição de um juiz, chamado a sustentar o despacho agravado perante outro juiz, não procede, a partir do momento em que o juiz e o autor do acto não são entidades da mesma natureza, mas de natureza diferente.

Assim, a Administração que defende o seu juízo acerca da legalidade, que se consubstanciou num acto

---

[19] F. DO AMARAL, *Parecer...*, cit., pág. 17.
[20] F. DO AMARAL, *Parecer...*, cit., pág. 17.
[21] F. DO AMARAL, *Parecer...*, cit., pág. 18.

administrativo, ante um tribunal administrativo, ocupa, tal como o particular, a posição de uma parte.

d) Igualmente, o particular actua no recurso de anulação na qualidade de parte, tendo interposto esse recurso para a defesa dos seus direitos, conforme se viu no capítulo anterior e não há agora que retomar. De referir, apenas, que a definição da legitimidade do particular não decorre da participação ou não no processo administrativo gracioso, mas da afirmação, pelo particular, da titularidade de um direito subjectivo lesado que se pretende defender através do processo. Defesa de um direito por um particular que pode passar pela prévia participação no processo administrativo gracioso ou ser directamente realizada pela interposição do recurso contencioso.

De tudo o que ficou exposto, resulta que a negação à Administração da qualidade de parte no processo era uma consequência lógica da *confusão de poderes*, decorrente da ligação da jurisdição administrativa à Administração. A partir do momento em que se verifica a plena jurisdicionalização do contencioso administrativo, a Administração e o particular devem ser entendidos como duas partes que manifestam os seus interesses antagónicos diante de um terceiro imparcial. O tratamento da Administração como uma parte processual corresponde, aliás, como se verá mais à frente, à realidade da legislação de todos os países europeus, onde se consumou esta jurisdicionalização da fiscalização administrativa contenciosa.

2. **A noção de acto administrativo e sua evolução histórica. O sentido actual do acto administrativo. O acto e a relação jurídica administrativa.**

A actuação da Administração que está em causa no recurso contencioso de anulação é o acto administrativo. A orientação subjectivista, que proponho, considera o acto administrativo não como objecto do processo, mas como uma actuação da Administração lesiva de um direito do particular que o leva a interpor o recurso. Assim, nos termos de um entendimento subjectivista do recurso, a análise do acto administrativo no processo não deve ser feita a propósito do objecto do recurso de anulação, antes, o seu lugar próprio é o da posição de parte da Administração.

A noção de acto administrativo é um conceito de direito administrativo e não de direito processual, pelo que não poderá ser, aqui, objecto de tratamento em profundidade. Justifica-se, contudo, que se dediquem algumas páginas a esta figura, pela importância que desempenha no contencioso administrativo. Como diz Freitas do Amaral, o acto administrativo «é a figura típica do Direito Administrativo, e é para reagir contra ele — se for ilegal — que existe um remédio especialmente criado pelo Direito Administrativo, destinado a proteger os direitos dos particulares ou os seus interesses legítimos que é o recurso contencioso de anulação» [22]; pelo que a «parelha — acto administrativo/recurso contencioso de anulação — é a pedra angular do direito administrativo» [23].

Com efeito, o acto administrativo aparece no recurso contencioso de anulação sob várias formas:

---

[22] F. do Amaral, *Direito Administrativo*, lições policops., vol. III, Lisboa, 1985, págs. 102 e 103.
[23] F. do Amaral, *Direito...*, cit., vol. III, pág. 103.

— Desde logo, como pressuposto processual. Para que haja um recurso de anulação é necessária a existência de um acto recorrível, «é necessário que se trate de um acto administrativo, externo, definitivo e executório (L.E.P.T.A., art. 25.º, n.º 1)» (F. do Amaral) ([24]).
— Manifesta-se também no pedido, que consiste, pelo menos formalmente, na anulação do acto administrativo.
— Encontra-se por detrás da causa de pedir, uma vez que é a ilegalidade do acto, que o particular alega lesiva dos seus direitos, que dá origem ao recurso.
— E é ainda sobre o acto administrativo que, em primeira linha, incide a sentença do tribunal, procedendo à sua anulação quando reconhece o direito do particular.

Esta ligação entre o acto e o contencioso administrativo é tão grande que o próprio conceito de acto administrativo «tem sido sempre delimitado com base em considerações de natureza jurisdicional» (F. do Amaral) ([25]). Assim, numa primeira fase, o conceito de acto «surge para delimitar as acções da Administração pública excluídas por lei da fiscalização dos tribunais judiciais» (F. do Amaral) ([26]), uma vez que se tratava de um «produto da autoridade administrativa e (estava), por isso, apenas submetido ao controlo desta» (Enterría) ([27]). À medida que a jurisdição administrativa vai sendo criada, esta função inicial do acto dá lugar a uma nova função de garantia, exercida diante de um tribunal administrativo. «O acto administrativo passou, assim, a ser um conceito que funciòna ao serviço do sistema de garantias dos particulares» (F. do Amaral) ([28]). Também aqui se manifesta a,

---

[24] F. do Amaral, *Direito...*, cit., vol. III, pág. 148.
[25] F. do Amaral, *Direito...*, cit., vol. III, pág. 63.
[26] F. do Amaral, *Direito...*, cit., vol. III, pág. 64.
[27] Enterría/Fernández, *Curso...*, cit., vol. I, pág. 501.
[28] F. do Amaral, *Direito...*, cit., vol. III, pág. 65.

já referida, função *dupla* do acto administrativo, típica do Estado liberal: por um lado, manifestação de autoridade, por outro lado, instrumento de garantia dos particulares.

O modo de entender o conceito de acto administrativo apresentou, na doutrina, basicamente duas tendências ([29]):

— Uma, que radica na função inicial do acto e que foi construída a partir do contencioso. Partindo do acto que era objecto do juízo, pretendia-se criar um conceito de acto administrativo, enquanto acto do Estado distinto dos demais. A escola de DUGUIT, que vai originar esta concepção, «pretende tipificar um conceito abstracto de acto jurídico como expressão de cada uma das funções do Estado (acto normativo, acto jurisdicional, acto subjectivo, acto condição (...))» (ENTERRÍA) ([30]).

— Outra tendência, assenta na ideia de manifestação de vontade da Administração dotada de poderes de auto-tutela. Como diz GIANINI, «esta direcção teve uma importância prática superior à outra e desenvolveu-se em duas direcções principais» ([31]), consoante dava primazia aos poderes de auto-tutela (OTTO MAYER) ou tendia a realçar a vontade da Administração em ordem à satisfação das necessidades públicas (HAURIOU). Nestes termos:

a) OTTO MAYER propunha uma noção de acto administrativo que realçava a manifestação de poder da Administração e equiparava o acto administrativo às sentenças judiciais. Como diz ENTERRÍA, a noção de acto administrativo era construída «sobre o modelo de uma sentença judicial, como o acto que define

---

([29]) V. MASSIMO SEVERO GIANINI, *Atto Amministrativo*, in «Enciclopedia del Diritto», vol. IV, Giuffrè, 1959, págs. 157 e segs.; ENTERRÍA/FERNÁNDEZ, *Curso...* cit., vol. I, págs. 501 e segs..

([30]) ENTERRÍA/FERNÁNDEZ, *Curso...*, cit., vol. I, pág. 501.

([31]) GIANINI *Atto...*, cit., pág. 161.

autoritariamente a situação jurídica do súbdito num caso concreto» ([32]).

b) HAURIOU entende o acto administrativo como uma actuação de satisfação das necessidades públicas, aproximando-o dos negócios privados. O acto administrativo é, assim, um «instrumento para a prossecução de interesses públicos concretos e pontuais, assim como o negócio jurídico é o instrumento para a prossecução de concretos e pontuais interesses privados» (GIANINI) ([33]).

É entre estes dois pólos, apresentados pelas teses enquadradas na segunda tendência, que vão, sobretudo, oscilar as principais concepções quanto ao modo de entender o acto administrativo. O acto administrativo vai ser concebido, simultaneamente, como manifestação de vontade ao serviço da realização dos interesses públicos postos a cargo da Administração e como manifestação de auto-tutela da Administração, capaz de definir, e de forma coerciva, os direitos dos particulares que com ela entram em relação.

No dizer de GIANINI, por um lado, o acto administrativo «como pontualização, no caso concreto, das relações autoridade//liberdade na actuação do princípio da legalidade da actuação administrativa (...), foi-se aproximando do acto jurisdicional (concretização de normas no caso concreto), do qual, todavia, difere, por estar virado para a prossecução específica de um interesse público determinado, ou seja, por ser acto por excelência de disposição voluntária. Este último aspecto, fê-lo aproximar-se do negócio jurídico» ([34]). Consoante se põe a tónica no elemento

---

([32]) ENTERRÍA/FERNÁNDEZ, Curso... cit., vol. I, pág. 502.
([33]) GIANINI, Atto..., cit., pág. 162.
([34]) GIANINI, Atto..., cit., pág. 160.

poder ou no elemento *vontade*, também a construção dogmática do conceito de acto administrativo se vai aproximar, mais ou menos, dos modelos da sentença judicial ou do negócio jurídico.

A noção de acto administrativo correspondente à lógica de funcionamento da Administração do Estado liberal pendia para uma noção *autoritária* de acto. Esta noção *autoritária* de acto administrativo espelhava «uma determinada visão substantiva das relações entre a Administração e o cidadão, a visão do Estado liberal de Direito. Nele, a Administração, de actuação intermitente, era vista como uma realidade potencialmente agressiva dos direitos dos particulares. Daí a construção teórica do acto administrativo visto como uma manifestação de poder» [35].

De acordo com esta lógica de relacionamento entre o particular e a Administração, o conceito de acto administrativo torna-se a noção central do direito administrativo. No dizer de ERICHSEN/MARTENS, o «Estado liberal do séc. XIX dirigido, em primeira linha, ao policiamento dos acontecimentos sociais, podia cumprir os seus fins administrativos predominantemente — quando não exclusivamente — através da intervenção pontual da Administração» [36]. Toda a elaboração teórica do direito administrativo gira, assim, em volta do acto administrativo que «é o instituto clássico da actuação unilateral» da Administração (ACHTERBERG) [37].

Esta concepção substantiva do relacionamento entre a Administração e o particular vai-se, igualmente, espelhar numa teoria do contencioso administrativo que faz do acto administrativo o seu único protagonista. Como aponta NIGRO, por um lado, a doutrina administrativa reduzia a actividade administrativa ao acto e suas regras, considerando o contencioso admi-

---

[35] VASCO PEREIRA DA SILVA, *O Recurso...*, cit., pág. 13.
[36] ERICHSEN/MARTENS, *Das Verwaltungshandeln*, cit., pág. 134.
[37] NORBERT ACHTERBERG, *Allgemeines Verwaltungsrecht*, 2.ª ed., Müller, Heidelberg, 1986, pág. 382.

nistrativo «como um capítulo *daquele* direito administrativo», por outro lado, e simultaneamente, os processualistas consideram o acto administrativo como o primeiro capítulo do contencioso administrativo ([38]).

No contencioso administrativo tudo vai gravitar em torno do acto administrativo; ele é, simultaneamente, pressuposto, objecto, *parte* única, meio de prova, medida da sentença... A doutrina administrativa que fizera do acto administrativo o conceito central do direito substantivo vai cristalizar na teoria do contencioso administrativo que vê o recurso de anulação como um *processo feito a um acto*.

A passagem de uma Administração agressiva a uma Administração prestadora ou constitutiva traz consigo a multiplicação das formas de actuação administrativa, correspondentes às novas tarefas que a Administração é chamada a desempenhar. O acto administrativo perde a sua posição de quase exclusividade, no âmbito das relações entre os indivíduos e a Administração, passa a ser «mais uma instituição do direito administrativo, não (...) *a* instituição por excelência» deste ramo de direito (ENTERRÍA) ([39]).

De, quase exclusivamente, instantâneas e ablativas, as relações entre a Administração e o particular complexificam-se e intensificam-se, tornando-se, em muitos casos, duradouras e de carácter conformativo. No dizer de ERICHSEN/MARTENS, «já não se trata apenas de relações bilaterais entre a Administração e os cidadãos, antes, o particular encontra-se embrenhado, como terceiro lesado, ou, noutros casos, como favorecido (...), numa rede de relações pluridimensionais cuja complexidade dificulta a realização de todos os interesses» ([40]).

([38]) NIGRO, *Problemi...*, cit., pág. 1833.
([39]) ENTERRÍA/FERNÁNDEZ, *Curso...*, cit., vol. I, pág. 503.
([40]) ERICHSEN/MARTENS, *Das Verwaltungshandeln*, cit., pág. 134.

Por tudo isto, chovem, hoje, críticas à noção de acto administrativo que, pelo seu carácter *estático*, seria incapaz de explicar a complexa dinâmica das novas formas de actuação da Administração. BACHOF afirma que «o acto administrativo é apenas uma fotografia instantânea, na qual se representam relações em movimento» [41]. Na mesma linha, NIGRO compara o acto final ao «balanço de uma empresa que avalia a escrituração contabilística e nos dá uma representação sintética e estática, se se quer conhecer a situação contabilística da empresa na sua totalidade e complexidade, é necessário recorrer à escrituração contabilística, na qual se encontra uma representação analítica e dinâmica dela e, para além dela, da vida da empresa e dos seus centros de acção» [42].

Algumas destas críticas vão, mesmo, mais longe e propõem a substituição do conceito de acto administrativo pelo de relação jurídica, como conceito central do direito administrativo. Segundo ERICHSEN/MARTENS, coloca-se, hoje, a «questão de saber se não é tempo de desistir do acto administrativo, como conceito central e ponto de referência da apreciação dogmática da actuação administrativa e de o substituir nessa posição pela relação jurídica»? [43] Para estes autores, a utilização do conceito de relação jurídica, como conceito central, seria uma forma de ultrapassar o «dualismo da Administração Agressiva *vs.* Administração Prestadora», reelaborando os conceitos tradicionais do direito administrativo a partir deste «novo ponto de

---

[41] BACHOF, intervenção proferida na reunião de professores de direito público, *Veröffentllichungen der Vereiningung der deutschen Staatsrechtslehrer*, Berlim, 1972, n.º 30, pág. 231; v. MAURER, *Allgemeines...*, cit. pág. 128.

[42] MARIO NIGRO, *Procedimento Amministrativo e Tutela Giusrisdizionale contro la Pubblica Amministrazione (il Problema di una Legge Generale sul Procedimento Amministrativo)*, in «Rivista di Diritto Processuale», 1986, n.º 2, Abril-Junho, pág. 268.

[43] ERICHSEN/MARTENS, *Das Verwaltungshandeln*, cit., pág. 134.

Arquimedes» (ERICHSEN/MARTENS) ([44]). Perfilham esta concepção autores como BACHOF, ERICHSEN/MARTENS, ACHTERBERG, TSCHIRA/GLÄESER, HÄBBERLE ([45]).

A questão, segundo creio, não se encontra bem colocada. De facto, o acto administrativo já não é a única ou a exclusiva forma de actuação da Administração, mas parece continuar a ser, ainda, a mais importante. Se «é dominante a concórdia quanto ao facto de o acto administrativo não ser *a* forma de actuação da Administração, mas apenas *uma* de entre as restantes formas de actuação administrativas», ele continua a ser «a forma preponderante de relacionamento entre o Estado e o cidadão» (MAURER) ([46]).

Sendo o acto administrativo, apenas, um momento do exercício do poder, «é de acrescentar que não se trata de um momento qualquer, mas antes do momento decisivo, a saber, trata-se do momento em que termina o processo administrativo gracioso e em que ficam reguladas e constituídas as relações jurídicas para o futuro» (MAURER) ([47]). Assim, através da análise do acto administrativo é possível proceder ao controlo de outros momentos do processo de tomada de decisão e não, apenas, do seu resultado final. O aperfeiçoamento da teoria dos vícios do acto veio permitir controlar o modo como o poder administrativo foi exercido durante todo o processo, pelo que, *v. g.*, a falta de uma formalidade essencial ou o seu cumprimento defeituoso não pode deixar de se vir a traduzir na invalidade do acto final; tal como a prossecução de um fim diferente do fim legal, ao longo dos diversos

---

([44]) ERICHSEN/MARTENS, *Das Verwaltungshandeln*, cit., pág. 134.
([45]) BACHOF, interv. reunião profs. dir. púb., cit.; ERICHSEN/MARTENS, *Das Verwaltungshandeln*, cit., pág. 134; NORBERT ACHTERBERG, *Allgemeines...*, cit., págs. 381 e segs.; TSCHIRA/GLÄESER, *Verwaltungsprozessrecht*, cit., pág. 75; PETER HÄBBERLE, *Die Verfassung des Pluralismus. Studien zur Verfassungstheorie der offenen Gesellschaft*, Berlim, 1980, págs. 248 e segs.
([46]) MAURER, *Allgemeines...*, cit., págs. 128 e 129.
([47]) MAURER, *Allgemeines...*, cit., pág. 128.

momentos do exercício do poder, se reflecte, igualmente, na invalidade do acto administrativo.

Tal como diz NIGRO, «se o acto final é sempre a razão da impugnação, é-o, apenas, porque legalmente *externaliza* o modo de exercício do poder e o resultado deste exercício, enquanto *sub iudice* está o inteiro processo de transformação do poder, está o próprio poder nas suas manifestações articuladas» [48]. É por isso que, «quando controla o acto do ponto de vista do excesso de poder, o juiz administrativo desce, por assim dizer, do acto impugnado, para colher a realidade normativa e factual que está dentro dele» (NIGRO) [49]. A análise do acto no contencioso de anulação não é, apenas, uma análise formal da sua configuração última, mas deve ser, antes, uma fiscalização material do poder administrativo exercido e que cristalizou naquele acto administrativo.

Mas, julgo, igualmente, que a mudança de natureza da actividade administrativa teve consequências no próprio modo de conceber o acto administrativo. Conforme se viu, a noção *clássica* de acto oscilava entre o elemento *poder* e o elemento *vontade dirigida à satisfação de necessidades colectivas*, pendendo, embora, para o elemento *autoritário*. Uma concepção actual do acto administrativo, pelo contrário, tende a desvalorizar o elemento *autoritário*, quer porque acentua, no âmbito de uma Administração constitutiva, a ideia de uma actividade administrativa dirigida à satisfação de necessidades colectivas, quer porque, por outro lado, conduz à *democratização* dessa manifestação de poder, por intermédio da processualização da actividade administrativa e da participação legitimadora do cidadão no processo de tomada de decisão.

---

[48] NIGRO, *Problemi...*, cit., pág. 1837.
[49] NIGRO, *Problemi...*, cit., pág. 1837.

O enquadramento do acto administrativo no âmbito da Administração constitutiva contribui para fazer realçar o elemento manifestação de vontade, uma vez que, *v. g.*, quando a Administração presta um bem, o que sobressai não é o aspecto da definição autoritária da posição dos particulares, mas o da satisfação das necessidades colectivas. O acto administrativo integra-se, assim, no âmbito de uma Administração que não é meramente *executora* da lei, mas cuja actuação está dirigida, de modo eficiente e autónomo, para a satisfação das necessidades colectivas. No dizer de BADURA, «a Administração pública age vinculada à lei, mas na base de um objectivo de conformação social a definir, em última análise, em termos políticos» [50], pelo que o acto administrativo, enquanto manifestação de vontade da Administração, deve prosseguir a realização das necessidades colectivas «de modo eficiente e autónomo, sem estar livre dos vínculos estabelecidos pelo princípio da legalidade da Administração» (BADURA) [51].

Tratando-se de uma manifestação de vontade ao serviço da realização de fins administrativos, o próprio processo de formação da vontade deve assumir relevância. Assim, o tratamento dos vícios como fonte autónoma de invalidade no domínio dos poderes discricionários [52] pode ser visto como uma manifestação desta tendência. Como diz FREITAS DO AMARAL, o papel da vontade «reclama uma consideração própria e singular, de harmonia com o perfil *sui generis* do acto administrativo, enquanto acto unilateral de autoridade pública ao serviço de um fim administrativo» [53]. Deste modo, «aos problemas da vontade

---

[50] BADURA, *Limitti...*, cit., pág. 115.
[51] BADURA, *Limitti...*, cit., pág. 101.
[52] F. DO AMARAL, *Direito...*, vol. III, págs. 293 e segs.
[53] F. DO AMARAL, *Direito...*, cit., vol. III, pág. 119.

no acto discricionário se poderão aplicar tendencialmente as regras próprias do negócio jurídico, do mesmo modo que aos problemas da vontade no acto vinculado se poderão aplicar tendencialmente as regras próprias da sentença» (FREITAS DO AMARAL) [54].

Igualmente, as concepções actuais do acto administrativo fazem apelo à ideia da processualização da actividade administrativa, considerando que faz parte integrante da sua noção um elemento formal, que é ser o resultado de um processo administrativo gracioso. Assim, entende-se que a eficácia da decisão material do acto «foi definida de uma forma jurídico-processual», desempenhando o acto administrativo «uma função jurídico-processual e jurídico-material» (BADURA) [55].

A acentuação do aspecto da *processualização* da actividade administrativa, ao nível da própria noção de acto administrativo, representa uma tentativa de *democratizar* o exercício do poder administrativo, procurando a sua legitimação através da participação dos particulares. Este entendimento de «um processo com funções legitimadoras» (LUHMANN) [56] determina, assim, uma nova noção de acto administrativo, em que o exercício unilateral de poderes por parte da Administração se encontra desvalorizado.

Processualização da actividade administrativa que deve ser vista como uma exigência dos modernos Estados democráticos. Como diz NIGRO, «a Administração, como Administração de um Estado democrático e social, deve orientar-se segundo fins de justiça e segundo métodos de justiça, o que, além do mais,

---

[54] F. DO AMARAL, Direito..., cit., vol. III, pág. 119.
[55] PETER BADURA, *Das Verwaltungsverfahren, in* ERICHSEN/MARTENS, *Allgemeines Verwaltungsrecht,* 7.ª ed., 1986, Walter de Gruyter, Berlim)Nova Iorque, pág. 396.
[56] NIKLAS LUHMANN, *Legitimação pelo Procedimento,* editora Universidade de Brasília, Brasília, 1980, pág. 174.

significa que deve abrir-se à participação dos cidadãos e, como tal, processualizar-se» ([57]).

A importância desta noção processualizada de acto administrativo é ainda maior, quando, como consequência da utilização de aparelhagem informática por parte da Administração, aparecem os *actos administrativos produzidos em massa* (*Massenverwaltungsakte*). Com efeito, a uniformização da actuação administrativa *tradicional* com as novas actuações *informáticas* só pode ser efectuada através da processualização da actividade administrativa e fazendo apelo à noção de sistema.

A utilização de material informático por parte da Administração implica que a tomada de decisão administrativa esteja estruturada de forma ordenada, a fim de que essa utilização se possa integrar na actividade administrativa normal. Assim sendo, «a aplicação do equipamento informático no processo administrativo gracioso submete-se aos princípios gerais da actuação administrativa. Os programas de decisão são normas administrativas, as decisões automatizadas actos administrativos» (BADURA) ([58]).

Igualmente, o recurso à noção de sistema, trazido pela informática, para explicar a tradicional actividade administrativa burocrática, permite aproximá-la da actividade administrativa informatizada. Deste modo, «a Administração pode-se entender como um sistema que se encontra especializado para reduzir a complexidade social, através de decisões vinculadas a programas contidos nas normas jurídicas, o processo administrativo gracioso pode-se entender como um processo de tratamento da informação e a decisão pode ser descrita como resultado desse processo» (BADURA) ([59]).

([57]) NIGRO, *Procedimento...*, cit., págs. 263 e 264.
([58]) BADURA, *Das Verwaltungsverfahren*, cit., pág. 374.
([59]) BADURA, *Das Verwaltungsverfahren*, cit., pág. 370. *Vide*, também, LUHMANN, *Legitimação...*, cit., págs. 163 e segs.

São todas estas realidades que um conceito de acto administrativo actual deve procurar espelhar. Uma noção complexiva de acto administrativo deve englobar um elemento voluntário, a manifestação de vontade de satisfação das necessidades colectivas, um elemento respeitante ao poder administrativo exercido, ligando-o aos efeitos jurídicos produzidos relativamente às partes, e um elemento formal, relacionando o acto com o processo administrativo gracioso que deve estar na sua origem, como forma de promover a participação dos particulares. Desta forma, o conceito de acto *autoritário* transforma-se num conceito *democrático*, adequado ao actual momento das relações entre o indivíduo e a Administração.

A importância explicativa cada vez maior desempenhada pela figura da relação jurídica, designadamente, quando são estabelecidos relacionamentos duradouros entre o particular e as entidades administrativas não impede que o acto administrativo dela se continue a destacar, enquanto manifestação mais importante do poder da Administração e potencialmente mais lesiva dos direitos dos particulares. Aliás, como diz MAURER, «a relação jurídica e o acto não constituem, do ponto de vista da dogmática jurídica, institutos reciprocamente excludentes, mas antes complementares» [60].

Não há, assim, pois, que abandonar o conceito de acto administrativo, mas sim que entendê-lo de uma forma nova, mais *democrática*, ao mesmo tempo que é necessário completá-lo com a figura da relação jurídica administrativa, cuja aplicação decorre do reconhecimento ao particular da titularidade de direitos face à Administração, a fim de que se possa abarcar a totalidade das ligações estabelecidas entre os cidadãos e as entidades administrativas.

---

[60] MAURER, *Allgemeines...*, cit., pág. 128.

3. A posição da Administração no recurso directo de anulação.

Resolvido o problema da consideração da Administração como parte em sentido material, importa, agora, ver se, face à nossa ordem jurídica, a Administração tem ou não o tratamento de parte no recurso directo de anulação.

Esta questão, que decorre da legislação aplicável ao recurso de anulação, tem sido muito discutida em Portugal. Ficou célebre o comentário de MARCELLO CAETANO a uma sentença do Conselho Ultramarino que, nos termos de uma concepção subjectivista, atribuíra à Administração a qualidade de parte ([61]).

Nessa resposta, MARCELLO CAETANO, procurando enquadrar historicamente o recurso de anulação, para melhor entender a posição nele desempenhada pela Administração, parte do princípio de que o «tribunal actua como autoridade administrativa (isto é, integrada na ordem jurídica, como elemento dela) embora segundo o processo jurisdicional. E a história mostra-nos que, antes de ser tribunal, foi mero órgão consultivo do superior hierárquico para quem se apelava, e o processo de hoje é a evolução do processo do recurso hierárquico jurisdicionalizado» ([62]). É nos termos deste pressuposto (que ao tempo se poderia considerar válido), de identidade de natureza entre o tribunal e o órgão autor do acto, que MARCELLO CAETANO vai concluir que «a Administração não é parte, não comparece como ré» ([63]).

Desta situação histórica, hoje, como vimos, ultrapassada, faz MARCELLO CAETANO decorrer a posição da Administração no recurso de anulação como uma autoridade recorrida, numa posi-

---

([61]) CAETANO, *Comentário, Acórdão do Conselho Ultramarino (Secção de Contencioso) de 13 de Janeiro de 1961 (Caso da Fábrica Imperial de Borracha)*, cit..
([62]) CAETANO, *Comentário*, cit., pág. 319.
([63]) CAETANO, *Comentário*, cit., pág. 319.

ção similar à do juiz. Tanto M. CAETANO, como os restantes autores que pretendiam negar à Administração o papel de parte, socorriam-se da L.O.S.T.A. e do R.S.T.A., deles retirando dois argumentos principais para caracterizar a posição da Administração no processo, designadamente:

— Inexistência do ónus de contestar por parte da Administração, argumento que decorria da interpretação do art. 62.º, § 1, do R.S.T.A.. Como dizia M. CAETANO, «a falta de resposta da autoridade recorrida não corresponde à confissão dos factos articulados na petição» [64]. O mesmo argumento era apresentado por MACHETE que, contudo, considerava que, caso a Administração contestasse, poderia haver um processo de partes em sentido formal, não podendo nunca existir, no recurso de anulação, um processo de partes em sentido material [65].

— Impossibilidade da Administração produzir alegações depois do particular, argumento decorrente da interpretação do art. 67.º, do R.S.T.A.. Segundo M. CAETANO, esta impossibilidade de produzir alegações vinha provar que o recurso de anulação não se tratava de um processo de partes, pois, tratava-se de algo «escandalosamente contrário à tal *igualdade de partes dentro do processo*» [66]. Opinião que é compartilhada por RUI MACHETE [67].

Não creio que estes argumentos devam ser considerados procedentes, quer tendo em conta os arts. 62.º, § 1, e 67.º, do R.S.T.A. (pelo menos, numa sua interpretação actualista, posterior à Constituição de 1976), vigentes ao tempo em que CAETANO e MACHETE se pronunciaram, quer, sobretudo, tomando

---

[64] CAETANO, *Comentário*, cit., pág. 319.
[65] MACHETE, *Contribuição*..., cit., págs. 194 e segs.
[66] CAETANO, *Comentário*, cit., pág. 319.
[67] MACHETE, *Contribuição*..., cit., págs. 194 e segs.

em consideração as alterações, entretanto, produzidas no ordenamento legislativo pelos arts. 50.º e 26.º, da L.P.. Esta Lei de Processo manteve, no seu art. 50.º, a posição do anterior § 1.º, do art. 62.º, do R.S.T.A., não consagrando o ónus da impugnação especificada, determinando que «a falta de resposta ou a falta nela de impugnação especificada não importa a confissão dos factos articulados pelo recorrente, mas o tribunal aprecia livremente essa conduta para efeitos probatórios»; enquanto que, no seu art. 26.º, consagra, expressamente, a possibilidade da Administração produzir alegações.

Na sequência do que anteriormente defendi ([68]), considero que:

a) A Administração tem, efectivamente, o ónus de contestar as pretensões do particular, sob pena de ver a convicção do juiz formar-se contra a sua posição. Parece-me, contudo, ser de distinguir entre o ónus da impugnação e o ónus da impugnação especificada. Isto, porque pode existir o ónus de impugnar, sem que a falta de impnugação implique a confissão de *todos* os factos alegados pela contraparte.

O ónus da impugnação especificada não é, aliás, sequer, um dogma dos processos de tipo contencioso. Por um lado, em sistemas jurídicos como o italiano, considera-se existir um ónus de contestar das partes, sem que a sua falta tenha como consequência a confissão dos factos não contestados (v. DE STEFANO) ([69]); por outro lado, mesmo «nos sistemas de tipo germânico, como o nosso, encontram-se excepções ao princípio geral de se terem por provados os factos não contestados.

---

[68] VASCO PEREIRA DA SILVA, *A Natureza...*, cit., págs. 50 e segs.; *O Recurso...*, cit., págs. 25 e segs.

[69] GIUSEPPE DE STEFANO, Onere (*dir. proc. civ.*), *in* «Enciclopedia del Diritto», vol. XXX, 1980, pág. 121.

Entre elas, encontra-se a do art. 485.º, n.º 1, b), do C.P.C., «quando o réu ou alguns dos réus for uma pessoa colectiva, ou for um incapaz e a causa estiver no âmbito da sua incapacidade»» [70]. Esta última excepção, que se aplica às pessoas colectivas de direito privado que não tiverem contestado nem tenham advogado constituído, não é, afinal, muito diferente da que se verifica relativamente às pessoas colectivas de direito público que compõem a Administração.

A solução encontrada pelo legislador, no art. 26.º, da L.P., parece ser avisada, pois, por um lado, consagra o ónus da impugnação por parte da Administração, por outro, permite uma certa flexibilidade na avaliação pelo juiz dos factos alegados pelo particular, solução que parece ser a mais correcta, dada a natureza dos interesses públicos em jogo, num processo como o do recurso de anulação. No fundo, trata-se apenas de uma configuração mais ampla do princípio da «livre iniciativa do juiz em matéria instrutória» (VARELA) [71], também existente no processo civil. O juiz, nos termos do princípio dispositivo «tem sempre de cingir-se apenas aos factos fundamentais (ou seja, correspondentes às situações de facto descritas nas normas jurídicas aplicáveis à sua pretensão) alegados pelas partes, nos termos expressos do art. 664.º», (C.P.C.) (VARELA) [72]. Contudo, relativamente aos factos alegados pelas partes, «o juiz goza do poder de realizar directamente ou ordenar oficiosamente todas as diligências necessárias ao descobrimento da verdade. Dentro da área delimitada pelas alegações

---

[70] VASCO PEREIRA DA SILVA, O Recurso..., cit. pág. 27.
[71] VARELA/BEZERRA/NORA, Manual..., cit., pág. 458.
[72] VARELA/BEZERRA/NORA, Manual..., cit., pág. 458.

das partes vigora, assim, o princípio fundamental correspondente ao sistema inquisitório» (VARELA) [73].

Num processo como o do recurso de anulação é, pois, perfeitamente justificável que os poderes inquisitórios do juiz, mantendo-se sempre dentro dos limites dos factos alegados pelas partes, sejam relativamente mais amplos, permitindo-lhe apreciar livremente a conduta da parte que não contestou ou contestou de forma incompleta.

Apesar de tudo, sempre se poderá dizer, como FREITAS DO AMARAL, que a falta de resposta total ou parcial, na prática, «significa que o Tribunal, na grande maioria dos casos, considerará o silêncio da Administração como equivalente à confissão» [74].

b) Relativamente à impossibilidade da Administração produzir alegações depois do particular, trata-se de um argumento que, não só já não procede, pois a produção de alegações por parte da Administração está expressamente prevista no art. 26.º, da L.P., como nunca procedeu, uma vez que a correcta interpretação do revogado art. 67.º, do R.S.T.A. (pelo menos, depois da Constituição de 76), deveria ser a de que «o recorrido público, ou seja, a autoridade recorrida, terá o direito de alegar na fase da discussão, mas só o poderá exercer se tiver constituído advogado» (FREITAS DO AMARAL) [75].

Bastaria o simples facto de a Administração ser tratada como parte para efeito da contestação à petição do particular, na fase dos articulados, bem como, na fase da discussão, ao ser-

---

[73] VARELA/BEZERRA/NORA, Manual..., cit., pág. 458.
[74] F. DO AMARAL, Direito..., cit., vol. IV, pág. 206.
[75] F. DO AMARAL, Parecer, cit., págs. 58 e segs.. Vide, também, VASCO PEREIRA DA SILVA, A Natureza..., págs. 58 e segs..

-lhe permitido produzir alegações depois do particular, para que se pudesse, desde logo, considerar que a posição processual da Administração não era a de uma autoridade recorrida. De facto, quer na fase em que os participantes no processo expõem os fundamentos do recurso (petição do recorrente e resposta da Administração), quer na fase em que procedem à discussão de facto e de direito (alegações do particular e da Administração), tanto os particulares como a Administração são tratados como verdadeiras partes processuais.

Mas, mesmo que tal não se considerasse ainda bastante para entender a Administração como parte, outra coisa não poderia resultar da observação atenta da legislação vigente.

Face à L.O.S.T.A. e ao R.S.T.A., dizia FREITAS DO AMARAL que «as nossas leis tratam efectivamente a autoridade recorrida como parte processual: são-lhe aplicáveis as regras sobre legitimidade passiva (art. 48.º, R.S.T.A.); é considerada como parte principal para o efeito de se poderem constituir assistentes (art. 49.º, R.S.T.A.); está sujeita a deveres de colaboração processual (art. 52.º; 61, § único; 62.º e 68.º, R.S.T.A.); tem direitos processuais (arts. 54.º, 60.º, 75.º e 76.º, R.S.T.A.); participa a título principal na fase dos articulados, através da resposta à petição do recorrente (art. 61.º, R.S.T.A.); e pode recorrer para o Tribunal Pleno se o acórdão da 1.ª Secção lhe for desfavorável» ([76]).

Posição de parte que ainda é mais realçada nos dias de hoje, pela actual legislação (L.E.P.T.A., L.P.), *v. g.*: a Administração está sujeita a patrocínio judiciário (art. 5.º, L.P.); está sujeita a deveres de natureza processual (arts. 10.º, 11.º, 43.º, 44.º, 45.º, 46.º, L.P.); «pode produzir alegações e exercer quaisquer outros poderes processuais correspondentes aos dos demais recorridos» (art. 26.º, n.º 1, L.P.); está sujeita ao ónus de impugnação, nos

---

([76]) F. DO AMARAL, *Parecer*, pág. 28.

termos atrás referidos (art. 50.º, L.P.); tal como o particular tem a Administração a possibilidade de apresentar alegações complementares (art. 52.º, L.P.); está sujeita a deveres especiais face ao particular, mesmo antes da interposição do recurso, «a fim de permitir o uso de meios administrativos ou contenciosos» (art. 82.º e segs., L.P.); tem o tribunal o poder de lhe impor um determinado comportamento (art. 86.º e segs., L.P.); pode interpor recurso das decisões que lhe sejam desfavoráveis (art. 104.º, L.P.).

Bem, dir-se-á, mas talvez ainda existam três ou quatro normas que não possam deixar de ser interpretadas como negando à Administração a qualidade de parte. Ou, se não três, pelo menos duas. Se não duas, talvez haja ainda, pelo menos, uma só norma em que a Administração não seja tratada como parte e que nos leve a rejeitar a qualidade de parte da Administração, à semelhança com a possível salvação de Sodoma e Gomorra de uma destruição iminente, desde que nelas habitasse, pelo menos, um só justo.

Para além dos dois argumentos principais, que atrás se referiram, MARCELLO CAETANO indicava ainda, nesse seu comentário à sentença do Conselho Ultramarino, outros argumentos de carácter secundário, retirados do direito positivo e que levavam à não consideração da Administração como parte. São alguns desses argumentos que, recentemente, têm sido retomados e completados por um sector da doutrina que considera que a posição ocupada pela Administração no processo não é ainda, integralmente, a de uma parte [77]. Considera-se que a legislação actualmente em vigor, embora, em consequência da Constituição de 1976 e das mais recentes alterações legislativas, aponte, nalguns aspectos, para o tratamento da Administra-

---

[77] F. DO AMARAL, *Direito...*, cit., vol. IV, págs. 121 e segs.; LUÍS FÁBRICA, *Monismo ou dualismo na estruturação do processo administrativo*, Separata da Revista da Faculdade de Direito, Lisboa, 1988, págs. 95 e segs., mx., pág. 117.

ção como uma parte, conserva ainda resquícios da concepção tradicional do processo feito a um acto e que tal se projecta no tratamento processual da Administração no recurso de anulação.

Assim, segundo Freitas do Amaral, a Administração «figura no processo, intervém no processo, mas não totalmente na qualidade jurídica de parte em sentido formal» ([78]). Isto, muito embora a legislação vigente tenha concedido «à Administração enquanto autoridade recorrida, uma função processual no recurso contencioso de anulação que a aproxima algum tanto da posição de parte em sentido formal (*v. g.*, por ex., o art. 26.º, n.º 1, da L.E.P.T.A.)» ([79]). Vejamos quais os argumentos indicados que apontariam para esta posição *sui generis* da Administração, no contencioso de anulação:

a) «O recorrido público é o órgão que praticou o acto impugnado, e não a pessoa colectiva a que esse órgão pertença (L.E.P.T.A., art. 36.º, n.º 1, *c*))» (F. do Amaral) ([80]); o que é diferente do que aconteceria «se as coisas se passassem como nas acções» (Caetano) ([81]).

b) «A resposta ao recurso só pode ser assinada pelo órgão competente, e não por advogado ou representante (L.E.P.T.A.), art. 26.º, n.º 2)» (F. do Amaral) ([82]).

c) «A Administração pública não pode ser condenada em custas nem como litigante de má fé (é a jurisprudência tradicional)» (F. do Amaral) ([83]).

d) «A autoridade recorrida é obrigada a remeter ao tribunal (...) o original do processo administrativo gracioso

---

([78]) F. do Amaral, *Direito...*, cit., vol. IV, pág. 126.
([79]) F. do Amaral, *Direito...*, cit., vol. IV, pág. 126.
([80]) F. do Amaral, *Direito...*, cit., vol. IV, pág. 129.
([81]) Caetano, *Comentário*, cit., pág. 319. *Vide*, também, Luís Fábrica, *Monismo...*, cit., pág. 117.
([82]) F. do Amaral, *Direito...*, cit., vol. IV, pág. 129.
([83]) F. do Amaral, *Direito...*, cit., vol. IV, pág. 129. *Vide*, também, Fábrica, *Monismo...*, cit., pág. 117.

(completo), em que foi praticado o acto recorrido, e os demais documentos relativos à matéria do recurso (L.E.P.T.A., art. 46.º, n.º 1), mesmo que naquele processo ou nestes documentos haja dados desfavoráveis ao ponto de vista da administração. Se a Administração estivesse no processo como parte, não teria esta obrigação, podendo exibir apenas os elementos que lhe fossem favoráveis» (F. do Amaral) ([84]).

e) «A Administração está, pois, obrigada a colaborar com o tribunal na defesa da legalidade e do interesse público, não está em juízo para defender *à outrance* qualquer interesse próprio na sustentação do acto recorrido» (F. do Amaral) ([85]).

Que dizer destes argumentos?

Assinale-se, em primeiro lugar, o seu carácter marginal. Admitindo, sem conceder, que são fundados, repare-se que eles, no essencial, não contrariam a igualdade formal da Administração e dos particulares no processo contencioso de anulação. Em todas as fases processuais, a Administração e o particular aparecem numa posição equivalente, podendo fazer ouvir as suas razões e discutir os fundamentos das suas pretensões, podendo, ainda, em condições de igualdade, impugnar uma eventual sentença desfavorável.

Assim, o sistema assenta num equilíbrio global entre a Administração e o particular, ainda que, aqui ou ali, uma ou outra norma, desligada do seu contexto, possa fazer lembrar ou tenha como antepassado próximo normas que poderiam ser entendidas nos termos de uma concepção, hoje, já completamente ultrapassada do recurso de anulação. Não se pretende

---

[84] F. do Amaral, *Direito...*, cit., vol. IV, págs. 129 e 130.
[85] F. do Amaral, *Direito...*, cit., vol. IV, pág. 130.

negar que o contencioso de anulação (conforme se viu no Capítulo I) seja um meio jurisdicional «marcado pela sua história» que, inclusivamente, lhe moldou o nome — *recurso*; mas tal não quer dizer que a consideração *histórica* dos institutos do recurso de anulação deva prevalecer sobre o seu entendimento *actualista*, decorrente dos preceitos constitucionais e da legislação vigente.

Mas, feita esta consideração de fundo, apreciem-se melhor cada um destes argumentos:

    a) O facto de que quem se encontra em juízo é o órgão autor do acto e não a pessoa colectiva em que este se integra, se remonta à situação histórica em que o recurso contencioso era a continuação do gracioso, é, de acordo com uma visão actualista, perfeitamente justificável. De facto, quem melhor do que o órgão autor do acto, que dirigiu todas as formalidades prévias à tomada do mesmo e é responsável pelo resultado final, para vir a juízo justificar, à face da lei, as razões da escolha daquela decisão de realização do interesse público?

    Nem se vê muito bem, aliás, como é que esta opção do legislador pode ter que ver com a negação do papel de parte à Administração. Se a pessoa colectiva em causa possui órgãos que manifestam uma vontade que lhe é imputável, lógico é que, de entre esses órgãos, seja o autor do acto a vir a tribunal, a fim de o defender, e não um qualquer outro órgão, porventura, menos familiarizado com as razões daquela concreta decisão. Tal, não só não contraria, como confirma a qualidade de parte da entidade administrativa que manifesta em juízo a sua posição, através daquele órgão que era competente para tomar a decisão.

    Quem é competente para emitir uma vontade em nome de uma pessoa colectiva, também deve ser competente para vir a tribunal em nome dessa mesma pessoa colectiva, a fim de a sustentar. Também no processo civil, «as pessoas colectivas e as sociedades, embora agindo necessariamente em juízo por meio dos seus representantes estatutários, são as verdadeiras partes da acção sempre que esta seja proposta em nome delas ou contra elas» (VARELA) [86].

A legislação alemã, que pode ser considerada insuspeita de não tratar a Administração como parte ou de consagrar a concepção monista do recurso, permite que o pedido do particular seja interposto contra a pessoa colectiva na qual se integra o órgão autor do acto ou, directamente, contra o próprio órgão que praticou o acto administrativo (v. § 78, ns. 1 e 2, da VwGO). E esta possibilidade de interposição do recurso contencioso contra o órgão autor do acto é, mesmo, vista como um factor de *progresso* no modo de entender o contencioso administrativo, por permitir uma fiscalização de certas relações inter-orgânicas, devido a uma «subjectivização relativa» dos órgãos administrativos (GRAWERT)[87]. O art. 26.º, n.º 2, da L.P., determina que «a resposta ao recurso só pode ser assinada pelo próprio autor do acto recorrido ou por quem haja sucedido nessa competência». Não se percebe muito bem a razão de ser deste preceito. Se a Administração não fosse obrigada a patrocínio judiciário, como acontecia anteriormente, então era lógico que fosse ela a assinar a resposta ao particular. A partir do momento em que o patrocínio judi-

---

[86] VARELA/BEZERRA/NORA, *Manual...*, cit., pág. 104.
[87] RALF GRAWERT, *Limitti e Alternative della Tutela Giurisdizionale nelle Controversie Amministrative*, in «Riv. Trim. di Dir. Publ.», 1984, n.º 1, pág. 148.

ciário da Administração se torna obrigatório (arts. 5.º, 104.º, n.º 2, da L.P.), então, não faz muito sentido que seja a Administração a ter de assinar a contestação e não possa ser o seu representante legal a fazê-lo.

Não sendo a Administração obrigada a designar um representante legal, ainda se poderia dizer, como MARCELLO CAETANO, que se tratava de um argumento, ainda que marginal, apontando no sentido da não consideração da Administração como parte; assim, existindo a obrigatoriedade de tal indicação, a solução é apenas ilógica. E não parece de aceitar que, com base num *lapso* do legislador, manifestamente evidente e muito pouco relevante, se possa construir uma concepção do recurso que negue à Administração a qualidade de parte, ao arrepio daquilo que esse mesmo legislador, à luz dos preceitos constitucionais, quis consagrar.

c) Tem entendido a jurisprudência nacional que a Administração não pode ser considerada como litigante de má fé ou condenada em custas.

A litigância de má fé consiste num comportamento processual reprovável, conforme resulta do art. 456.º, n.º 2, do C.P.C., e que tem como sanção a condenação da parte prevaricadora em multa e indemnização à parte contrária. No recurso de anulação, como se viu, a representação da Administração em juízo cabe ao titular do órgão autor do acto. Estando a actuação dos órgãos administrativos submetida à lei e ao interesse público, uma actuação de má fé por parte do titular do órgão em juízo será, manifestamente, uma actuação ilegal.

Assim sendo, e apesar da jurisprudência em contrário do S.T.A., não vejo porque não possa ser aplicável ao representante da Administração em juízo o dispositivo da litigância de má fé, nos termos do art. 458.º, do

C.P.C., por força do art. 1.º, da L.P.. Tanto mais, porque a sanção em causa não recairia sobre a entidade administrativa, mas sobre quem a representa em juízo e que deve ser responsabilizado pela sua conduta ilegal. Conforme se prescreve no art. 458.º, do C.P.C., «quando a parte for um incapaz, uma pessoa colectiva ou uma sociedade, a responsabilidade das custas e a indemnização recai sobre o seu representante que esteja de má fé na causa».

Salvo o devido respeito pela jurisprudência do S.T.A., a não aplicação do mecanismo da litigância de má fé ao representante da Administração prevaricador não encontra, hoje, qualquer explicação lógica, nem a sua aplicação contraria, em nada, a lei, antes parece ser por ela imposta (art. 1.º, L.P.). A interpretação contrária baseava-se em considerações de tipo objectivista que já não me parece encontrem apoio na lei, sendo a sua aplicação, nos dias de hoje, o resultado de *preconceitos* derivados de ultrapassadas maneiras de conceber a posição da Administração no contencioso de anulação.

Algo de semelhante se passa relativamente à impossibilidade de condenação da Administração em custas. Mais do que uma imposição de carácter legal ou, simplesmente, lógico, ela parece ser, também, o resquício de concepções ultrapassadas quanto ao entendimento da posição da Administração no recurso de anulação. À medida que a plena jurisdicionalização dos tribunais administrativos vai produzindo consequências no modo de ver os institutos do contencioso de anulação, verifica-se uma tendência para o afastamento de tais interpretações. Isso aconteceu, já, na própria França, em que a jurisprudência do Conselho de Estado começa a admitir a possibilidade da Administração ser condenada em custas (v. KORNPROBST, VEDEL) [88], como resultado do tratamento da Administração como uma parte processual.

d) A obrigação que a Administração tem, de remeter ao tribunal o processo administrativo gracioso e outros documentos relativos à matéria do recurso, não tem que ver com a sua posição no processo, nem se traduz numa situação de desigualdade relativamente ao particular.

O processo administrativo gracioso e os documentos que a Administração tem em seu poder são elementos de prova que tanto podem ser favoráveis à Administração como aos particulares. Tal como atrás se referiu, o juiz administrativo goza de poderes inquisitórios que pode exercer dentro dos limites dos poderes dispositivos das partes. Ora, é exactamente no exercício desses poderes inquisitórios que o juiz pode requisitar à Administração o processo administrativo gracioso e outros documentos, enquanto elementos de prova relevantes para a decisão da causa.

Uma coisa é a resposta por parte da Administração ou a ausência dela, outra o envio do processo administrativo gracioso ou dos documentos relevantes. A Administração, nos termos do princípio dispositivo, está sujeita ao ónus de impugnação; o juiz, no exercício dos seus poderes inquisitórios e tendo como limite os factos aduzidos pelas partes, pode averiguar da veracidade dos factos alegados pela Administração ou pelo particular, quer através da análise dos documentos que a Administração tem na sua posse, quer mesmo através do recurso

---

[88] KORNPROBST, *La Notion...*, cit.; VEDEL/DEVOLVÉ, *Droit...*, cit., pág. 744.

a outros meios, como a intervenção de peritos (art. 14.º, da L.P.).

A possibilidade que o juiz tem de exercer um poder inquisitório, como o da requisição do processo administrativo gracioso ou de documentos que a Administração tenha na sua posse, torna-se tanto mais importante quanto no recurso de anulação «a chave do sistema continua a ser a prova de tipo documental, a qual assume, portanto, uma função estrutural de primordial importância» (G. MARCHIANÓ) ([89]).

e) Por último, diz-se que a Administração tem um dever de colaborar com o tribunal e não de defender um qualquer interesse próprio na sustentação do acto.

De facto, um tal dever de cooperação com o tribunal existe mesmo, só que vale tanto para a Administração como para o particular. Como dizia MARCELLO CAETANO, respondendo ao mesmo argumento, embora utilizado para sustentar a posição contrária, «a verdade é que o processo entre partes, mesmo de direito privado, é sempre uma relação tripartida que se trava entre cada uma das partes e o juiz. Na concepção que hoje domina o processo têm sempre as partes de colaborar com o juiz no apuramento da verdade» ([90]). Dever de colaboração das partes relativamente ao tribunal que se encontra consagrado no art. 265.º, do C.P.C., aplicável ao processo administrativo por força do art. 1.º, L.P..

Igualmente se diga que, como se viu anteriormente, o que a Administração defende no recurso de anulação não é um interesse próprio, à margem da lei, na susten-

---

([89]) GIOVANA MARCHIANÓ, *L'Ampliamento dei Mezzi di Prova nel Giudizio Amministrativo di Legittimità ex. art. 16 della Legge n.º 10 del 1977*, in «Riv. Trim. di Dir. e Procedura Civile», 1983, n.º 1, Março, pág. 136.

([90]) CAETANO, *Comentário*, cit., pág. 320.

tação do acto, mas a sua interpretação acerca da legalidade e do interesse público concretizada nessa decisão administrativa.

Tudo visto, parece que nem mesmo estes argumentos de *segunda linha*, relativamente à não (completa) consideração da Administração como parte no processo, são de aceitar. Isto porque, salvo o devido respeito, nem impressionam no seu conjunto, pois são *pormenores* que não põem em causa o essencial da posição de parte da Administração, nem considerados de forma isolada, pois que, se a sua explicação inicial podia ter que ver com o entendimento da Administração como uma autoridade recorrida, a sua interpretação, em termos actualistas, em nada contraria o tratamento da Administração como parte. Assim, se nem um só dos argumentos apresentados fornece uma prova irrefutável de que a Administração não é parte, então, destrua-se Sodoma e Gomorra, abandone-se a concepção que pretende continuar a negar à Administração a qualidade de parte!

A solução de tratar a Administração na qualidade de parte é, aliás, aquela a que chegaram todos os restantes países europeus cujo contencioso administrativo teve a mesma matriz do português — o recurso por excesso de poder francês.

Em França, ultrapassada a fase inicial do tratamento da Administração como autoridade recorrida, que decorria da concepção do *processo feito a um acto*, a doutrina e a jurisprudência do Conselho de Estado são, hoje, unânimes em considerar a Administração como uma verdadeira parte.

Este entendimento da posição da Administração como parte resulta:

— Do reconhecimento de que a Administração tem o dever de responder às alegações dos recorrentes, sob pena de ver o juiz decidir de forma que lhe é desfavorável. Como diz PEISER, o juiz administrativo «considera frequentemente que as alegações do recorrente são exactas, desde que tenham um mínimo de fundamento e a Administração se recusou a contradizê-las. Em particular, ele considera exactas as alegações do recorrente, desde que a Administração, depois de ter sido convidada pelo juiz a dar-lhe explicações, se recuse a fornecê-las» [91].

— Da possibilidade reconhecida à Administração de impugnar as sentenças dos tribunais que lhe sejam desfavoráveis. No dizer de VEDEL, «depois da reforma do contencioso administrativo, a apelação generalizou-se como via de recurso relativamente aos acórdãos proferidos em matéria de excesso do poder e ela encontra-se aberta à Administração, o que não se explicaria, de maneira nenhuma, se ela não fosse *parte* no processo» [92].

Mesmo os autores que continuam a negar à Administração a qualidade de parte em sentido material, nos termos da doutrina do processo ao acto, reconhecem, pelo menos, que a Administração é uma parte em sentido formal. Essa versão *moderna* da teoria objectivista considera não haver contradição entre «apresentar o recurso por excesso de poder como um processo feito a um acto e reconhecer a qualidade de parte ao autor de um tal recurso» (CHAPUS) [93]. Assim, no dizer de CHAPUS, «é conveniente manter que o recurso por excesso de poder é um processo feito a um acto. É conveniente, também, reconhecer que tanto o requerente como (necessariamente) o seu adversário são partes, no sentido habitual do termo, na instância. E considerar como normal que tanto um como o outro tenham,

---

[91] GUSTAVE PEISER, *Contentieux Administratif*, 5.ª ed., Dalloz, Paris, 1985, pág. 90. *Vide* DEBBASCH/RICCI, *Contentieux...*, cit., pág. 455.
[92] VEDEL/DEVOLVÉ, *Droit...*, cit., pág. 744.
[93] CHAPUS, *Contentieux...*, cit., pág. 69.

nomeadamente, o direito (reservado às partes) de apelar do julgamento da primeira instância» ([94]).

Mas, se na doutrina francesa, ainda se podem encontrar algumas resistências quanto à consideração da Administração como parte em sentido material (embora não se negue que ela é parte em sentido processual), explicadas por um maior peso das concepções tradicionais, tal não se verifica já em outros países.

Na Itália, já GUICCIARDI considerava que a Administração «é parte em sentido material como titular do interesse público garantido pela lei cuja aplicação é pedida ao juiz no caso concreto» ([95]). Aliás, como se viu, para este autor só a Administração é parte tanto em sentido material como processual, uma vez que considera que o particular só é parte em sentido processual» ([96]).

Como diz ZANOBINI, a negação à Administração da qualidade de parte «tinha a sua base na doutrina que considerava os institutos da justiça administrativa como um simples aperfeiçoamento dos controlos hierárquicos, um complexo de remédios contenciosos sem carácter jurisdicional: a autoridade que emitiu o acto, encontrar-se-ia em relação ao colégio judicante, em situação análoga àquela em que a mesma se encontra nos simples recursos perante a autoridade administrativa superior» ([97]). Nos dias de hoje, em que a natureza jurisdicional dos tribunais administrativos é, por todos, reconhecida, a posição unânime da doutrina actual é a de considerar a Administração como parte no recurso directo de anulação, tanto em sentido material como processual. Segundo ZANOBINI, «a autoridade administrativa (...) é sempre parte necessária e deve ser posta em condições de poder

---

([94]) CHAPUS, *Contentieux*..., cit., pág. 69.
([95]) GUICCIARDI, *La Giustizia*..., cit., pág. 68.
([96]) GUICCIARDI, *La Giustizia*..., cit., págs. 68 e 69.
([97]) GUIDO ZANOBINI, *Corso di Diritto Amministrativo*, 8.ª ed., 1958-59, II vol., pág. 264.

defender o próprio acto e o interesse administrativo que lhe está conexo» ([98]).

Em Espanha, a actual lei de contencioso administrativo considera o recurso de anulação como um processo de partes, equiparado ao processo civil. Como se diz no preâmbulo desse diploma, a jurisdição administrativa «não é mais do que uma espécie do género função jurisdicional e a natureza de tais processos não difere essencialmente dos demais processos de conhecimento» ([99]). Curioso que, em Espanha, a defesa da Administração em juízo cabe aos «advogados do Estado», que «actuam com total autonomia e absoluta desvinculação do órgão ou autoridade directamente implicada, diferentemente do que ocorre em outros sistemas» (ENTERRÍA) ([100]). O processo contencioso de anulação consagra o equilíbrio das posições do particular e da Administração, pelo que «o defensor da Administração encontra-se em paridade processual completa com o advogado das outras partes» (ENTERRÍA) ([101]).

Igualmente, na Alemanha, é pacífico o tratamento da Administração como parte. Como diz MAURER, «no processo contencioso, o órgão administrativo e o particular estão colocados em posições fundamentalmente iguais como partes processuais» (MAURER) ([102]).

([98]) GUIDO ZANOBINI, *Corso...*, cit., pág. 264. *Vide*, por todos, tb., SANDULLI, *Manuale...*, cit., pág. 969.
([99]) Preâmbulo da lei de contencioso administrativo espanhola, cit. *in* ENTERRÍA/FERNÁNDEZ, *Curso...*, cit., vol. II, pág. 526.
([100]) ENTERRÍA/FERNÁNDEZ, *Curso...*, cit., vol. II, pág. 531.
([101]) ENTERRÍA/FERNÁNDEZ, *Curso...*, cit., vol. II, pág. 531.
([102]) MAURER, *Allgemeines...*, cit., pág. 116.

CAPÍTULO IV

O OBJECTO DO PROCESSO

1. O problema do objecto do processo: processo sobre um acto ou sobre um direito subjectivo lesado feito valer pelo particular?
2. O pedido no recurso directo de anulação.
3. A causa de pedir no recurso directo de anulação.
4. O direito subjectivo invocado pelo particular como objecto do processo.
5. O problema do momento a considerar para o efeito da apreciação da validade do acto.
6. A questão da disponibilidade ou indisponibilidade das partes relativamente ao objecto do litígio. A posição do Ministério Público.

O OBJECTO DO PROCESSO

1. **O problema do objecto do processo: processo sobre um acto ou sobre um direito subjectivo lesado feito valer pelo particular?**

A questão do objecto do processo tem sido muito discutida pela doutrina processualista. O objecto do processo é uma noção teórica que tem como objectivo assegurar a ligação entre a relação jurídica material e a relação jurídica processual, determinando quais os aspectos da relação jurídica substantiva, existente entre as partes, que foram trazidos a juízo.

Assim, o objecto do processo «é uma abstracção e não apenas no início do processo, mas também durante todo o seu desenvolvimento, através de ajustamentos sucessivos e, por fim, no seu acto conclusivo, a sentença (...) que, mesmo no seu momento culminante de trânsito em julgado, não é, no que respeita aos factos, senão um esquema aproximado e simplificado» (MANDRIOLI) [1]. Efeito abstractizante que é mesmo exagerado por certos autores que consideram o objecto do processo como uma «fuga da realidade» (CANOVA) [2].

A doutrina do processo civil actual centra o seu debate sobre o objecto do processo no direito subjectivo que nele é

---

[1] CRISANTO MANDRIOLI, *Riflessione in tema di petitum e di causa pretendi*, in «Rivista di Diritto Processuale», 1984, n.º 3, Julho-Setembro, pág. 468.

[2] CERINO CANOVA, *La Domanda Giudiziale e il suo contenuto*, in «Commentario Cod. di Proced. Civ.», dirigido por Allorio, II, 1980, pág. 143, cit. *in* MANDRIOLI, *Riflessione...*, cit., pág. 468.

feito valer. Como diz HABSCHEID, «o debate actual sobre o objecto do processo é sobre o direito subjectivo invocado. Mas permanece em aberto a questão de saber como se deva definir o direito invocado» (³). Este direito subjectivo afirmado pelo particular, tem sido entendido pela doutrina, de acordo com duas concepções principais: a substancialista e a processualista, representadas, na Alemanha, por dois autores modernos, designadamente, SCHWAB (⁴) e HABSCHEID (⁵).

Segundo a teoria processualista, objecto do processo é tudo aquilo que for trazido a juízo, independentemente das pretensões do particular relativas a essa matéria levada ao processo. Como diz HABSCHEID, «a noção de objecto do processo é uma noção de direito processual e o juiz tem exactamente a tarefa de, através de um processo de subsunção, aplicar o direito substancial àquilo que lhe vem pedido; isto é, ao objecto do processo que ele tem o dever de apreciar sobre todos os aspectos do direito substancial» (⁶).

Diferentemente, segundo a doutrina substancialista, o essencial não são os factos trazidos a processo, mas as pretensões do seu autor. Defendendo esta ideia, SCHWAB «desenvolve a tese segundo a qual o objecto do processo seria definido apenas pelas conclusões (*Begehren des klägers*) do autor. Os factos sobre os quais se funda o pedido não fariam nunca parte do objecto do processo» (⁷).

A tendência actual, na moderna doutrina processualista, vai no sentido de aproximar as duas perspectivas, englobando na

---

(³) WALTER HABSCHEID, *L'oggeto del processo nel diritto processuale civile tedesco*, in «Rivista di Diritto Processuale», 1980, n.º 3, Julho-Setembro, págs. 454 e segs.

(⁴) SCHWAB, *Der Streitgegenstand im Zivilprozess*, 1954, cit. in HABSCHEID, *L'oggeto...*, cit., págs. 456 e segs.

(⁵) HABSCHEID, *Der Streitgegenstand im Zivilprozess und im Streitverfahren der Freiwilligen Gerichtsbarkeit*, 1956, cit. in HABSCHEID, *L'oggetto...*, cit., págs. 456 e segs.

(⁶) HABSCHEID, *L'oggetto...*, cit., pág. 455.

(⁷) HABSCHEID, *L'oggetto...*, cit., pág. 456.

noção de objecto do processo, quer as pretensões, quer os factos trazidos a processo, embora acentuando, consoante as perspectivas, um ou outro desses aspectos ([8]). No dizer de MANDRIOLI, «estas duas teorias não são senão duas faces da mesma medalha; no sentido que o acontecimento histórico não tem significado, para efeito da individualização do pedido, senão referido a uma *fattispecie* jurídica e que, viceversa, a *fattispecie* jurídica não pode concretizar o pedido senão referida a determinados factos, no sentido de concretos acontecimentos históricos» ([9]).

Assim, uma noção adequada de objecto do processo deve proceder a uma ligação do pedido e da causa de pedir, considerando-os como dois aspectos do direito substantivo invocado. Pedido e causa de pedir apresentam-se como verso e reverso da mesma medalha, sendo que «a medalha de que estas duas perspectivas são as duas faces, é o direito substancial e, mais precisamente, o direito substancial afirmado» (MANDRIOLI) ([10]). No dizer de MANDRIOLI, *petitum* e *causa pretendi*, portanto, não são, eles próprios, senão variações ou perspectivas do direito substancial afirmado, o qual é o verdadeiro e único objecto do processo, embora, por outro lado, se mantenha que este objecto não se individualiza senão tomando em conta ambas as variações» (MANDRIOLI) ([11]). É a relação material entre as partes que entra no processo, através da alegação de um direito subjectivo que é «filtrado» por intermédio do pedido e da causa de pedir.

Também na doutrina administrativa tem sido muito discutida a questão do objecto do processo no contencioso de anulação. Contudo, aqui, a questão que tem feito correr mais tinta não tem sido, tanto, a de saber se, para o objecto do processo, é mais determinante o pedido ou a causa de pedir, mas antes a da

---

[8] Neste sentido, v. HABSCHEID, *L'oggetto...*, cit., pág 457.
[9] MANDRIOLI, *Riflessione...*, cit., pág. 473.
[10] MANDRIOLI, *Riflessione...*, cit., págs. 473 e 474.
[11] MANDRIOLI, *Riflessione...*, cit., pág. 474.

própria noção complexiva de objecto do processo. As principais posições da doutrina relativas a esta matéria podem ser agrupadas em duas grandes correntes: uma que considera que o objecto do processo é o acto ou o poder administrativo exercido, outra que considera que o objecto do processo é o direito subjectivo invocado pelo particular.

A primeira corrente, que podemos designar de objectivista, por sua vez, apresenta duas modalidades, consoante considera como objecto do processo o acto administrativo ou, numa versão mais alargada, considera que o objecto do processo é todo o poder administrativo exercido.

Consideram que o acto administrativo é o objecto do processo os autores da concepção *clássica* do contencioso administrativo (LAFERRIÈRE, HAURIOU, MARCELLO CAETANO) [12]. Segundo a doutrina do *processo feito a um acto*, o processo contencioso era a continuação do gracioso, não existiam partes no recurso de anulação e os efeitos da sentença eram meramente cassatórios.

Mas esta consideração do acto como objecto do processo também se manifesta numa versão actual, na qual o processo gracioso e o contencioso são entendidos como distintos, porque distintas também as entidades administrativas e jurisdicionais, em que se não nega que o contencioso administrativo seja (no essencial) um processo de partes e em que se continua a considerar que as sentenças administrativas têm, apenas, efeitos demolitórios (CHAPUS, FREITAS DO AMARAL) [13].

Uma versão mais alargada desta corrente objectivista entende que é necessário ir «para além do acto, à consideração e confirmação do modo de exercício do poder administrativo» [14].

---

[12] *Vide* o Capítulo II deste trabalho e as referências bibliográficas que aí se fazem a respeito da doutrina do *processo a um acto*.
[13] CHAPUS, *Droit du...*, cit., págs. 62 e segs.; F. DO AMARAL, *Direito...*, cit., vol. IV, págs. 113 e segs..
[14] NIGRO, *Giustizia...*, cit., pág. 308.

Assim, constitui o objecto do processo «a (efectiva) dinâmica complexa do exercício do poder e não já o acto singular da autoridade administrativa singular» (Nigro) ([15]). Trata-se de uma posição que tem encontrado bastantes defensores na doutrina italiana (Nigro, Vigorita, Marchianó) ([16]).

Para a segunda corrente, que se pode denominar de subjectivista, o objecto do recurso é o direito subjectivo invocado pelo particular ou a relação jurídica material existente entre as partes.

A consideração de que o direito subjectivo afirmado pelo particular constitui o objecto do processo contencioso administrativo é defendida pela doutrina alemã, onde este entendimento subjectivista do recurso encontrou consagração legislativa. Segundo Krebbs, a concepção subjectivista do objecto do recurso contencioso é um imperativo constitucional, uma vez que o «art. 19.º, Abs. 4, da Lei Fundamental, obriga (...) o legislador a efectuar um controlo jurisdicional da actividade estadual, no qual a lesão do demandante nos seus interesses juridicamente protegidos não seja apenas o impulso do processo, mas em que os seus direitos sejam o próprio objecto do processo» ([17]).

Assim, objecto do processo é o direito subjectivo lesado pela actuação administrativa ilegal e que o particular faz valer através da interposição do recurso. Como diz Ule, «com a acção de anulação o particular reage contra a agressão efectuada através de um acto administrativo para a defesa dos seus direitos, porque ele considera esta agressão como ilegal. Objecto do processo é a sua alegação de que o acto administrativo é ilegal e que ele foi, através dele, lesado no seu direito» ([18]).

([15]) Nigro, *Giustizia...*, cit., pág. 314.
([16]) Nigro, *Giustizia...*, cit., págs. 308 e segs.; Vigorita, *Princípio...*, cit., págs. 637 e segs.; Marchianó, *L'Ampliamento...*, cit., pág. 133.
([17]) Krebbs, *Subjektiver...*, cit., pág. 197.
([18]) Ule, *Verwaltungsprozessrecht*, cit., pág. 238.

Uma concepção de tipo subjectivista relativamente a esta matéria é, também, consagrada pela legislação espanhola que considera constituirem objecto do processo «as pretensões que se deduzam em relação aos actos da Administração pública» (art. 1-1, L.J.) ([19]). Assim, não é o acto administrativo, mas a situação substantiva do particular, configurada através do pedido e da causa de pedir, que constitui o objecto do processo.

Para se poder resolver a questão do objecto do processo é necessário averiguar, primeiro, em que consistem o pedido e a causa de pedir no recurso directo de anulação, uma vez que é através deles que entra no processo a realidade material do relacionamento entre o particular e a Administração. O objecto do processo, que estabelece a ponte entre a realidade material e a processual, é determinado pelas pretensões e factos que as partes trazem a juízo.

2. O pedido no recurso directo de anulação.

A noção de pedido, segundo a doutrina processualista, compreende o efeito pretendido pelo seu autor e o direito que esse efeito visa defender. Como diz MANUEL DE ANDRADE, «pedido é a enunciação da forma de tutela jurisdicional pretendida pelo autor e do conteúdo e objecto do direito a tutelar» ([20]). Pelo que se torna necessário distinguir entre o *pedido imediato* e o *pedido mediato* (MANDRIOLI) ([21]): pedido imediato é o efeito pretendido pelo autor, pedido mediato é o direito que esse efeito visa tutelar.

A doutrina administrativa, contudo, tem-se preocupado tanto com o aspecto do pedido imediato (a anulação ou a declaração de nulidade ou inexistência do acto administrativo) que

---

[19] V. ENTERRÍA/FERNÁNDEZ, *Curso...*, cit., vol. II, pág. 538.
[20] MANUEL DE ANDRADE, *Noções Elementares de Processo Civil*, Coimbra Editora, Coimbra, 1979, pág. 321.
[21] MANDRIOLI, *Riflessione...*, cit., pág. 472.

tem esquecido completamente o pedido mediato (o direito do autor cuja defesa se pretende através do pedido).

Um tal *esquecimento* era perfeitamente lógico, de acordo com a concepção *clássica* do contencioso administrativo. Uma vez que se considerava que o particular não era titular de nenhuma situação jurídica subjectiva relativamente à Administração e que o processo administrativo era uma forma de auto-controlo administrativo, no qual o particular estava ao serviço do processo, desempenhando uma função similar à de um Ministério Público; sempre que a doutrina do *recurso ao acto* mencionava o pedido não se referia senão ao pedido imediato (a anulação do acto). Não se falava, nem havia que falar, em defesa de direitos dos particulares, pois a razão que levava o particular a actuar em juízo era a defesa da legalidade e do interesse público cuja lesão coincidia com um seu (mero) prejuízo de facto.

Mas, se esta omissão era lógica, de acordo com os pressupostos da doutrina clássica, ela torna-se completamente incompreensível, a partir do momento em que a posição do particular face à Administração se *substancializa* e, consequentemente, a sua actuação no recurso passa a ser vista como de defesa de um direito substantivo próprio.

Conforme se viu anteriormente, com o aperfeiçoamento da noção de Estado de direito a posição do particular face à Administração passou a ser vista como uma situação jurídica substantiva e, consequentemente, a sua posição no recurso de anulação passou a ser a de uma parte que actua para a defesa de um interesse próprio. Isto, independentemente de se configurar essa posição substantiva do particular como um interesse legítimo, um direito futuro ou reactivo, ou um direito subjectivo. Assim sendo, continuar a mencionar, quando se fala do objecto do processo, apenas os efeitos pretendidos pelas partes, sem referir as situações substantivas dos particulares para cuja defesa esses efeitos são pedidos, é um puro *anacronismo*.

É para a defesa de uma posição jurídica subjectiva e não para a defesa de um qualquer interesse público que o particular interpõe o recurso e pede a anulação de um acto administrativo ilegal. A anulação do acto não tem como objectivo a defesa altruísta da legalidade pelo particular, mas a protecção dos seus próprios direitos subjectivos lesados. Da perspectiva do particular, o seu pedido imediato, a anulação ou declaração de nulidade ou inexistência do acto administrativo, é incindível da protecção do direito subjectivo lesado, que constitui o seu pedido mediato.

Na ordem jurídica portuguesa, onde, por imposição constitucional, o particular é titular de direitos face à Administração que pode fazer valer através do recurso contencioso, o pedido de anulação de um acto administrativo apresentado por um particular não deve ser desligado da defesa do seu direito subjectivo lesado. Uma noção, constitucionalmente adequada, do pedido no recurso de anulação deve englobar tanto o seu aspecto imediato como o mediato.

Diga-se, ainda, que o entendimento do pedido, e visto apenas na sua perspectiva imediata, foi sempre sobrevalorizado pela doutrina clássica do contencioso administrativo na consideração do objecto do processo. Daí que pareça acertada a afirmação de KORNPROBST, segundo a qual a doutrina do *processo ao acto* mais não fazia do que confundir o objecto do processo com o pedido ([22]). E pode acrescentar-se que não se tratava, sequer, de todo o pedido, mas apenas da sua configuração imediata. Pelo contrário, um entendimento correcto do objecto do processo deve, como atrás se referiu, tomar em consideração tanto o pedido como a causa de pedir.

([22]) KORNPROBST, *La Notion...*, cit., págs. 94 e segs.

3. A causa de pedir no recurso directo de anulação.

No recurso contencioso de anulação, a causa de pedir, que justifica a interposição do recurso pelo particular, é o acto administrativo inválido. Fica, contudo, em aberto o problema de saber se esse acto administrativo que constitui a causa de pedir, deve ser entendido como uma realidade objectiva que foi trazida a processo ou como uma realidade que deve ser configurada de acordo com as pretensões das partes.

Uma concepção puramente objectivista do recurso de anulação, quer considerando que o acto administrativo constitui o objecto do processo, quer entendendo que o objecto do processo é o exercício do poder administrativo, deveria implicar, logicamente, um entendimento da causa de pedir, enquanto realidade fática, objectivamente configurável e independente das alegações dos particulares. Assim, objecto do processo deveria ser a legalidade ou ilegalidade do acto ou do exercício do poder administrativo em toda a sua amplitude e independentemente das razões jurídicas invocadas pelas partes.

Um tal entendimento amplo da causa de pedir é a consequência forçosa da doutrina do *processo feito a um acto*, que considera que no recurso se trata «de decidir do destino do acto (mais precisamente, da decisão) contra o qual o recurso é dirigido» (CHAPUS) [23]. Sendo o recurso de anulação «um meio e um meio particularmente importante do controlo ao qual a Administração deve estar submetida em vista da salvaguarda do direito objectivo» (CHAPUS) [24] e a função do particular no processo a de «um Ministério Público efectuando a repressão de uma infracção» (HAURIOU) [25], a causa de pedir no recurso de anulação deve per-

---

[23] CHAPUS, *Droit du...*, cit., pág. 87.
[24] CHAPUS, *Droit du...*, cit., pág. 69.
[25] HAURIOU, *Comentário (da decisão do C.E., de Dezembro 1899, Ville d'Avignon)*, cit. *in* CHAPUS, *Droit du...*, cit., pág. 68.

mitir uma consideração objectiva da legalidade ou ilegalidade do acto face a todas as possíveis normas aplicáveis e no que respeita a todas as possíveis fontes de invalidade.

Igualmente, a consideração «do inteiro arco do exercício do poder administrativo» (NIGRO) ([26]) como objecto do processo determina um alargamento da causa de pedir, independentemente da consideração da situação jurídica subjectiva do particular que interpõe o recurso, a fim de poder controlar a inteira dinâmica do exercício do poder administrativo. Um tal controlo pelo juiz implica «perder-se qualquer possibilidade de ligação ou contraposição *relacional* entre os poderes da Administração e a situação do privado» ([27]), uma vez que a função do juiz administrativo não é a de «eliminar o acto administrativo pelo prejuízo causado ao particular, mas de *accertare* (declarar) o regular modo de exercício do poder, isto é, de definir — e de definir para o futuro, a composição mais correcta dos interesses, acolhendo ou rejeitando o projecto de composição que o recorrente propõe» (NIGRO) ([28]).

Esta noção amplíssima de NIGRO do objecto do processo, que assenta num entendimento da causa de pedir desligado das alegações das partes, vai ter como consequência, ao nível do caso julgado, uma noção ampla de sentença, que não se limita a anular o acto concreto em função dos direitos lesados dos particulares, mas que pretende ter uma eficácia orientadora da futura actuação da Administração.

Na verdade, existe uma relação directa entre um entendimento objectivista do contencioso administrativo e uma noção ampla de causa de pedir. Como diz KREBBS, «a tarefa de um con-

---

[26] NIGRO, *Giustizia...*, cit., pág. 312.
[27] NIGRO, *Esperienze e Prospettive del Processo Amministrativo*, in «Riv. Trim. di Diritto Público», 1981, n.º 2, pág. 409.
[28] NIGRO, *Esperienze...*, cit., pág. 410.

trolo jurídico objectivo é a protecção da ordem jurídica», pelo que «a sua utilização óptima exige (...) um exame de todas as normas respeitantes a cada uma das decisões administrativas», já que «todos os critérios jurídicos de decisão (para a Administração) são, também, potenciais critérios de controlo (para o tribunal)» (29).

Assim, uma concepção objectivista do recurso de anulação implica, logicamente, a consideração da validade ou invalidade do acto administrativo como causa de pedir, independentemente das alegações do particular relativas aos seus interesses materiais lesados. Não é a posição do cidadão, mas a legalidade objectiva que está a ser objecto do controlo judicial, «uma qualquer lesão dos interesses próprios do demandante só é motivo para a introdução de um processo de controlo, na medida em que essa circunstância seja apta à realização de um controlo efectivo: o cidadão demandante desempenha o papel de um funcionário do controlo administrativo» (KREBBS) (30).

Pelo contrário, uma concepção subjectivista do objecto do processo de anulação configura a causa de pedir na sua ligação com os direitos dos particulares. Não é o acto administrativo, na sua globalidade, que constitui o objecto do processo, mas sim o acto enquanto lesivo dos direitos dos particulares e que foi trazido a processo, através das suas pretensões.

Uma tal noção de causa de pedir implica que «nem todas as violações jurídicas são, agora, relevantes em termos de controlo. A protecção jurídica subjectiva é, nessa medida, contrariamente ao controlo jurídico objectivo, uma protecção jurídica restritiva. Isto é válido, também, na perspectiva do objecto do controlo que, neste sistema, apenas pode ser compreendido no que respeita à sua ligação com os direitos subjectivos» (KREBBS) (31). Assim,

---

(29) KREBBS, *Subjektiver...*, cit., pág. 192.
(30) KREBBS, *Subjektiver...*, cit., págs. 192 e 193.
(31) KREBBS, *Subjektiver...*, cit., pág. 194.

a causa de pedir no recurso de anulação não é a apreciação de todas as possíveis fontes de invalidade dos actos administrativos, mas o concreto comportamento inválido da Administração, na sua relação com o particular, tal como foi por este configurado através das suas alegações.

A esta noção subjectivista de causa de pedir chegou, também, a doutrina e a jurisprudência portuguesas, malgrado as *profissões de fé* de tipo objectivista. Segundo MACHETE não é, sem mais, a ilegalidade do acto, mas «o comportamento da Administração em desconformidade com a lei (que) há-de constituir a *causa petendi* no recurso de anulação» [31]. No mesmo sentido, FREITAS DO AMARAL entende o objecto do processo em ligação com o interesse material dos particulares, tal como resulta das suas pretensões. Assim, para a determinação da causa de pedir, «há que especificar qual o tipo de invalidade de que o acto enferma — se é uma nulidade ou é uma anulabilidade. E, por outro lado, há que especificar qual é a fonte dessa invalidade, se é um vício do acto (ou mais do que um) ou qualquer outra das fontes de invalidade» [33].

Não se quer, com isto, dizer que o juiz se encontra vinculado à qualificação dos vícios ou à identificação das fontes de invalidade feita pelas partes. Os tribunais conhecem do direito e, como tal, pode o juiz anular um acto administrativo com fundamento num vício ou numa fonte de invalidade diferente dos que o particular alegou, desde que esse vício ou essa fonte de invalidade já resulte das pretensões do particular.

Uma coisa é dizer-se que o juiz está limitado à apreciação do acto na sua relacionação com o direito subjectivo alegado pelo particular, tal como resulta das pretensões por ele formu-

---

[32] MACHETE, *Caso Julgado (nos Recursos Directos de Anulação)*, in «Dicionário Jurídico da Administração Pública», vol. II, Coimbra, 1972, pág. 129.

[33] F. DO AMARAL, *Direito...*, vol. IV, pág. 115.

ladas, outra coisa é dizer que o juiz se encontra obrigado a aceitar a qualificação jurídica feita pelas partes no momento em que formulam uma determinada pretensão. No dizer de MACHETE, «o vício do acto arguido pelo recorrente consiste num facto, numa situação da vida, podendo o juiz, sem desrespeitar a sua vinculação ao pedido, decidir segundo outra perspectiva jurídica» ([34]). O mesmo se passa, aliás, nos outros ramos do processo, uma vez que se considera que um juiz (qualquer juiz) «não se encontra adstrito à qualificação jurídica dos factos efectuada pelas partes», de acordo com os aforismos tradicionais — *la court sait le droit, da mihi factum dabo tibi ius* (VARELA) ([35]).

Ao entender que a causa de pedir no recurso directo de anulação era o acto administrativo inválido tal como configurado pelos particulares e não, sem mais, a validade ou invalidade, objectivamente considerada, desse mesmo acto, a jurisprudência e a doutrina portuguesas, continuando a afirmar a sua fidelidade às concepções da doutrina do *processo a um acto*, acolhiam uma noção subjectivista de objecto do recurso de anulação. Conforme anteriormente escrevi, «não deixa de ser curioso que esta mesma orientação *subjectivista* (o que está em causa é um comportamento ilegal e não, sem mais, a ilegalidade) foi sempre, em Portugal, defendida quer pelo Prof. Marcello Caetano (...), quer pela jurisprudência do S.T.A., pelo que, ironizando, se pode dizer que a doutrina objectivista não era tão objectivista como eu a pretendo «pintar»» ([36]).

A razão de ser desta atitude paradoxal teve, talvez, a ver com a influência do processo civil, cujo código, no seu art. 498.º, n.º 4, determina que a causa de pedir «nas acções constitutivas

---

([34]) MACHETE, *Caso...*, cit., pág. 129.
([35]) VARELA/BEZERRA/NORA, *Manual...*, cit., pág. 659.
([36]) VASCO P. SILVA, *O Recurso...*, cit., pág. 31.

e de anulação é o facto concreto ou a nulidade específica que se invoca para obter o efeito pretendido», o que parece revelar «que a lei portuguesa seguiu, nesse ponto, a chamada teoria da substanciação (e não a denominada teoria da identificação)» (VARELA) ([37]), aproximando-se, assim, duma noção substantiva, e não puramente processual, do objecto do processo.

Terão ainda pesado a favor deste entendimento restrito da causa de pedir dois outros factores: a teoria do caso julgado, pois o alargamento da causa de pedir teria como consequência necessária o alargamento dos limites objectivos do caso julgado, o que, como veremos, causaria graves problemas ao trabalho dos juízes, obrigados a confrontar um acto administrativo com todas as normas aplicáveis; e a teoria do acto administrativo, considerando este, simultaneamente, como uma manifestação de vontade e de poder, o que originava uma relativa subjectivização das condutas administrativas.

Assim, como resultado algo paradoxal desta situação, mesmo os defensores da concepção do objecto do processo como versando sobre um acto administrativo defendem uma causa de pedir entendida em termos subjectivos. Causa de pedir é, de acordo com a jurisprudência e doutrina dominantes em Portugal, o concreto comportamento inválido da Administração, tal como foi configurado pelos particulares e em conexão com os seus interesses substantivos.

Esta orientação subjectivista da doutrina e jurisprudência nacionais relativamente à causa de pedir foi confirmada e acentuada pela recente legislação sobre o contencioso administrativo. Nos termos do art. 57.º, da L.P., a ordem de conhecimento dos vícios pelo juiz deve ser aquela que conduza a uma maior protecção da situação jurídica do particular.

([37]) VARELA/BEZERRA/NORA, Manual..., cit., pág. 693.

Esta disposição legal representa uma «tentativa de contrariar a tendência, que durante muito tempo foi generalizada, de começar por conhecer dos vícios de forma e deixar para depois o exame dos vícios de fundo» (MACHETE) [38] e que não permitia uma satisfação plena dos interesses dos particulares, uma vez que um acto anulado por motivos formais, através de uma sentença, podia ser renovado pela Administração. Pelo contrário, «hoje, prevalece a ideia de que o tribunal deve conhecer os vícios em termos que permitam que o recurso obtenha a maior vantagem possível para o recorrente» (MACHETE) [39]. Trata-se, assim, de mais uma confirmação de que, no contencioso administrativo português, a causa de pedir deve ser concebida em ligação com os direitos subjectivos dos particulares e não em função de um abstracto controlo de legalidade.

Em conclusão, pode-se afirmar que, no recurso directo de anulação, a causa de pedir não é a ilegalidade absoluta ou abstracta do acto administrativo impugnado, mas «uma ilegalidade relativa, quer dizer, relacionada com o direito subjectivo lesado (*relação de ilegalidade*)» (KREBBS) [40]. De acordo com a feliz expressão de KREBBS, tem sempre de se verificar uma *relação de ilegalidade* ou *conexão de ilegalidade* (*Rechtswidrigkeitszusammenhang*) entre a ilegalidade do acto administrativo e a lesão de um direito subjectivo [41].

---

[38] MACHETE, *Estatuto...*, cit., pág. 109.
[39] MACHETE, *Estatuto...*, cit., págs. 109 e 110.
[40] KREBBS, *Subjektiver...*, cit., pág. 204.
[41] KREBBS, *Subjektiver...*, cit., pág. 204.

4. O direito subjectivo invocado pelo particular como objecto do processo.

A questão do objecto do processo só pode ser resolvida através da consideração conjunta do pedido e da causa de pedir, como conclui a doutrina processualista, ultrapassadas as querelas redutoras iniciais entre substancialistas e processualistas. Pedido e causa de pedir constituem duas perspectivas do objecto do processo, «o *petitum* é o bem da vida na sua concretitude, enquanto a *causa petendi* é a razão jurídica da actuação» (MANDRIOLI) ([42]).

No recurso directo de anulação, considerado o pedido tanto na sua configuração imediata como mediata (pedido imediato é o efeito pretendido pelo autor, a anulação ou declaração de nulidade ou inexistência do acto administrativo; pedido mediato é o bem jurídico para cuja tutela se pede esse efeito) e a causa de pedir na sua dimensão relativa (causa de pedir é a ilegalidade do acto administrativo em conexão com os direitos dos particulares e não entendida de forma abstracta), a realidade que nos surge como objecto do processo é o direito subjectivo invocado pelo particular.

Contrariamente à concepção *clássica* do contencioso administrativo, que confundia o pedido com o objecto do processo, a consideração da causa de pedir é de grande importância para a determinação do objecto do recurso de anulação. Com efeito, o pedido de anulação ou de declaração de nulidade ou de inexistência de um acto administrativo, não basta, por si só, para a determinação do objecto do processo, uma vez que este não é a ilegalidade do acto considerada em abstracto, mas uma sua ilegalidade relacional, dependente das alegações das partes.

Utilizando a terminologia de CERINO CANOVA ([43]), eu diria mesmo que no recurso de anulação se pode falar de um pedido

---

[42] MANDRIOLI, *Riflessione...*, cit., pág. 472.
[43] CANOVA, cit. *in* MANDRIOLI, *Riflessione...*, cit., pág. 472.

hetero-determinado, tal a importância desempenhada pela causa de pedir. De facto, «existem pedidos — que são aqueles a que CERINO CANOVA chama auto-determinados — nos quais o direito substancial afirmado se apresenta sob a perspectivização (*angolazione*) do *petitum*, deixando na sombra a *causa pretendi*, no sentido de que expondo o *petitum* se expõe, mais ou menos implicitamente, também, a *causa petendi* e, por outro lado, existem pedidos — que são aqueles que CERINO CANOVA chama hetero-determinados — nos quais se passa o contrário, ou seja, expondo a *causa petendi* expõe-se, mais ou menos implicitamente, chegando quase a subentendê-lo, também o *petitum*» (MANDRIOLI) (44). Como exemplos de cada um destes pedidos podem-se referir a reivindicação do direito de propriedade pelo proprietário, no qual a causa de pedir se subentende do pedido, ou o pedido de cumprimento de obrigação genérica, em que é o pedido que se subentende a partir da causa de pedir.

No recurso de anulação, não basta o pedido para identificar o objecto do processo, antes parece que da causa de pedir, as alegações das partes relativas ao concreto acto administrativo ilegal, se pode subentender o pedido, a anulação do acto para a protecção do direito subjectivo lesado. Assim, o pedido no recurso de anulação poderia ser classificado de hetero-determinado, usando a distinção de CANOVA. Isto, sem, no entanto, querer apagar nenhum dos dois aspectos do objecto do processo, antes procedendo a uma «implicação recíproca do *petitum* e da *causa petendi*, sem nunca chegar à identificação de um com o outro» (MANDRIOLI) (45).

A consideração do pedido no recurso de anulação, tanto na sua configuração imediata como mediata, é, como vimos, uma imposição constitucional que resulta do tratamento do particular como titular de situações jurídicas substantivas relativamente

---

(44) MANDRIOLI, *Riflessione*..., cit., pág. 476.
(45) MANDRIOLI, *Riflessione*..., cit., pág. 478.

à Administração; enquanto que a consideração da causa de pedir na sua acepção relativa, em conexão com os direitos dos particulares, corresponde não apenas ao entendimento da lei, mas, igualmente, ao da jurisprudência e doutrina. Eis porque não me parece poderem restar dúvidas de que o objecto do recurso directo de anulação é, na ordem jurídica portuguesa, o direito subjectivo invocado pelo particular.

Solução que, diga-se, de há muito vem sendo praticada pela jurisprudência, com a interpretação que tem feito da amplitude da causa de pedir. Ironizando, poder-se-ia dizer que a jurisprudência portuguesa, embora, muitas vezes, se tenha confessado como objectivista, no que concerne à questão do entendimento do objecto do processo, não é praticante.

Nem se diga que o art. 6.º, do E.T.A.F., contraria esta minha conclusão, ao determinar que «os recursos contenciosos são de mera legalidade e têm por objecto a declaração de invalidade ou a anulação dos actos recorridos». Com efeito, à primeira vista, poder-se-ia pensar que este artigo quis consagrar legislativamente a tese objectivista do objecto do recurso de anulação, ao arrepio das disposições constitucionais, em contradição aberta com outras normas constantes do mesmo diploma legal e contrariando a prática jurisprudencial. Considerando ser essa uma interpretação possível da disposição legal, já anteriormente procedi à sua crítica, entendendo que essa conclusão era «contraditória com os elementos subjectivos introduzidos pelo E.T.A.F. e pela L.P.», para além de incorrecta, «não só porque a função do legislador é regulamentar e não doutrinar, como também porque, nos termos das regras do art. 9.º, n.º 3, do C.C., «o intérprete presumirá que o legislador consagrou as soluções mais acertadas e soube exprimir o seu pensamento em termos adequados» [46].

---

[46] VASCO P. SILVA, *O Recurso...*, cit., pág. 24.

Voltando, agora, à análise do art. 6.º, do E.T.A.F., gostaria de acentuar que o referido artigo não acrescenta nada à discussão deste problema, não resolvendo, nem deixando de resolver, a questão teórica do objecto e da natureza do recurso directo de anulação. Um exame mais atento do art. 6.º, do E.T.A.F., permite-nos concluir que o legislador apenas quis consagrar duas coisas:

 a) Que o recurso de anulação é de *mera legalidade*, ou seja, que o controlo jurisdicional efectuado pelo juiz se encontra limitado à questão da validade ou invalidade de um acto administrativo, não podendo o juiz apreciar, autonomamente, a questão do seu mérito ou demérito. Solução que, diga-se, está de acordo com a tradição do contencioso administrativo português e que corresponde à lógica de um controlo da actividade administrativa realizado por verdadeiros tribunais, no qual «os tribunais administrativos devem, não substituir-se, mas controlar a Administração, os tribunais administrativos não são uma Administração de grau mais elevado ou melhor» (BADURA) ([47]).

 b) Que o pedido (imediato) no recurso directo de anulação é o pedido de anulação ou declaração de nulidade ou de inexistência do acto administrativo de que se recorre. Com efeito, dada a natureza constitutiva ou de anulação (pelo menos, formalmente) do recurso contencioso, também o pedido do particular é (formalmente) um simples pedido de anulação ou de declaração de nulidade ou de inexistência.

A formulação do legislador é, sem dúvida, incorrecta e confunde a questão do pedido com a do objecto do processo, mas a sua intenção parece-me ser inquestio-

---

([47]) BADURA, *Limitti...*, cit., pág. 112.

nável. Não se trata de tomar uma posição sobre a questão teórica do objecto ou da natureza do recurso de anulação, mas, tão apenas, determinar que o pedido imediato no recurso contencioso é o de anulação ou declaração de nulidade ou de inexistência do acto administrativo, podendo este ser considerado, no essencial, como uma modalidade de processo de anulação.

Assim sendo, objecto do processo no recurso de anulação é, na nossa ordem jurídica, o direito subjectivo invocado pelo particular e não o acto administrativo impugnado ou o exercício do poder administrativo. O que está em causa no processo não é a validade ou invalidade de um acto administrativo, mas um direito subjectivo do particular lesado por uma conduta administrativa ilegal. Como diz ENTERRÍA, são as pretensões das partes «que contribuem para delimitar os poderes do juiz (...) e não o conteúdo do acto recorrido que é só o pretexto (substituível, além do mais, pela técnica do silêncio administrativo (...)) que serve para formular aquelas» [28].

5. O problema do momento a considerar para o efeito da apreciação da validade do acto.

Problema que se prende com o do objecto do recurso é o de saber qual o momento a considerar para o efeito da apreciação da validade do acto, ou seja, o problema de saber se a verificação da validade do acto se deve fazer em função das circunstâncias de facto e de direito existentes no momento em que a anu-

---

[48] ENTERRÍA/FERNÁNDEZ, Curso..., cit., vol. II, pág. 502.

lação é pedida ou em função das circunstâncias de facto e de direito existentes no momento em que a sentença foi proferida.

Ao contrário do que acontece na Alemanha, onde o problema tem sido bastante discutido ([49]), a doutrina portuguesa tem-se limitado a considerar o problema apenas do ponto de vista do direito aplicável. Como diz Freitas do Amaral, «aquilo que se vai apurar no recurso contencioso é se o acto administrativo é válido ou inválido. Tal apuramento faz-se em função da lei vigente no momento da prática do acto e não em função da lei que, eventualmente, esteja a vigorar no momento em que é proferida a sentença pelo tribunal» ([50]).

No processo civil, a regra geral é a de que as alterações de facto ou de direito, surgidas até ao momento da sentença, devem vir a ser consideradas na decisão final. Como diz Antunes Varela, «desde o momento em que a acção é proposta até que a sentença seja proferida, pode, naturalmente, haver alterações radicais nos elementos essenciais da causa, algumas das quais hão-de, necessariamente, reflectir-se no sentido da decisão» ([51]). A razão de ser desta regra geral prende-se com o facto de as acções mais frequentes serem as de condenação, pelo que «o tribunal decide aqui sobre uma condenação do réu a uma prestação pretendida pelo autor. O réu pede esta decisão não para uma situação jurídica e material existente no passado, mas antes para o momento em que o tribunal profere a decisão» (Ule) ([52]).

Diferentemente se passam as coisas no recurso directo de anulação, em que «importa a situação de facto e de direito existente no momento da emissão do acto administrativo. Tal resulta da natureza da acção de anulação, através da qual é

([49]) V. por todos Ule, *Verwaltungsprozessrecht*, cit., págs. 286 e segs., onde se podem encontrar profusas indicações bibliográficas.
([50]) F. do Amaral, *Direito...*, cit., vol. IV, pág. 114.
([51]) Varela/Bezerra/Nora, *Manual...*, cit., pág. 114.
([52]) Ule, *Verwaltungsprozessrecht*, cit., pág. 288.

pedida a eliminação de um acto administrativo ilegal» (ULE) [53]. Isto, porque «com a acção de anulação o particular reage contra a agressão efectuada através de um acto administrativo, para a defesa do seu direito, porque ele considera esta agressão como ilegal» (ULE) [54].

Estando em causa a anulação de um acto administrativo ilegal lesivo dos direitos do particular, parece lógico considerar-se que a análise do tribunal incida, apenas, sobre os circunstancialismos de facto e de direito existentes no momento em que o acto foi proferido. Mas, uma tal solução é, igualmente, uma consequência necessária do entendimento subjectivista da questão do objecto do processo.

Se o recurso de anulação versasse, sem mais, sobre um acto administrativo ou sobre o exercício do poder administrativo e desempenhasse uma função objectiva, a análise dos factos pelo tribunal seria feita sem nenhuma ligação com as circunstâncias alegadas pela parte como lesivas do seu direito. O controlo do tribunal, num recurso de tipo objectivo, deveria determinar a validade ou invalidade daquela actuação administrativa, não apenas no momento em que o acto foi praticado, mas também no momento em que a sentença é proferida. Isto, porque uma apreciação da invalidade de um acto não deve ter que ver com o momento em que as partes sofreram uma lesão nos seus direitos, mas antes procurar determinar qual deveria ter sido o correcto modo de exercício daquele poder administrativo.

De acordo com uma concepção objectivista do recurso de anulação, o tribunal desempenha uma função de *auxiliar da decisão* (*Entscheidungshilfe*) da Administração, significando isso «um controlo administrativo funcionalmente *acompanhante* (*mitlaufenden*), em vez de ser um controlo administrativo reac-

---

[53] ULE, *Verwaltungsprozessrecht*, cit., pág. 288.
[54] ULE, *Verwaltungsprozessrecht*, cit., pág. 288.

tivo» (KREBBS) ([55]). Nestes termos, como diz ULE, «o tribunal não decidiria, então, se a entidade administrativa podia ter emitido o acto administrativo no momento da originária situação de facto e de direito, existente ao tempo da emissão do acto administrativo, mas antes se o poderia ter emitido de acordo com as modificadas situações de facto e de direito existentes ao tempo da audiência oral. Assim, as partes não litigariam absolutamente nada, uma vez que com a acção de anulação se pretenderia uma revisão do acto administrativo» ([56]).

Uma análise das circunstâncias de facto e de direito existentes no momento da decisão, e não no momento da emissão do acto, implicaria que a sentença proferida pelo tribunal deixasse de ser *relacional*, ou seja, determinada pela lesão sofrida pelo demandante nos seus direitos, para passar a ser uma apreciação objectiva, efectuada independentemente da lesão de um particular e tendo como único objectivo averiguar da validade ou invalidade do acto face a todas as normas aplicáveis e relativamente tanto ao momento em que o acto foi praticado, quanto ao momento em que sentença foi proferida.

Veja-se, a propósito, um sugestivo exemplo, apresentado por ULE, onde se mostra esta dimensão subjectivista do momento a considerar para o efeito da apreciação da validade ou invalidade do acto administrativo — o da apreciação da validade de um acto de demissão de um funcionário por alcoolismo ou prodigalidade. Se o funcionário não era pródigo ou alcoólico no momento do acto de demissão, «então, a demissão é ilegal e é de anular, mesmo quando, entretanto, ele se tornou pródigo ou alcoólico. Se ele o era anteriormente, então a demissão era legal e o pedido é de rejeitar, mesmo quando ele deixou de o ser» ([57]). Isto, porque aquilo que constitui o objecto do processo não é a questão

---

([55]) KREBBS, *Subjektiver...*, cit., pág. 193.
([56]) ULE, *Verwaltungsprozessrech*, cit., pág. 289.
([57]) ULE, *Verwaltungsprozessrecht*, cit., pág. 289.

da decisão administrativa mais correcta, do ponto de vista da legalidade e do interesse público, mas antes a da existência ou não de uma efectiva lesão de um direito do demandante num momento dado.

O que está em causa, no recurso de anulação, não é, sem mais, uma apreciação da legalidade do acto, mas uma ilegalidade cometida relativamente a um particular e que é lesiva da sua posição jurídico-material. Assim, uma noção *relacional* do objecto do processo no recurso de anulação implica que o momento relevante para a apreciação das circunstâncias de facto e de direito pelo juiz, seja o momento em que o acto foi emitido.

6. A questão da disponibilidade ou indisponibilidade das partes relativamente ao objecto do litígio. A posição do Ministério Público.

A posição ocupada pelo Ministério Público no recurso de anulação é de extrema importância no que respeita à caracterização, em termos objectivos ou subjectivos, do objecto do processo. Esta posição do Ministério Público no contencioso administrativo de anulação torna-se ainda mais difícil de caracterizar, em virtude dos diferentes papéis que ele, aí, pode desempenhar e que origina «uma situação de grande ambiguidade, porque tanto pode velar pura e simplesmente pela legalidade, como ser, em determinadas circunstâncias, um representante do recorrido ou substituir-se a este, mesmo que ele tenha desistido do recurso (nesta altura a sua posição de recorrente molda-se na posição do anterior desistente). Assim, tem uma situação que, na prática, pode desempenhar funções contraditórias» (MACHETE) [58].

---

[58] MACHETE, *Estatuto...*, cit., pág. 107.

Creio bem que há que distinguir a intervenção do Ministério Público como uma parte processual, da sua intervenção acessória, como um auxiliar das partes ou do tribunal. Nos dois casos, a posição processual do **Ministério Público** é muito diferente, como diferente é, também, num caso e no outro, a função do processo.

Quando o Ministério Público actua como uma parte processual, o recurso por ele interposto tem como único e exclusivo objectivo a defesa da legalidade e do interesse público. O recurso é, então, tipicamente objectivo: a sua iniciativa não cabe a um particular afectado nos seus direitos, mas ao Ministério Público para a defesa da legalidade objectiva; o objecto do processo não é determinado em função dos direitos subjectivos lesados, mas concebido autonomamente de situações individuais, em função do direito objectivo violado; a sua função não é a protecção de uma situação jurídica subjectiva, mas a defesa da legalidade e do interesse público.

A existência de um tal recurso de tipo objectivo, no âmbito de um recurso de anulação que, como resulta do imperativo constitucional (art. 20.º, n.º 2, e 268.º, n.º 3, da C.R.P.), está orientado, fundamentalmente, para a protecção dos direitos subjectivos, deve ter uma função complementar da dos recursos de tipo subjectivo, a fim de assegurar um mais eficaz controlo da actividade administrativa. Isto, porque, como diz KREBBS, «a amplitude limitada do controlo da protecção jurídica subjectiva não pode (...) satisfazer todas as necessidades de controlo satisfeitas por um controlo jurídico objectivo e, nessa medida, remete para a necessidade de complementação através de outros controlos estaduais» ([59]).

Se um entendimento do recurso de anulação, adequado ao moderno Estado de direito, deve possuir um carácter, fundamen-

---

([59]) KREBBS, *Subjektiver...*, cit., pág. 194.

talmente, subjectivo, isso não quer dizer que ele não possa admitir, também, um certo grau de controlo objectivo complementar. Uma opção por um sistema de tipo subjectivo não implica «a exclusividade de um modelo de protecção jurídica subjectiva, quer dizer, no sentido de um *sistema puro*, mas impõe a sua consagração na jurisdição administrativa, limitada, embora, (...) por funções de um controlo jurídico objectivo» (KREBBS) ([60]).

Do ponto de vista constitucional, o particular, a quem é atribuído um direito ao recurso contencioso para a defesa dos seus direitos substantivos, não pode deixar de desempenhar nesse recurso um papel de parte, quer em termos substantivos, quer em termos processuais, mas isso não quer dizer que, ao lado desse recurso de anulação concebido em termos subjectivos, não existam, igualmente, outras formas complementares de fiscalização da actuação administrativa. Aliás, a fórmula encontrada pelo legislador português, para completar a tutela subjectiva garantida pelo recurso de anulação, com uma tutela de tipo objectivo assegurada pelo mesmo recurso de anulação, parece adequada a um sistema contencioso que é fundamentalmente subjectivo. Com efeito, essa tutela objectiva complementar é, no nosso sistema jurídico, assegurada pela actuação do Ministério Público, o qual, mesmo não sendo uma parte em sentido material, exerce todos os poderes processuais a ela inerentes, constituindo uma parte em sentido formal.

Assim, no direito português, o recurso de anulação é concebido como uma instituição de protecção jurídica fundamentalmente subjectiva, porque assente no impulso e delimitação do objecto do processo pelos particulares, a fim de assegurarem a defesa dos seus direitos; mas ele desempenha, também, complementarmente, uma certa função objectiva, de forma directa,

---

([60]) KREBBS, *Subjektiver...*, cit., pág. 197.

sempre que o Ministério Público assume uma posição processual de parte e interpõe um recurso contencioso.

Pode-se dizer, como KREBBS, que a opção, nos dias de hoje, já não é um dilema entre «protecção jurídica subjectiva *ou* controlo jurídico objectivo, mas, antes, protecção jurídica subjectiva *e* controlo jurídico objectivo e conduz ao problema de saber qual o grau de controlo jurídico objectivo que deve prestar e pode prestar um controlo jurisdicional da Administração orientado para a protecção subjectiva» ([61]). Problema que o contencioso administrativo português parece ter resolvido da melhor maneira, ao enxertar um controlo de tipo objectivo no recurso de anulação que, normalmente, tem uma função subjectiva.

Posição completamente diferente é a desempenhada pelo Ministério Público quando não intervém como uma parte processual, limitando-se a auxiliar quer o tribunal, quer as partes. Nestes casos, o recurso, que resulta da iniciativa dos particulares e cujo objecto foi por eles delimitado, continua a desempenhar uma função subjectiva de defesa dos direitos dos indivíduos, mesmo quando o Ministério Público nele intervenha. A actuação do Ministério Público é, então, a de um auxiliar das partes ou do tribunal, em termos que não se diferenciam muito dos verificados noutros processos jurisdicionais.

Um dos poderes do Ministério Público, conforme resulta do art. 27.º, alínea *d*), da L.P., é o de «arguir vícios não invocados pelo recorrente». Poderia parecer, à primeira vista, que esta disposição legal permitiria que o Ministério Público se substituísse ao demandante, carreando factos para o processo, deixando o objecto do recurso de anulação de ficar na inteira disponibilidade dos particulares. Não é isso, porém, o que esse preceito determina. Ele refere-se, apenas, à possibilidade de o Ministério

---

([61]) KREBBS, *Subjektiver...*, c't., pág. 191.

Público qualificar de modo diferente os factos apresentados pelos particulares e que constituem o objecto do processo.

Conforme anteriormente se viu, uma coisa é a formulação do pedido e da causa de pedir, outra a sua qualificação, ou seja, a correcta identificação das formas de invalidade ou a arguição dos vícios do acto administrativo. O que o Ministério Público pode fazer, auxiliando o tribunal e as partes, é qualificar diferentemente os vícios ou as fontes de invalidade do acto administrativo suscitados pelas partes, desde que essa nova qualificação seja compatível com os factos e as pretensões trazidas a juízo.

A actuação do Ministério Público, assim, não acrescenta em nada o objecto do processo, que está exclusivamente na disponibilidade do particular (v. arts. 36.º, n.º 1, *d*), e *e*) da L.P.), limitando-se apenas a, numa posição coadjuvante do tribunal e das partes, poder qualificar diferentemente os factos trazidos a juízo pelo demandante (v. arts. 27.º, *d*), e art. 57.º, *b*), da L.P.). Esta intervenção não tem nada de objectivo e não pode alterar a estrutura *relacional* do objecto do processo, tal como resulta das pretensões do particular.

Nem mesmo quando o particular desiste do recurso contencioso e o Ministério Público toma a sua posição, a função e a natureza subjectivas do recurso de anulação se alteram. Ao ocupar a posição do particular desistente, o Ministério Público não pode dispor autonomamente do objecto do processo, antes vai ocupar a exacta anterior posição do particular (v. art. 27.º, *e*), da L.P.). A posição que o Ministério Público vai ocupar não é a que corresponde a uma legalidade fiscalizada em abstracto, mas continua a estar relacionada com a defesa daquele direito subjectivo que levara o particular a interpor o recurso contencioso. Não é uma posição material de parte, mas uma posição subordinada à definição do objecto do processo feita pela parte anterior.

Mesmo neste caso, segundo creio, não só a estrutura, mas também a função do processo contencioso de anulação continuam a ser subjectivas. A razão que leva o Ministério Público a intervir não deve ser, apenas, a defesa da legalidade, mas, sobretudo, a protecção daquele particular, cuja posição jurídica substantiva é irrenunciável. O indivíduo encontra-se, aqui, numa posição de titularidade de um direito irrenunciável, pelo que a ordem jurídica previu que o Ministério Público, em caso de desistência do particular, ocupasse a sua posição e assegurasse a tutela do seu direito.

Esta situação, em que o Ministério Público aparece como defensor de uma das partes, «lembra as situações em que o Ministério Público actua, por exemplo, em matéria de Direito da Família, justamente porque a consideração dos interesses públicos leva a esta relativa indisponibilidade» (MACHETE) [62]. Trata-se, segundo creio, de uma indisponibilidade do próprio direito substantivo do cidadão face ao poder público e que, como tal, deve estar reservada para os casos de violação de direitos subjectivos particularmente importantes dos particulares (*v. g.* a violação de direitos fundamentais), e não de uma simples indisponibilidade processual justificável por uma pretensa natureza objectiva do recurso de anulação.

Só entendendo esta intervenção do Ministério Público no recurso de anulação como determinada pela protecção dos direitos subjectivos dos cidadãos, e não pela defesa do interesse público, se consegue justificar que a posição que o Ministério Público vai ocupar no processo seja decalcada da anteriormente ocupada pelo particular e que ele não tenha nenhuma possibilidade de alterar o objecto do processo, que continuará a estar delimitado em função das circunstâncias jurídicas subjectivas do demandante.

Em síntese, pode-se dizer que o recurso de anulação tem por objecto um direito subjectivo lesado invocado pelo particular, quando interposto por um qualquer cidadão e que, diferente-

---

[62] MACHETE, *Estatuto...*, cit., pág. 108.

mente, tem por objecto as questões referentes à validade ou invalidade de um acto administrativo suscitadas pelo Ministério Público, sempre que este assume a posição de uma parte processual, interpondo um recurso de anulação. Igualmente, a função do recurso de anulação será diferente num caso e no outro, respectivamente, a protecção jurídica individual e a defesa da legalidade e do interesse público.

CAPÍTULO V

A SENTENÇA

1. **O conteúdo das sentenças no recurso directo de anulação.**
    1.1. O conteúdo complexo das sentenças do contencioso administrativo. Os efeitos: anulatório, repristinatório e conformativo.
    1.2. Análise de dois casos particulares: as sentenças de declaração de nulidade ou inexistência de um acto administrativo e as sentenças de anulação de actos tácitos negativos.
    1.3. As modalidades de sentenças do recurso directo de anulação: sentenças condenatórias, constitutivas e de simples apreciação.
2. **O caso julgado.**
    2.1. Limites materiais do caso julgado.
    2.2. Limites subjectivos do caso julgado.
3. **A execução das sentenças.**

A SENTENÇA

1. O conteúdo das sentenças no recurso directo de anulação.

1.1. *O conteúdo complexo das sentenças do contencioso administrativo. Os efeitos: anulatório,* repristinatório e conformativo.*

É costume distinguir três modalidades de sentenças, «de acordo com o objectivo prosseguido pelo pedido» (ULE) [1]: as sentenças condenatórias, as sentenças de simples apreciação e as sentenças constitutivas.

Sentença de condenação é aquela que «declara o direito do demandante contra o demandado e condena-o a uma prestação a favor do demandante», ao mesmo tempo que constitui «um título executivo» (JAUERNING) [2]. No mesmo sentido, MANDRIOLI define a sentença de condenação como um «acto judiciário que ao decidir um direito, não decide apenas a ulterior exigência de tutela mediante execução forçada, decidindo, também, os pressupostos da concreta exigibilidade daquele direito» [3].

---

[1] ULE, *Verwaltungsprozessrecht,* cit., pág. 278.
[2] JAUERNING, *Zivilprozessrecht,* cit., pág. 167.
[3] CRISANTO MANDRIOLI, *Sulla Correlazione Necessaria tra Condanna ed Eseguibilità Forzata, in* «Riv. Trim. Dir. e Proc. Civile», 1976, n.º 4, Dezembro, pág. 1344.

Comum a estas duas definições de sentença de condenação é a ligação do efeito declarativo do acto jurisdicional com o seu efeito executivo. No dizer de DENTI, «o ponto central do ensinamento clássico na matéria é a afirmação que a condenação seria caracterizada por um *plus*, relativamente ao *accertamento*, representado pela sua idoneidade a constituir título para a execução forçada» ([4]).

Nos nossos dias, contudo, tem-se assistido a uma polémica, sobretudo, na doutrina italiana, quanto a saber se o efeito executório constitui o efeito principal da sentença ou «um efeito *secundário*, determinado pela lei não para a declaração da obrigação de prestação, mas para a exigibilidade *lato sensu* da própria prestação, que é estranha à normatividade do acto, ou seja, à estatuição dos efeitos próprios da sentença» (DENTI) ([5]).

Esta polémica ocorreu a propósito das sentenças de condenação da entidade empregadora à reintegração do trabalhador despedido no seu posto de trabalho, que vieram mostrar a possibilidade da existência de sentenças que não constituem um título executivo, nos termos normalmente admitidos no processo civil, e que apelam para uma noção mais ampla de execução das sentenças condenatórias. Isto, quer se considere que tal situação é o afloramento de uma regra geral de superação da tipicidade das formas de tutela executiva (PISANI, DENTI) ([6]) ou, pelo contrário, é o «único e solitário exemplo (...) da superação da tipicidade das formas de tutela executiva» (MANDRIOLI) ([7]).

([4]) VITTORIO DENTI, «*Flashes*» *su Accertamento e Condanna*, in «Riv. di Diritto Processuale», 1985, n.º 2, Abril-Junho, pág. 255.

([5]) DENTI, «*Flashes*»..., cit., pág. 264.

([6]) PISANI, *L'Effetività dei Mezzi di Tutela Giurisdizionale con Particolare Riferimento all'Attuazione della Sentença di Condanna*, in «Riv. di Dir. Processuale», 1975, págs. 620 e segs., e *Appunti sulla Tutela di Condanna*, in «Riv. Trim. Dir. e Proced. Civile», 1978, págs. 1104 e segs.; DENTI, «*Flashes*»..., cit., págs. 255 e segs.

([7]) MANDRIOLI, *Sulla*..., cit., pág. 1347. V., tb., GIROLAMO MONTE-

Independentemente da análise, que não cabe aqui fazer, dos argumentos apresentados pelas duas tendências referidas, o que importa reter é que todos se mostram de acordo quanto à necessidade de reconsideração do problema das relações entre o processo declarativo e o executivo que, no caso das sentenças de reintegração do trabalhador no seu posto de trabalho, deixaram de ser automáticas. Problema que se começa, também, a colocar na jurisprudência portuguesa, a propósito das mesmas sentenças de condenação, apesar da existência de uma legislação laboral mais favorável ao trabalhador [8].

As sentenças de simples apreciação procedem a uma verificação, a um *accertamento* de uma determinada realidade. Através das acções de simples apreciação «não pretende o autor nenhuma condenação a uma prestação, mas apenas a declaração de uma consequência jurídica, a declaração da existência (ou não existência) de um direito ou relação jurídica» (JAUERNING) [9].

As sentenças constitutivas originam «uma alteração e uma criação de uma situação jurídica» (JAUERNING) [10]. Nestas sentenças, o efeito jurídico pretendido pelas partes no momento da interposição da acção resulta, imediatamente, da própria decisão jurisdicional. Assim, consequência destas decisões «é a eficácia imediata (de alterações da esfera jurídica de alguém) da sentença proferida nas acções constitutivas que forem julgadas procedentes» (VARELA) [11]. Acrescente-se, ainda, que «o efeito constitutivo da sentença é, em regra, puramente negativo: a relação jurídica será resolvida ou extinta. O tribunal não tem, portanto, o

---

LEONE, *Recenti Sviluppi nella Dotrina dell'Esecuzione Forzata*, in «Riv. di. Dir. Processuale», 1982, n.º 2, Abril-Junho, págs. 281 e segs.

[8] V. Acórdão do S.T.J., de 22/10/1984, in *Boletim do Ministério da Justiça*, n.º 341.
[9] JAUERNING, *Zivilprozessrecht*, cit., pág. 107.
[10] JAUERNING, *Zivilprozessrecht*, cit., pág. 108.
[11] VARELA/BEZERRA/NORA, *Manual...*, cit., pág. 682.

poder de colocar uma nova regulamentação positiva no lugar da anterior» (JAUERNING) ([12]).

Característico destas sentenças constitutivas é que elas não necessitam «de nenhuma execução. Através da sua força de caso julgado formal realiza-se o efeito constitutivo (...), sem que seja necessária qualquer medida coactiva» (JAUERNING) ([13]). Esta impossibilidade de execução não resulta de nenhuma razão de ordem prática, mas é de ordem lógica, uma vez que o efeito jurídico pretendido pelas partes decorre exclusivamente da sentença, sem que seja necessário obter da parte vencida qualquer forma de execução, seja voluntária, seja coactiva.

O que pode acontecer é que, como resultado da alteração produzida pelas sentenças constitutivas, nasçam para as partes outros direitos (*v. g.* o direito de indemnização dos sócios pela extinção da sociedade). Neste caso, «se tais pretensões não forem voluntariamente cumpridas, então, é necessária a sua declaração e imposição através do meio normal da acção de condenação; trata-se, no entanto, de uma mera consequência da situação jurídica criada através da sentença» (JAUERNING) ([14]). Estes direitos (quando existam) não resultam da sentença constitutiva, mas do estado de coisas criado por essa sentença, pelo que a sua realização jurisdicional necessita de um autónomo processo declarativo, a fim da sua possível, se necessária, execução coactiva.

O recurso directo de anulação foi concebido, tradicionalmente, como um processo de impugnação de um acto administrativo, pelo que a decisão jurisdicional a que dá lugar foi entendida como uma sentença constitutiva ou de anulação. Como diz JÈZE, «no recurso por excesso de poder, o Conselho de Estado é chamado a constatar, com força de verdade legal, se a manifes-

---

([12]) JAUERNING, *Zivilprozessrecht*, cit., pág. 109.
([13]) JAUERNING, *Zivilprozessrecht*, cit., pág. 109.
([14]) JAUERNING, *Zivilprozessrecht*, cit., pág. 110.

tação unilateral de vontade de um agente da Administração activa se produziu legalmente. Se constata uma irregularidade, o Conselho de Estado não pratica senão um único acto complementar, ele anula o acto sem se preocupar com as outras consequências da sua constatação» ([15]).

Esta limitação dos poderes do juiz à anulação de um acto era, segundo a doutrina tradicional, uma característica essencial do recurso directo de anulação, que assim se distinguia do recurso de plena jurisdição. Os dois tipos de recurso diferenciavam-se, pois, enquanto «o recurso de plena jurisdição tende para a condenação de uma pessoa, automaticamente ré; o recurso por excesso de poder não tende à condenação de alguém, mas sim para a anulação de qualquer coisa, não tem, pois, em princípio, réu; processo entre partes, diz-se de um; processo contra o acto, diz-se do outro» (RIVERO) ([16]).

Mais do que uma limitação dos seus poderes, a anulação do acto pelo juiz, no recurso directo de anulação, era uma característica estrutural deste tipo de processo. Como diz CHAPUS, «esta *limitação* dos poderes do juiz não é arbitrária; ela não é a manifestação lamentável de uma justiça que se ficava pelo caminho. É à decisão que o processo era feito: em consequência da sua anulação, se ela é ilegal, desaparece (e com efeito retroactivo: ela é considerada como nunca tendo sido tomada), é de forma plena que a justiça foi feita» ([17]).

«Toda a anulação, mas não mais do que a anulação» (WEIL) ([18]), constitui o princípio básico do contencioso administrativo por natureza, o qual, nos primeiros tempos, é justificado pela ideia da separação de poderes entre a Administração e a

---

([15]) GASTON JÈZE, *L'Acte Juridictionnel et la Classification des Recours Contentieux*, in «Revue de Droit Public», 1906, pág. 691.
([16]) RIVERO, *Direito...*, cit., pág. 244.
([17]) CHAPUS, *Droit du...*, cit., pág. 70.
([18]) WEIL, *Les Conséquences...*, cit., pág. 6.

Justiça. O tribunal não pode dar ordens ou condenar a Administração, dizia-se, porque a sua função consiste não em administrar, mas em julgar a Administração; dar ordens à Administração significaria que o juiz se estava a imiscuir na actividade administrativa.

Colocava-se, porém, o problema de garantir um sentido prospectivo útil às sentenças de anulação, impedindo a Administração de refazer o acto anulado. Isto, porque o argumento da separação de poderes entre a Administração e a Justiça, levado até às suas últimas consequências, poderia conduzir à emissão de sentenças meramente platónicas pelo tribunal. Ele levaria a que se dissesse, como LAFERRIÈRE, que «se o acórdão da sentença de anulação faz moralmente obstáculo, a que a decisão seja tomada de novo nas mesmas condições e com os mesmos vícios, não se trata de um obstáculo jurídico. A anulação por excesso de poder não pode ter por objecto senão o acto existente e não paralisar para o futuro a liberdade da Administração» [19].

Condicionada à ideia de que o contencioso administrativo era de mera anulação, mas pretendendo, ao mesmo tempo, garantir a protecção dos cidadãos através de sentenças eficazes relativamente à Administração, a jurisprudência e a doutrina vão apresentar uma construção teórica que, apesar da redução ao mínimo dos efeitos principais da sentença, possa, pela via dos seus efeitos laterais, influenciar a actividade administrativa. Como disse anteriormente, «limitado o conteúdo das sentenças administrativas à anulação de um acto, necessário se tornava *pôr fora* dele, enquanto efeito decorrente da sentença (efeito acessório ou lateral), a ordem dirigida à Administração e impedindo-a de refazer o acto anulado, bem como o dever que lhe incumbe de executar a sentença» [20].

---

[19] LAFERRIÈRE, cit. in WEIL, *Les Conséquences...*, cit., pág. 55.
[20] VASCO P. SILVA, *O Recurso...*, cit., pág. 18.

A construção teórica de uma sentença de conteúdo relativamente limitado, mas capaz de produzir efeitos mais amplos, vai jogar mão das figuras do caso julgado e da execução das sentenças, que vão ser entendidas como um sucedâneo do seu conteúdo.

Do efeito de caso julgado da sentença pretende-se retirar uma eficácia condicionante da actividade futura da Administração, impedindo-a de refazer o acto anulado (salvo quando se verifique a correcção de uma ilegalidade formal do primitivo acto ou uma alteração da sua causa). Para tanto, se vai dar uma definição de caso julgado que é dirigida, também, relativamente à Administração. Como diz MACHETE, o caso julgado consiste na «indiscutibilidade da afirmação sobre a legalidade do acto feita na sentença administrativa, a qual é vinculativa para qualquer tribunal ou autoridade pública e para os próprios particulares que sempre a têm de aceitar como um dado imodificável» [21].

É deste caso julgado, assim configurado, que resultaria, indirectamente, um efeito inibidor da actividade administrativa futura. «Dado que a Administração, nos termos do princípio da legalidade, não pode praticar actos ilegais e que a sentença definiu, com força de caso julgado, a ilegalidade de um acto, anulando-o — dessa sentença resulta para a Administração a proibição de praticar um novo acto inquinado pelos mesmos vícios» [22].

Ao mesmo tempo que a teorização da execução das sentenças levava ao aperfeiçoamento do dever, que a Administração tinha, de repor o particular na situação em que se encontrava antes da prática do acto ilegal e que, de acordo com as formulações mais recentes, obrigava à reconstituição da situação hipotética em que

---

[21] MACHETE, *Caso Julgado...*, cit., pág. 270.
[22] VASCO P. SILVA, *O Recurso...*, cit., pág. 38.

o particular se encontraria não fôra a prática do acto lesado (F. DO AMARAL) ([23]). Dever que era considerado em abstracto, falando-se, eufemisticamente, no «conteúdo do dever de executar», em vez do conteúdo da sentença, como se o dever de executar uma sentença não fosse o dever de cumprir tudo aquilo que nela é determinado.

Uma tal construção, embora formalmente anulatória, estava já bastante afastada do modelo a que dizia ser fiel. Daí, que WEIL fosse levado a considerar que, nas sentenças de anulação, «a ordem está contida na anulação como a gema no ovo», pelo que «a questão põe-se, portanto, em saber em que consiste exactamente a diferença entre anulação e injunção. Ora, parece-nos que se, teoricamente, as duas noções são claramente distintas, o seu resultado prático é o mesmo». Em virtude do monopólio da força pública que cabe à Administração, «é preciso reconhecer que a ordem não teria mais eficácia do que a anulação pura e simples» (WEIL) ([25]).

Deste modo, entende WEIL que a razão pela qual os tribunais administrativos se recusam a dar ordens à Administração e persistem em falar numa anulação aparente, deve-se apenas a uma «política jurisprudencial de prudência» ([25]). Opinião que é, também, partilhada por CHAPUS, quando se interroga se «a possibilidade de pronunciar injunções não seria perigosa? E, não o sendo, não seria inútil?» ([26]).

A realidade do contencioso administrativo encontrava-se, portanto, muito distante da pureza teórica das sentenças de anulação. A sentença era, ainda, formalmente de anulação, mas os seus efeitos relativamente às partes não se esgotavam no efeito

---

([23]) F. DO AMARAL, *A Execução das Sentenças dos Tribunais Administrativos*, Ática, Lisboa, 1967, mx. pág. 56.
([24]) WEIL, *Les Conséquences...*, cit., págs. 58 a 65.
([25]) WEIL, *Les Conséquences...*, cit., pág. 61.
([26]) CHAPUS, *Droit du...*, cit., pág. 398.

demolitório. Ao lado do efeito de anulação do acto, a sentença produzia, também, outros efeitos relativamente às partes, como o de proibir a Administração de refazer o acto e o de a obrigar a uma actuação de restabelecimento da situação jurídica do particular lesado pelo acto anulado.

A própria figura da execução das sentenças, se referida a uma *pura* sentença de anulação seria, como vimos, de rejeitar, uma vez que nesta modalidade de sentenças os efeitos jurídicos pretendidos pelas partes decorrem directamente da própria decisão do juiz. A insistência com que, no domínio administrativo, se fala no «problema da execução das sentenças» é bem reveladora de que, por detrás da anulação, se encontra algo mais.

E de facto, o que se pretende com a sentença do contencioso administrativo não é a *abstracta* anulação de um acto administrativo, mas a *concreta* protecção da posição jurídica subjectiva do particular face à Administração. Daí, que se tenha a necessidade de falar do dever da Administração reconstruir a situação hipotética em que o particular se encontraria antes da prática do acto anulado, uma vez que a sentença não tem que ver com um auto-controlo introspectivo por parte da Administração, mas com a tutela de uma situação jurídica de um particular lesado por uma conduta administrativa.

Em muitos casos, por detrás da aparência de uma anulação, o que se verificava «era uma condenação *envergonhada, escondida* atrás da sentença por efeito da lei, porque, de acordo com os pressupostos da doutrina objectivista, a Administração não podia ser considerada como parte e estava no processo, dizia-se, numa posição similar à do juiz. Pretendia-se fingir que a Administração não estava a ser julgada por aquele acto, que não era, verdadeiramente, *seu*. Como se de um *acto sem autor* se tratasse, o tribunal, bem educado, evitava referir-se à Administração, limitando-se a considerar em abstracto a sua ilegalidade e a Administração, tão abstractamente como o tribunal, cumpria o que fôra determinado na sentença que tinha anulado um acto ilegal, praticado vá-se lá saber por quem» ([27]).

A concepção clássica das sentenças do contencioso administrativo assentava numa contradição de base: «o desfasamento entre a natureza (constitutiva) da sentença e do processo em geral, por um lado, e a eficácia da própria sentença, por outro» (NIGRO) ([28]). Uma adequação da teoria à realidade, pelo contrário, deve procurar adequar o conteúdo da sentença aos efeitos jurídicos por ela produzidos, deve procurar integrar na própria sentença aqueles efeitos principais que, até agora, têm sido considerados *acidentais*.

Um entendimento, adequado aos factos, da sentença administrativa decorre da ultrapassagem dos pressupostos teóricos da concepção clássica do recurso contencioso: o tribunal administrativo é um verdadeiro tribunal, com todos os poderes inerentes, e não um órgão administrativo superior com poderes cassatórios; o contencioso de anulação é um processo de partes em que o particular e a Administração defendem posições substantivas distintas; o objecto do processo não é a legalidade ou ilegalidade de um acto, mas o direito subjectivo afirmado pelo indivíduo que foi lesado por uma conduta administrativa ilegal. Por tudo isto, «o processo administrativo é (não podia deixar de ser) qualquer coisa mais do que um processo a um acto e começam a desenvolver-se as tentativas para abrir este esquema, procurando sanar a contradição agora verificada, no sentido de valorizar cada vez mais a eficácia ultra-constitutiva da sentença e de adaptar a esta os outros aspectos do processo (e não vice-versa)» (NIGRO) ([29]).

É necessário refazer a noção do conteúdo das sentenças do contencioso administrativo por natureza, englobando nela os

---

([27]) VASCO P. SILVA, *O Recurso...*, cit., pág. 33.
([28]) NIGRO, *Givstizia...*, cit., pág. 305.
([29]) NIGRO, *Giustizia...*, cit., pág. 306.

seus efeitos ulteriores, que não se esgotam na anulação do acto. Como diz ANDREANI, «a fórmula conclusiva da sentença não constitui o verdadeiro conteúdo da decisão, mas é uma figura de estilo, da qual é necessário partir para a definição do conteúdo decisório da sentença» ([30]). De facto, «se o conteúdo principal da sentença administrativa permanece a anulação, ao lado dela adquirem relevância, quer um momento de *accertamento*, quer um momento ordenatório, respeitante tanto à repristinação necessária, como à futura actividade de exercício do poder administrativo» (NIGRO) ([31]).

Assim, a sentença de anulação apresenta «um conteúdo bastante complexo» (VERDE) ([32]), que corresponde a três principais efeitos relativamente às partes:

1 — O efeito anulatório da sentença que considera procedentes as alegaçoes do demandante e que a doutrina tradicional considerava ser o único efeito da decisão jurisdicional. Não creio que se justifique falar de um efeito confirmativo da sentença que denegue o pedido do particular, uma vez que, como se verá, uma tal sentença só produz efeitos nos limites do pedido e da causa de pedir alegados e, apenas, relativamente a quem os alegou.

2 — O efeito repristinatório, que decorre da sentença de anulação fazer retroagir os seus efeitos ao momento em que o acto foi praticado, afastando-o da ordem jurídica. O efeito repristinatório resulta de a sentença

---

([30]) ANDREANI, *Dispositivo e Contenuto Decisorio della Sentenza Amministrativa*, in «Riv. di Diritto Processuale», 1983, n.º 3, Julho-Setembro, pág. 475.

([31]) NIGRO, *Giustizia...*, pág. 312.

([32]) GIOVANNI VERDE, *Osservazione sul Giudizio di Ottemperanza alle Sentenze dei Giudici Amministrativi*, in «Riv. di Diritto Processuale», 1980, pág. 651.

reconhecer um direito subjectivo do cidadão, ao anular o acto administrativo ilegal que o lesou. Com o reconhecimento deste efeito repristinatório fica superado o modelo típico das sentenças constitutivas, embora o elemento ordenatório possa ser mais ou menos intenso, aproximando-se, nuns casos, mais das sentenças de condenação e, noutros, mais das sentenças de anulação em sentido estrito ou ficando a meio-caminho entre ambas. Assim, directamente da sentença decorre, para a parte vencida, um efeito ordenatório que a obriga à satisfação do direito subjectivo do particular que fôra lesado com a actuação ilegal, ou seja, à reconstituição da situação hipotética em que o particular se encontraria não fôra a prática do acto ilegal.

3 — O efeito conformativo, que consiste na proibição à Administração de refazer aquele acto administrativo ilegal. A sentença vai debruçar-se sobre aquele comportamento da Administração, nos termos das pretensões alegadas pelos particulares, apreciando a sua legalidade. A anulação do acto pelo tribunal resulta da apreciação pelo juiz de que aquele acto não poderia ter sido praticado daquela maneira, pelo que não pode a Administração, posteriormente, proceder à sua renovação. A sentença de anulação «comporta para a Administração o vínculo de não reproduzir o acto com os mesmos vícios individualizados e condenados pelo juiz administrativo (NIGRO) [33]. Vínculo este que pode ser mais ou menos intenso, consoante a natureza do concreto poder administrativo exercido pela Administração.

---

[33] NIGRO, *Giustizia...*, cit., pág. 305.

Olhando, um pouco mais de perto, este último efeito das sentenças de anulação, creio que é possível distinguir quatro tipos de efeitos conformativos, quanto à sua intensidade:

1 — Se o acto administrativo anulado corresponde ao exercício de um poder vinculado quanto à oportunidade e modo de exercício, o efeito conformativo da sentença implica a impossibilidade da Administração reproduzir aquele comportamento e a sua condenação à prática de um novo acto, nos termos das vinculações legais apreciadas pela sentença.

2 — Se o acto anulado corresponde ao exercício de um poder vinculado quanto à oportunidade, mas discricionário no que respeita ao seu conteúdo material, a Administração fica, por força da sentença, obrigada a praticar um acto administrativo, embora, gozando de discricionaridade quanto à determinação do conteúdo do mesmo.

3 — Se o poder é discricionário quanto à oportunidade e quanto ao conteúdo, tendo sido anulado um acto administrativo por contrariedade ao fim legal, fica a Administração proíbida, por força da sentença, de refazer o acto de acordo com os mesmos motivos.

4 — Se o poder é discricionário quanto à oportunidade e quanto ao conteúdo, tendo o acto administrativo sido anulado por motivos formais, pode a Administração praticar um acto de igual conteúdo, mas não pode, por força da sentença, repetir a ilegalidade formal de que enfermava o primeiro acto.

Mas, dir-se-á, que todos esses efeitos decorrem não da sentença mas da lei. Que assim o não é, prova-o o mecanismo de execução das sentenças. Se a Administração desrespeitar o conteúdo ordenatório da sentença, *v. g.*, não praticando os actos e operações necessárias à reconstituição da situação hipotética do particular, pode o indivíduo pôr em movimento o processo de execução das sentenças (regulado no DL n.º 256-A/77), sem ter de recorrer a um outro processo para obter a anulação dessa omissão ilegal. É por efeito da sentença, e não apenas da lei, que a Administração se encontra obrigada a uma determinada conduta, explicando-se, assim, que o indivíduo não precise de impugnar autonomamente essas condutas lesivas, bastando-lhe, unicamente, invocar o incumprimento da sentença anterior.

Se o dever de reconstituir a situação do particular resultasse da lei e não directamente da sentença de anulação, para poder reagir contra a sua inexecução teria o particular de procurar obter a formação de um acto tácito, a fim de poder recorrer dessa conduta omissiva. Como o particular pode exigir a imediata datisfação do seu direito, invocando o cumprimento da sentença que o reconheceu, então, é porque a conduta devida da Administração é um efeito da sentença e não da lei. O mecanismo, estabelecido no D.L. n.º 256-A/77, não é um processo de execução da lei, mas um processo de execução das sentenças, aquilo que nesse processo se visa garantir é o efectivo cumprimento de tudo aquilo que foi determinado por uma decisão jurisdicional desrespeitada.

Nem se diga, também, que as pretensões dos particulares nasceram da alteração produzida pela sentença de anulação e não, directamente, desta última. Mais uma vez, a prova de que se trata de efeitos directos da sentença resulta da sua exigibilidade, através do processo de execução das sentenças. Foi a sentença de anulação que, a partir das alegações das partes, apreciou o modo como o poder administrativo tinha sido exercido naquele caso concreto, reconhecendo o direito do particular e condicionando o futuro exercício do poder administrativo.

Nem se diga, por último, que esses efeitos decorrem do *conteúdo do dever de executar*. O reconhecimento de um dever de executar pressupõe a existência de *algo* que deve ser executado e, esse *algo*, só pode ser a sentença de anulação. O dever, de executar não tem um conteúdo abstracto, definido por lei, mas o conteúdo concreto que resulta da sentença que reconheceu um direito do particular. O dever de executar refere-se, necessariamente, a uma sentença e não à lei, embora, obviamente, esteja legalmente consagrado.

Ao autonomizar-se a existência de um processo de execução das sentenças, está-se forçosamente a admitir que, em primeiro lugar, os efeitos da sentença não se esgotam com a anulação e, em segundo lugar, que os efeitos de conformação da actividade da Administração são um resultado directo dessa sentença. Isto, porque a garantia da sentença «encontra lugar não no exterior do processo administrativo, isto é, em sucessivos processos de legalidade em que se discutisse da violação, por parte da Administração, da obrigação de repristinar a situação precedente ou de observar o vínculo imposto pela sentença no seu efeito sucessivo, mas no próprio interior do processo, numa ulterior fase deste, que é o processo de execução das sentenças (*giudizio di ottemperanza*)» (NIGRO) [34].

Contrariamente ao que ainda hoje acontece em França, onde a garantia de cumprimento da sentença, em tudo o que vá além do efeito cassatório, é uma garantia externa, pois a ilegalidade do incumprimento da sentença só pode ser apreciada num processo autónomo; nos países em que (como na Alemanha, em Itália ou em Portugal) existe um processo de execução das sentenças para obstar ao incumprimento das decisões jurisdicionais, encontramo-nos perante uma garantia *interna*, em que o incumprimento do determinado na sentença é entendido como uma violação dessa decisão e não da lei.

---

[34] NIGRO, *Giustizia*..., cit., pág. 305.

E, se são de afastar os exageros de NIGRO que, duma perspectiva objectivista, pretende alargar os efeitos conformatórios da sentença não apenas em relação àquele caso concreto, mas também relativamente a todos os casos similares, considerando «que o juiz estabelece qual é o concreto modo de exercício do poder e fixa, portanto, a regra a que a Administração se deve ater na sua vida futura» (NIGRO) [35]; o que é inegável é que o tribunal, ao analisar aquele caso concreto, para além de anular o acto, vai reconhecer um direito subjectivo do particular, e dessa forma, condicionar a actividade futura da Administração no que respeita ao seu relacionamento com esse mesmo indivíduo.

1.2. *Análise de dois casos particulares: as sentenças de declaração de nulidade e de inexistência de um acto administrativo e as sentenças de anulação de actos tácitos negativos.*

Para entender, convenientemente, o conteúdo das sentenças de *anulação* no contencioso administrativo, torna-se necessário proceder à análise de dois casos particulares de sentenças: as sentenças de declaração de nulidade ou de inexistência de um acto administrativo e as sentenças de anulação de actos tácitos.

Conforme se viu, sentenças constitutivas são aquelas que, pela sua própria existência, determinam uma alteração da situação jurídica das partes, enquanto que as sentenças de simples apreciação são aquelas que se limitam a constatar a existência ou inexistência de um facto ou relação jurídica. Sendo assim, uma sentença de *anulação* de um acto nulo ou inexistente que, por definição, nunca produziu qualquer efeito jurídico, não é uma modalidade de sentença constitutiva, mas é uma sentença de simples apreciação.

---

[35] NIGRO, *Giustizia...*, cit., pág. 392.

Isto tem como consequência que, no recurso administrativo, não existem apenas sentenças de carácter anulatório, mas que podem existir, também, sentenças de simples apreciação, quando o juiz dê provimento ao pedido do particular de declaração de nulidade ou de inexistência de um acto administrativo. Conforme diz FREITAS DO AMARAL, «a sentença anulatória tem a natureza jurídica de uma sentença constitutiva; a sentença que declara a nulidade ou a inexistência tem a natureza de uma sentença meramente declarativa» [36]. O que, desde logo, implica que, ao falar de recurso de anulação, não estamos a utilizar este último termo de forma rigorosa, mas sim a usar uma denominação tradicional que pode dar origem a modalidades de sentenças que não são apenas de tipo anulatório ou constitutivo.

Mas, o recurso directo de anulação pode, igualmente, dar origem a verdadeiras e próprias sentenças de condenação não só no caso, já analisado, de *anulação* de um acto administrativo que corresponde ao exercício de um poder administrativo vinculado quanto à sua oportunidade e modo de exercício, como também nos casos das sentenças de *anulação* dos denominados actos tácitos negativos.

A possibilidade de o particular poder reagir contra atitudes omissivas ilegais da Administração é de grande importância, sobretudo, a partir do momento em que a Administração passa de Agressiva a Constitutiva, sendo chamada a desempenhar uma actividade prestadora favorável aos particulares. Houve, assim, a necessidade de se avançar com um expediente que permitisse ao particular recorrer a um tribunal, quando perante atitudes omissivas ilegais. Espelhando concepções distintas quanto ao modo de entendimento do contencioso administrativo aparecem-nos, então, nos diversos países, duas vias diferentes de reacção contra essas omissões ilegais da Administração, designadamente:

---

[36] F. DO AMARAL, *Direito...*, cit., vol. IV, pág. 220.

1 — Através da criação de sentenças condenatórias da Administração, como, na Alemanha, as *acções de cumprimento de um dever* (*Verpflichtungsklage*). Para que a Administração seja condenada a uma determinada conduta é necessário que a actuação omitida seja exigível, ou seja, que corresponda ao exercício de um poder vinculado. Como diz ULE, «verifica-se a exigibilidade no caso de poderes juridicamente vinculados, quando se produziram todas as condições legais para a emissão de um acto administrativo» [37]. Nestes casos, a omissão da Administração era ilegal e pode o tribunal condená-la à prática da conduta ilegalmente omitida.

Se o acto omitido corresponder ao exercício de um poder discricionário da Administração, então, o tribunal limita-se a apreciar essa omissão, sem poder condenar a Administração à prática de um acto. Nesses casos, «o tribunal exprime apenas o dever do réu de tomar em consideração a interpretação jurídica no tribunal na sua decisão. Uma tal sentença é, também, chamada *sentença indicativa* (*Bescheidungsurteil*) (ULE) [38].

2 — Através da criação do *acto tácito*, cuja impugnação se permite, como forma de reagir contra uma atitude omissiva ilegal, e que corresponde à solução adoptada em Portugal, Espanha, França e Itália.

Não me é, infelizmente, possível aprofundar aqui a polémica relativa à natureza jurídica do acto tácito, contudo, afi-

---

[37] ULE, *Verwaltungsprozessrecht*, cit., pág. 278.
[38] ULE, *Verwaltungsprozessrecht*, cit., pág. 278.

gura-se-me útil, agrupar a diversidade de concepções relativas a essa figura em duas tendências:

1 — Entendem certos autores que a actuação omissiva da Administração se deve configurar como uma figura de direito substantivo, pelo que ela pode ser juridicamente tratada (pelo menos, tendencialmente) como se fôra um acto administrativo. Assim, o acto tácito negativo assume uma natureza substantiva e é equiparado ao acto tácito positivo (sendo ambos considerados como duas modalidades de uma mesma figura). Isto, independentemente da diversidade de formulações encontradas, podendo o acto tácito ser configurado como: uma «conduta voluntária de um órgão da Administração» (M. CAETANO) ([39]); um acto ablativo similar aos actos ablativos expressos, uma vez «que provoca, no âmbito da relação jurídica material entre a Administração e o particular, a preclusão do exercício do poder ou a extinção da faculdade» (SÉRVULO CORREIA) ([40]), ou uma «ficção legal de acto administrativo», «porque o acto tácito é tratado como se fosse um acto para todos os efeitos e não apenas para efeito do recurso contencioso: tal acto pode ser anulado, revogado, suspenso, confirmado, alterado, etc.» (F. DO AMARAL) ([41]).

2 — Segundo outros autores, o acto tácito tem apenas como efeito a abertura do recurso contencioso, pelo que não consiste numa figura de direito substantivo, mas de direito processual. De acordo com esta orientação,

---

([39]) CAETANO, *Manual...*, cit., págs. 74 e segs.
([40]) SÉRVULO CORREIA, *Noções de Direito Administrativo*, vol. I, Danúbio, Lisboa, 1982, págs. 411 e segs..
([41]) F. DO AMARAL, *Direito...*, cit., vol. III, págs. 255 e 256.

o acto tácito negativo e o positivo têm uma natureza diferente, sendo o acto positivo uma figura de direito substantivo e o negativo uma figura de direito processual. Também aqui, se encontram modalidades diversas de entendimento do acto tácito negativo, que aparece configurado como: «um pressuposto do recurso contencioso que, em casos excepcionais, a lei permite substitua o acto administrativo, pressuposto normal do recurso contencioso» (GONÇALVES PEREIRA) [42]; um «puro facto jurídico» (MACHETE) [43]; ou uma «simples ficção legal de efeitos estritamente processuais, limitados, além do mais, a abrir a via de recurso» (ENTERRÍA) [44].

Conforme anteriormente defendi, a consideração do acto tácito como uma ficção legal de efeitos meramente processuais, parece-me ser a mais correcta [45]. Do ponto de vista teórico, evita o artificialismo de querer, à força, ver um acto administrativo onde nada existe; do ponto de vista legal, parece corresponder melhor ao regime jurídico estabelecido no D.L. n.º 256-A/77, onde não se faz menção a qualquer acto, nem a omissão da Administração é tratada como tal (vide, *v. g.*, o art. 4.º, n.º 1, do referido diploma — um acto expresso, posterior à omissão ilegal da Administração, não é considerado como um acto mera-

---

[42] GONÇALVES PEREIRA, *Erro e Ilegalidade no Acto Administrativo*, Lisboa, 1962, pág. 91.
[43] MACHETE, *O Acto Confirmativo de Acto Tácito de Indeferimento e as Garantias de Defesa Contenciosa dos Administrados*, in «Estudos de Direito Público em Honra do Professor Marcelo Caetano», Ática, Lisboa, 1973, pág. 180.
[44] ENTERRÍA/FERNÁNDEZ, *Curso...*, cit., vol. I, pág. 552.
[45] VASCO P. SILVA, *O Recurso...*, cit., págs. 39 e segs.

mente confirmativo, mas como um primeiro acto sobre aquela matéria).

Mas, independentemente da questão da sua natureza, importa, sobretudo, saber qual o conteúdo da sentença de anulação de um acto que se *finge* existir para o efeito do recurso contencioso. Segundo creio, a apreciação pelo juiz de uma omissão da Administração pode dar origem a três espécies de sentenças, designadamente:

1 — Uma sentença de condenação, quando a Administração tinha o dever legal de praticar um acto administrativo, não o tendo feito. A sentença, neste caso, reconhece o direito do particular a uma determinada actuação administrativa, condenando a Administração a praticar o *contrarius actus*.

2 — Uma sentença de simples apreciação, quando a Administração gozava de um poder discricionário na matéria a decidir, pelo que o tribunal se limita a apreciar a questão da pretensão pedida pelo particular, sem poder impor à Administração uma determinada conduta. Trata-se de uma situação similar à das chamadas *sentenças indicativas* do ordenamento alemão, uma vez que a Administração deve levar em conta a apreciação do modo de exercício do poder feita pelo juiz, sem que este último possa impor à Administração um comportamento devido.

3 — Uma sentença de rejeição do pedido do particular, negando-lhe o direito à prestação requerida.

Assim, as denominadas sentenças de anulação de actos tácitos negativos podem-se configurar ou como uma sentença de condenação ou como uma sentença de simples apreciação, consoante o carácter vinculado ou discricionário do comportamento requerido pelo particular.

Do ponto de vista do particular, a garantia resultante da possibilidade de impugnação dos actos tácitos só adquire, verdadeiramente, relevância, quando possa dar origem a uma sentença de condenação da Administração. Nestes casos, a decisão que reconhece o direito do particular a uma conduta determinada (e que é o correlativo do dever legal da Administração), tem como conteúdo a imposição à Administração da obrigação de satisfazer o interesse material do indivíduo, praticando o acto que ilegalmente omitira. Trata-se de uma verdadeira e própria sentença de condenação, uma vez que, em caso de incumprimento da conduta imposta pela decisão jurisdicional, pode o indivíduo desencadear o processo de execução das sentenças.

1.3. *As modalidades de sentenças do recurso directo de anulação: sentenças condenatórias, anulatórias e de simples apreciação.*

Em síntese, poder-se-ia dizer que, ao falar das sentenças no recurso directo de anulação, não se está apenas a falar em sentenças anulatórias, mas que, sob essa mesma designação, se encontram, também, sentenças condenatórias e de simples apreciação.

No fundo, poder-se-á dizer que se tratou de uma opção do legislador nacional que, em vez de distinguir várias modalidades de recursos, a que corresponderiam outras tantas modalidades de sentenças (à semelhança do legislador alemão que instituiu três espécies de acções), preferiu, por razões de tradição histórica, concentrar num único meio jurisdicional, o recurso directo de anulação, distintas modalidades de sentenças.

Assim, o recurso directo de anulação pode dar origem a:

1 — Sentenças de condenação.

Tal acontece nos casos em que o pedido seja, formalmente, o de anulação de um acto administrativo cuja prática corresponda ao exercício de poderes vinculados quanto à oportunidade e quanto ao modo de exercício, ou quando se recorra de uma omissão ilegal da Administração, sob a forma de um acto tácito, tendo esta a obrigação legal de praticar o acto administrativo requerido pelo particular. Em ambos os casos, por força da sentença, fica a Administração obrigada a um concreto comportamento relativamente ao particular, determinado de forma precisa.

2 — Sentenças de anulação.

Estas sentenças de anulação do contencioso administrativo diferenciam-se das congéneres sentenças constitutivas ou de anulação do processo civil, uma vez que os seus efeitos não se esgotam completamente com a emissão da sentença. Isto, porque, como vimos anteriormente, para além do efeito cassatório, decorrem ainda, directamente da sentença, um efeito repristinatório, que obriga a Administração a reparar a ofensa que cometeu relativamente ao indivíduo titular do direito subjectivo lesado e um efeito cominatório, impedindo a Administração de praticar um novo acto exactamente igual ao primeiro.

Esta espécie de sentenças de anulação, típicas do contencioso administrativo, encontram-se a meio caminho entre as sentenças de condenação e as sentenças constitutivas do processo civil. Não constituem verdadeiras e próprias sentenças de condenação, em virtude de uma certa indeterminação do conteúdo das actuação a que a Administração fica obrigada, mas distinguem-se, igualmente, das sentenças constitutivas do processo civil, uma vez que os seus efeitos se não esgotam com a emissão das sentenças.

3 — Sentenças de simples apreciação.

Verificam-se sentenças de simples apreciação no contencioso administrativo, quando as decisões jurisdicionais deferem o pedido de declaração de nulidade ou de inexistência de um acto administrativo, ou quando apreciam uma omissão administrativa sob a forma de um tácito negativo, nos casos em que a prestação requerida pelo particular à Administração cabe dentro dos seus poderes discricionários.

2. O caso julgado.

Efeito directo da sentença é, também, o efeito de caso julgado. «Diz-se que a sentença faz caso julgado quando a decisão nela contida se torna imodificável. A imodificabilidade da decisão constitui, assim, a pedra de toque do caso julgado» (VARELA) [46].

O conteúdo da sentença e o efeito do caso julgado são realidades distintas, apesar de a doutrina administrativa, por vezes, os ter confundido. Uma coisa são os efeitos directos que uma sentença produz, enquanto acto imperativo de um órgão estadual; outra coisa é a imodificabilidade dessa decisão, seja qual for o seu conteúdo. Como diz LIEBMAN, «o que deve ser claro é que o possível conteúdo da decisão (*accertamenti*, condenações, absolvições, etc.) pertencem à eficácia da sentença e não ao caso julgado, que é apenas a imodificabilidade da decisão, qualquer que seja o seu conteúdo» [47].

Uma tal distinção tem como consequência que não é possível reconduzir os efeitos conformativos e repristinatórios ao

---

[46] VARELA/BEZERRA/NORA, *Manual...*, cit., pág. 683.
[47] ENRICO TULIO LIEBMAN, *Unità del Giudicato*, in «Rivista di Diritto Processuale», 1986, n.º 2-3, Abril-Setembro, pág. 235.

caso julgado, como, por vezes, fazia a doutrina administrativa. Os efeitos repristinatórios e conformativos das sentenças de anulação integram o conteúdo da decisão jurisdicional e impõem-se pela imperatividade própria da sentença, e não pelo efeito do caso julgado, que apenas respeita à imutabilidade do conteúdo das decisões jurisdicionais.

Transitada em julgado, a sentença «torna-se, como é costume dizer, imutável, não podendo mais ser nem contestada, nem reformada, nem anulada. Deste modo, a decisão contida na sentença adquire uma nova força, única e sem exemplos comparáveis em qualquer campo do direito» (LIEBMAN) [48].

Há ainda que distinguir entre caso julgado material e formal. Como diz VARELA, «o caso julgado material tem força obrigatória dentro do processo e fora dele, impedindo que o mesmo ou outro tribunal, ou qualquer autoridade, possa definir em termos diferentes o direito concreto aplicável à relação material litigada. O caso julgado formal tem força obrigatória apenas dentro do processo, obstando a que o juiz possa, na mesma acção, alterar a decisão proferida» [49].

2.1. Limites materiais do caso julgado.

A questão dos limites materiais do caso julgado prende-se directamente com a do objecto do processo. A imodificabilidade da decisão incide sobre aquilo que foi trazido a juízo pelas partes e que o juiz apreciou através da sentença.

Como atrás se viu, objecto do processo é o direito subjectivo invocado pelo particular, quando, como é normal, o recurso

---

[48] ENRICO TULIO LIEBMAN, Unità..., cit., pág. 235.
[49] VARELA/BEZERRA/NORA, Manual..., cit., pág. 685.

é da iniciativa de um indivíduo lesado, ou as pretensões formuladas pelo Ministério Público relativamente à validade ou invalidade de um acto administrativo, quando, excepcionalmente, este assume um papel de parte em sentido formal. E é sobre este objecto do processo, apreciado pelo tribunal, que vai incidir o efeito de caso julgado. Como diz ULE, «a vinculação das partes através da sentença com força de caso julgado não vai além daquilo que na sentença foi decidido sobre o objecto do processo («identidade do objecto do processo»). Este é determinado através do conteúdo da formulação da sentença (*Urteilsformel*)» [50].

Uma vez que a causa de pedir no recurso directo de anulação nunca é, sem mais, a invalidade do acto administrativo, mas as concretas questões acerca da invalidade desse acto suscitadas pelas partes, uma sentença de rejeição do pedido apresentado pelo demandante não tem como consequência que esse acto deva ser tido por válido. Como diz FREITAS DO AMARAL, «a imutabilidade da decisão só abrange a causa de pedir invocada e conhecida pelo tribunal» [51], pelo que «daqui resulta que não é correcta a afirmação corrente de que em caso de negação de provimento ao recurso, o tribunal confirma a legalidade ou a validade do acto recorrido», limitando-se o juiz a verificar «que os fundamentos alegados no recurso não se verificam» [52].

Pelo contrário, na sentença que defere o pedido do particular e lhe reconhece um direito subjectivo que fôra lesado por uma actuação inválida, a questão da validade ou invalidade do acto faz parte do objecto do processo e deve ser abrangida pelo efeito de caso julgado. Como diz ULE, uma vez que o objecto do processo «é a afirmação do autor de que o acto administrativo é ilegal e que foi por ele lesado nos seus direitos, então,

---

[50] ULE, *Verwaltungsprozessrecht*, cit., pág. 300.
[51] F. DO AMARAL, *Direito...*, cit., vol. IV, pág. 223.
[52] F. DO AMARAL, *Direito...*, cit., vol. IV, pág. 224.

a ilegalidade do acto pertence ao objecto do litígio do processo de anulação» (53), encontrando-se, como tal, abrangida pelo efeito de imutabilidade da sentença transitada em julgado.

Um outro problema que se pode colocar, a propósito dos alcance do caso julgado, é o de saber se este incide, também, sobre as questões incidentais ou acessórias que foram trazidas a juízo em função da questão principal. A doutrina administrativista, tal como, de resto, toda a doutrina processualista, tende a considerar que os limites do caso julgado «resultam determinados (...) pelo *decisum*, isto é, pela questão principal decidida no processo (o caso julgado não se estende, por isso, ao objecto das questões prejudiciais ou incidentais)» (SANDULLI) (54).

Questão que a doutrina administrativa tem considerado ser independente desta última, é a de saber se os limites do caso julgado abrangem, também, os motivos alegados pelas partes. Enquanto que no processo civil quase se não discute a regra «de que o caso julgado não cobre os motivos (fundamentos: art. 659.º, n.º 2, C.P.C.) da sentença, cingindo-se apenas à decisão contida na sua parte final» (VARELA) (55); no contencioso administrativo verifica-se uma tendência, com bastantes adeptos, no sentido de alargar, pelo menos parcialmente, os efeitos do caso julgado aos motivos da decisão.

Em parte, este alargamento dos limites do caso julgado é explicável como uma tentativa de, mantendo a concepção tradicional de que a sentença administrativa possui apenas efeitos cassatórios, procurar explicar, através do recurso à figura do caso julgado, os efeitos repristinatórios e conformativos que não se quer considerar como integrados no conteúdo da sentença.

Assim, a jurisprudência e a doutrina francesas tendem a considerar que o caso julgado é extensível, «não apenas ao

---

(53) ULE, *Verwaltungsprozessrecht*, cit., pág. 300.
(54) SANDULLI, *Manuale...*, cit., pág. 1016.
(55) VARELA/BEZERRA/NORA, *Manual...*, cit., pág. 699.

dispositivo dos julgamentos, mas também ao dos seus motivos que, segundo a fórmula comum das jurisprudências administrativa e judiciária, «constituem o seu suporte necessário» (CHAPUS) [56]. Posição que encontra, igualmente, adeptos na doutrina italiana. No dizer de ANDREANI, «o caso julgado forma-se sobre os motivos do recurso examinados e decididos pelo juiz administrativo» [57].

Conforme atrás se viu, as sentenças possuem um conteúdo complexo, que não se limita à anulação do acto administrativo, pelo que não há necessidade de utilizar a figura do caso julgado, para explicar esses efeitos ulteriores da sentença. A solução de limitar o caso julgado apenas ao conteúdo da decisão e não aos motivos, tem o inconveniente de «não impedir a formação de decisões teoricamente incompatíveis entre si» [58], mas «trata-se da tese mais justa e mais prudente, por ser a que limita a eficácia do caso julgado aos efeitos concretos que as partes tiveram realmente em vista ao litigarem na acção. Estender a força do caso julgado a outros efeitos decorrentes dos factos apurados na acção, das situações ou relações jurídicas pressupostas na decisão, significaria ampliar a autoridade da decisão a consequências em que as partes podem não ter cogitado, ao formularem as suas pretensões ou ao organizarem a sua defesa» (VARELA) [59].

A não extensão da imutabilidade do caso julgado aos motivos da sentença tem sido, aliás, a posição que a doutrina e a jurisprudência portuguesas têm consagrado. Como diz MARCELLO CAETANO, «em qualquer hipótese o que constitui caso julgado é a decisão e não os motivos ou fundamentos dela» [60].

---

[56] CHAPUS, *Droit du...*, cit., pág. 429. Neste sentido, tb., PACTEAU, *Contentieux...*, cit., pág. 275.
[57] ANDREANI, *Dispositivo...*, cit., pág. 464. *Vide*, igualmente, SANDULLI, *Manuale...*, cit., pág. 1016.
[58] VARELA/BEZERRA/NORA, *Manual...*, cit., pág. 699.
[59] VARELA/BEZERRA/NORA, *Manual...*, cit., pág. 700.
[60] CAETANO, *Manual...*, cit., vol. II, pág. 1397, onde se podem encontrar profusas indicações de jurisprudência. Neste sentido, tb., F. DO AMARAL, *Direito...*, cit., vol. IV, pág. 223.

2.2. Limites subjectivos do caso julgado.

A questão dos limites subjectivos do caso julgado tem sido muito discutida, tanto em Portugal, como no estrangeiro. E é uma questão que, no nosso ordenamento, se pode considerar em aberto, uma vez que «a lei nada diz. A jurisprudência não se tem debruçado sobre a questão. E a doutrina encontra-se bastante dividida» (F. do Amaral) [61].

O problema do alcance subjectivo da imodificabilidade da decisão está directamente relacionado com a noção que se tem do objecto e da função do recurso contencioso. Como diz Krebbs, «conforme a um sistema de controlo jurídico objectivo é (...) uma força vinculativa da decisão que ultrapassa em muito a vinculação *inter-partes*» [62]; pelo contrário, num contencioso configurado em termos subjectivos, «a força vinculativa da decisão de controlo limita-se às partes em litígio — efeitos *inter-partes*» [63].

A doutrina clássica do *processo a um acto* procurava justificar os (alegados) efeitos *erga omnes* das sentenças do recurso de anulação com base no seu carácter objectivo. Como diz Waline, «se é certo que as decisões jurisdicionais não têm senão autoridade relativa de caso julgado, sempre que resolvem questões de direito subjectivo, parece que tendem, ao invés, para a autoridade absoluta de caso julgado, logo que resolvem questões de direito objectivo» [64]. Isto, porque «a diferença provém de os requerentes serem susceptíveis de invocar títulos jurídicos diferentes em matéria de direitos subjectivos, enquanto que invocam necessariamente um só e o mesmo título: a lei, em matéria de direito objectivo» [65].

---

[61] F. do Amaral, *Direito...*, cit., vol. IV, pág. 225.
[62] Krebbs, *Subjektiver...*, cit., pág. 193.
[63] Krebbs, *Subjektiver...*, cit., pág. 194.
[64] Waline, *Vers un Reclassement des Recours du Contentieux Administratif?*, in «Revue de Droit Public», 1935, pág. 229.
[65] Waline, *Vers...*, cit., pág. 231.

A concepção clássica, contudo, tendia a distinguir efeitos diferentes da sentença, consoante o pedido do particular fosse ou não deferido. Assim, «segundo a opinião maioritária, o caso julgado produzia efeitos *erga omnes*, quando o recurso fosse considerado procedente e efeitos *inter-partes*, quando a pretensão do particular fosse denegada» ([66]).

Para esta diferenciação de efeitos, consoante o resultado do processo, não adiantava a doutrina grandes fundamentações teóricas. As explicações mais habituais acentuavam os aspectos práticos do funcionamento dos tribunais que não podiam, em caso de indeferimento da pretensão do particular, apreciar todas as possíveis hipóteses de ilegalidade de um acto administrativo (v. a teoria das *hipóteses de erro*, de JÈZE) ([67]). Na linha destas explicações, diz CHAPUS que, «sempre que o juiz anula, é certo, mesmo se anulou em função de um único meio, que a decisão é ilegal. Pelo contrário, quando rejeita e mesmo quando muitos meios foram invocados e foram todos julgados mal fundados, não se pode ter a certeza de que a decisão é legal». E acrescenta, «só se poderiam considerar os julgamentos que rejeitam um recurso de anulação por excesso de poder (...), como tendo autoridade absoluta, se os meios de legalidade fossem todos de ordem pública. Porque não o são todos, a rejeição do recurso não equivale à atribuição de um atestado de legalidade» ([68]).

Um tal entendimento *clássico*, porém, tem vindo a entrar progressivamente em crise, sobretudo, mercê de dois factores:

— Por um lado, o afastamento de muitos dos pressupostos da doutrina clásssica (*v.g.* o acto como objecto do processo, processo sem partes) tem levado a procurar expli-

---

[66] VASCO P. SILVA, *O Recurso...*, cit., pág. 34.
[67] JÈZE, cit. *in* WEIL, *Les Conséquences...*, cit., págs. 13 a 30.
[68] CHAPUS, *Droit du...*, cit., pág. 437.

cações para o efeito *erga omnes* das sentenças do recurso de anulação que não decorram do seu carácter objectivista.

Assim, WEIL considera que o contencioso de anulação é um recurso de tipo *institucional* ou *orgânico*, em termos similares às acções de anulação do processo civil (no âmbito do direito da família e das sociedades). Este meio jurisdicional tem como «objectivo suprimir a desordem no interior da sociedade, considerada sob o ângulo administrativo. É normal, nessas condições, que o julgamento proferido sobre esse recurso aproveite e se imponha a todos os membros desta sociedade. A ordem social é a mesma para todos, não se pode tolerar face a uns e rejeitá-la face a outros» (WEIL) [69].

Na mesma linha, DEBBASCH compara o recurso de anulação às acções de anulação no âmbito da família. Segundo este autor, «tais contenciosos orgânicos existem igualmente em direito privado. Assim é aquele constituído pelas acções de estado. A família tem a sua *constituição* como o Estado. A acção de estado cuida para que a *constituição* da família seja respeitada, para que a estrutura familiar seja correcta» [70].

Esta concepção [71] aceita a posição tradicional de distinguir os efeitos da sentença, consoante o resultado da decisão, mas afasta os pressupostos de tipo objectivista em que assentava a doutrina do *processo ao acto*.

— Por outro lado, a jurisprudência ou a legislação dos diversos países começou a limitar a ideia da eficácia *erga omnes* das sentenças de anulação ao admitir, de

---

[69] WEIL, *Les Conséquences...*, cit., págs. 19 e segs..
[70] DEBBASCH/RICCI, *Contentieux...*, cit., pág. 604.
[71] Posição que anteriormente defendi, v. *O Recurso...*, cit., pág. 35.

uma forma mais ou menos ampla, que os terceiros, que não participaram no processo, possam recorrer de uma sentença de anulação. Uma tal admissibilidade de recurso interposto por terceiros, vem pôr em causa o pretenso carácter *erga omnes* das sentenças de anulação. Como diz VEDEL, «se se admite, na sua plenitude, a tese do carácter objectivo do recurso por excesso de poder não se pode explicar como um acto, declarado ilegal pelo juiz, poderia ser, de novo, considerado como legal, porque as pessoas que não tinham estado representadas na instância têm argumentos a fazer valer» [72].

A doutrina portuguesa, em geral, tem aceitado os pressupostos da concepção tradicional, embora com uma ou outra alteração de pormenor.

Assim, tradicional era a posição de FEZAS VITAL que distinguia entre as sentenças de rejeição do pedido, com eficácia apenas *inter-partes* e as sentenças de anulação, que produziam efeitos *erga omnes* [73].

Mais completa era a construção de MARCELLO CAETANO, que considerava, igualmente, que a sentença de denegação do pedido deveria produzir apenas efeitos *inter-partes*; enquanto que a sentença de anulação produziria efeitos diferenciados, consoante o acto administrativo em questão fosse indivisível (caso em que a sentença produziria efeitos *erga omnes*) ou fosse divisível (caso em que a sentença poderia ter uma eficácia *erga omnes* ou *inter-partes*, consoante o acto tivesse sido anulado com base em fundamentos de tipo objectivo ou subjectivo) [74].

---

[72] VEDEL/DEVOLVÉ, *Droit...*, cit., pág. 823.
[73] FEZAS VITAL, *O Caso Julgado nos Recursos Directos de Anulação*, in «Revista de Legislação e de Jurisprudência», n.º 61, pág. 177, cit. in F. DO AMARAL, *Direito...*, cit., vol. IV, pág. 225.
[74] CAETANO, *Manual...*, cit., págs. 1395 e segs..

Rui Machete vai reconduzir os termos da questão à sua acepção objectivista mais pura, considerando que, quer em caso de dar provimento ao recurso, quer em caso da sua rejeição, a sentença deve sempre produzir efeitos *erga omnes*. Faz, contudo, uma ressalva em relação às sentenças de anulação de um acto plural, entendendo que os seus efeitos devem ser limitados às pessoas que tenham participado ou tenham tido oportunidade de participar no processo» ([75]).

Freitas do Amaral, partindo da distinção, feita por Marcello Caetano, entre fundamentos objectivos e subjectivos, dela faz depender a eficácia *erga omnes* ou *inter-partes* da sentença. Esta posição chama, ainda, a atenção para o problema que, modernamente, tem levado a doutrina a limitar a ideia da eficácia *ultra-partes* das decisões jurisdicionais, e que é o da necessidade de conciliar a eficácia subjectiva da sentença com o imperativo, consagrado constitucionalmente, do direito de defesa dos particulares afectados. Assim, considera que a sentença do recurso directo de anulação nunca pode produzir efeitos desfavoráveis relativamente a terceiros, embora «quem não foi parte no processo, se não pode ser prejudicado pela sentença, poderá aproveitar dela, no caso de a eficácia ser *erga omnes*» ([76]).

Segundo creio, uma solução adequada do problema da eficácia subjectiva das sentenças deve levar em linha de conta três ordens de factores:

1 — A necessidade de enquadrar a doutrina clássica francesa da eficácia *erga omnes* da sentença, dentro do esquema global do recurso de excesso de poder, a fim de dela se poder fazer uma interpretação correcta.

2 — A necessidade de conciliar a questão dos limites subjectivos da sentença com o princípio do contraditório.

---

[75] Machete, *Caso Julgado...*, cit., págs. 132 e segs.
[76] F. do Amaral, *Direito...*, cit., vol. IV, pág. 228.

3 — A necessidade de se relacionar o problema da eficácia subjectiva do caso julgado com a questão do objecto do litígio.

Vejamos, um pouco mais aprofundadamente, cada um destes aspectos:

1 — No sistema francês, embora se continue a defender o princípio tradicional da eficácia *erga omnes* das sentenças de anulação do recurso por excesso de poder, na prática, este princípio encontra uma aplicação bastante limitada.

A primeira prevenção que há que fazer é que, em França, o recurso por excesso de poder (diferentemente do nosso recurso directo de anulação) tanto pode incidir sobre actos administrativos ilegais como sobre regulamentos administrativos. Donde resulta que ao falar, sem mais, da eficácia *erga omnes* das sentenças de anulação se está, muitas vezes, a pensar na possibilidade dessa sentença recair sobre um regulamento administrativo cuja anulação, em virtude do seu carácter geral e abstracto, tem, forçosamente, um âmbito de aplicação maior.

Falar de uma anulação com eficácia *erga omnes* de um acto administrativo que é, por definição, individual e concreto, é, pelo menos, estranho. E tanto assim é que, prevendo-se a hipótese de um terceiro ser lesado nos seus direitos subjectivos por uma sentença de anulação, em cujo processo não participou, se consagrou a possibilidade deste poder vir a recorrer dessa decisão jurisdicional. O que vem limitar os pretensos efeitos *erga omnes* das sentenças de anulação de actos administrativos, aproximando-os de uma decisão com eficácia relativa.

2 — A consagração na ordem jurídica de diversos países, por vezes na própria Constituição (*v. g.*, em Portugal, o art. 20.º, n.º 2, C.R.P.), do princípio do direito de defesa ou do direito de audição no processo, que é um corolário lógico do princípio do contraditório, levou a que a doutrina processualista mais moderna tivesse de discutir o problema da compatibilização de tal princípio com a possibilidade de extensão de efeitos, além das partes, de uma qualquer sentença.

A necessidade de conciliação do direito de defesa no processo com a eficácia subjectiva das sentenças tem, mesmo, levado à intervenção dos tribunais constitucionais, em países como a Alemanha ou a Itália.

Assim, na Alemanha, «entra em cena (...) um novo protagonista, o Tribunal Constitucional Federal (*Bundesverfassungsgericht*) que é chamado a garantir o efectivo respeito e a concreta actuação do princípio do contraditório» (TROCKER) ([77]). Chamado a intervir a propósito de casos em que a legislação ordinária parecia consagrar a eficácia *ultra-partes* da sentença (*v. g.* uma acção de reconhecimento da paternidade intentada pelo Ministério Público, um processo de anulação de uma deliberação social em que só participaram alguns dos sócios de uma sociedade de responsabilidade limitada), o tribunal constitucional determinou a necessidade de se assegurar o direito de defesa de todos os interessados, caso se pretendesse alargar, relativamente a terceiros, os efeitos das decisões.

Mais precisamente, o tribunal vai explicitar o princípio de que é necessário proceder a uma «correlação

---

([77]) TROCKER, *Limitti...*, cit., págs. 72 e 73.

entre a eficácia da sentença e a oportunidade efectiva de participação no processo», considerando que, para que se possa verificar um alargamento da eficácia subjectiva da sentença, é preciso o reconhecimento a todos os interessados de uma «concreta (e não puramente abstracta) possibilidade de aceder ao processo suscitado por outros e de actuar para a tutela dos seus próprios interesses» (TROCKER) [78].

Igualmente, o tribunal constitucional italiano vai ser chamado a intervir em casos de natureza similar. Como nos dá notícia VARELA, «foi, efectivamente, em nome do direito constitucional de defesa (art. 24.º da Constituição italiana) que o Tribunal Constitucional de Itália proclamou, na sentença de 22 de Março, de 1971, a *ilegitimidade* do art. 28.º do Código de Processo Penal, na parte em que vinculava ao apuramento dos factos materiais objecto do julgamento penal as pessoas que não intervieram, nem tiveram condições de intervir na acção» [79].

Como consequência desta situação, a tendência mais moderna da doutrina processualista, em geral, e da administrativa, em particular, vai no sentido de pôr em causa a existência de sentenças que produzam efeitos *erga omnes*, procurando conciliar a eficácia das decisões com a efectiva participação (ou, pelo menos, a possibilidade de participação) no processo.

3 — Segundo creio, a questão do objecto e da natureza do recurso directo de anulação produz consequências imediatas ao nível da eficácia subjectiva do caso julgado.

---

[78] TROCKER, *Limitti...*, cit., pág. 76.
[79] VARELA/BEZERRA/NORA, *Manual...*, cit., pág. 703, nota 1.

Considerando que o objecto do processo é a afirmação pelo demandante de um direito subjectivo lesado, e que, mesmo no caso do recurso interposto pelo Ministério Público, nunca é, sem mais, a legalidade ou a invalidade do acto a estar em causa no recurso, mas a alegação da ilegalidade ou invalidade do acto administrativo tal como é definida pelas pretensões das partes; os efeitos do caso julgado apenas podem vir a incidir sobre aquilo que foi alegado pelas partes e relativamente a quem o alegou. Assim sendo, os fundamentos da anulação são sempre, forçosamente, *subjectivos*, pelo que a eficácia subjectiva da sentença se deve limitar às partes intervenientes no processo ou nele podendo intervir, sem que faça sentido falar numa pretensa eficácia *erga omnes* das sentenças de anulação.

A eficácia *erga omnes* das sentenças de anulação não só é incompatível com a natureza subjectiva do objecto do litígio, como também constitucionalmente inadmissível na nossa ordem jurídica, pois a Constituição consagrou, no seu art. 20.º, n.º 2, o direito fundamental dos indivíduos intervirem no processo para a defesa dos seus direitos.

Os efeitos da sentença devem, assim, entender-se limitados aos participantes no processo: o demandante (particular ou Ministério Público); o demandado (a entidade administrativa em causa, representada pelo órgão autor do acto); os assistentes do demandante e os assistentes do demandado (que são, por vezes, chamados de recorridos particulares e cuja citação deve ser requerida na petição inicial, nos termos do art. 36.º, n.º 1, *b*), da L.E.P.T.A.).

A solução da eficácia *inter-partes* da sentença de anulação é, igualmente, a mais correcta para enquadrar o problema da anulação de actos colectivos, plurais e gerais ([80]). Trata-se, neste caso, de um conjunto de actos, lógica e praticamente separáveis, com uma pluralidade de destinatários, mas que se encontram formalmente unificados. Se cada um desses actos se apresentasse de per si, sem a unificação formal num só acto, embora de igual conteúdo, poderiam vir a ter um destino jurídico distinto, podendo alguns deles ser anulados e manterem-se os outros em vigor, em virtude da preclusão do prazo de recurso. A circunstância de esses actos se encontrarem formalmente unificados não impede a possibilidade da sua separação em termos lógicos, pelo que é perfeitamente correcto considerar que, numa sentença de anulação resultante de um processo em que só participaram algum ou alguns dos destinatários (mas não todos), o acto possa vir a ser anulado em relação àqueles destinatários que participaram no processo, sem o ser relativamente aos demais.

A solução da eficácia *inter-partes* das sentenças de anulação, vigente na nossa ordem jurídica, corresponde, aliás, à orientação da doutrina mais moderna do contencioso administrativo nos restantes países europeus pertencentes à nossa família jurídica.

Na Alemanha, a lei consagra o carácter *inter-partes* das sentenças do contencioso administrativo. «De acordo com o § 121 (VwGO), as sentenças com força de caso julgado vinculam apenas as partes e os seus sucessores jurídicos. Partes são o autor, o demandado e os assistentes (*Beigeladene*), bem como os representantes dos interesses públicos (*Vertreter des öffentlichen interesse*) e o Ministério Público (*Oberbundesanwalt*), este último, contudo, apenas quando faz uso das suas competências de parte (*Beteilungsbefugnis*)» (ULE) ([81]).

A orientação da jurisprudência e doutrina italianas vai, igualmente, no sentido de considerar apenas a eficácia *inter-*

([80]) F. DO AMARAL, *Direito...*, cit., vol. III, págs. 95 e segs..
([81]) ULE, *Verwaltungsprozessrecht*, cit., pág. 298.

-*partes* das sentenças do contencioso administrativo, ressalvando, contudo, os casos em que a sentença não incide sobre um acto individual e concreto, mas sobre «actos normativos (regulamentos) e de tipo normativo (actos gerais, *strumenti edilizi*, etc.), ou sobre actos que actuam unitariamente em relação a um conjunto de sujeitos (actos colectivos: uma graduação num concurso, etc.)» (NIGRO) [82]. A regra é, pois, a de que as sentenças de anulação de actos administrativos só produzem efeitos relativamente às partes, podendo, excepcionalmente, as sentenças de anulação de actos normativos ou quase-normativos produzir efeitos *erga omnes*. Como diz NIGRO, «a jurisprudência sobre este ponto é pacífica e são manifestas e incontestadas as hipóteses às quais a derrogação se aplica» [83].

Solução similar é a do ordenamento espanhol, «onde os efeitos da sentença ficam normalmente restringidos às pessoas que foram partes no processo e apenas a elas» (ENTERRÍA) [84]. Aparecem-nos, contudo, duas ressalvas: as dos casos de anulação de regulamentos e a possibilidade, no caso de anulação de actos administrativos, de extensão dos efeitos da sentença àquelas pessoas que tinham sido prejudicadas pelo acto administrativo (art. 86-2-L.J.). Esta última excepção tem permanecido, contudo, como *letra-morta*, em consequência das dificuldades da sua aplicação, resultantes, «por um lado, (...) do seu carácter excepcional em relação à norma geral dos efeitos *inter partes* das resoluções judiciais, por outro lado, pela dificuldade de precisar *a priori* o que se entende, para estes efeitos, por «pessoas afectadas pelos mesmos» e, por fim, pela resistência habitual da Administração a tornar efectiva a extensão» (ENTERRÍA) [85].

---

[82] NIGRO, *Giustizia...*, cit., pág. 401.
[83] NIGRO, *Giustizia...*, cit., pág. 401.
[84] ENTERRÍA/FERNÁNDEZ, *Curso...*, cit., pág. 562.
[85] ENTERRÍA/FERNÁNDEZ, *Curso...*, cit., pág. 563.

3. A execução das sentenças.

O problema da execução das sentenças tem sido, desde sempre, muito discutido no contencioso administrativo. À primeira vista, contudo, poderia parecer que, tratando-se de um contencioso de anulação, não haveria lugar para a existência de um autónomo processo de execução, uma vez que a sentença se auto-executaria. Conforme vimos, porém, sob a aparência formal de sentenças de anulação, existem no contencioso administrativo sentenças de simples apreciação e de condenação, além de que as típicas sentenças administrativas de anulação não possuem apenas efeitos cassatórios, mas, igualmente, efeitos repristinatórios e conformativos.

Assim sendo, como anteriormente se deixou provado, faz todo o sentido colocar o problema da execução de uma sentença anulatória ou de uma sentença condenatória. O carácter anulatório, entendido no seu sentido amplo, típico do direito administrativo, ou o carácter condenatório da sentença, para o efeito da possibilidade de execução, «tornam-se expressoes fungíveis, incapazes de mascarar a situação real: que é a de uma pretensão insatisfeita, a qual pode obter coactivamente satisfação» (VERDE) [86].

Mas o problema, tradicionalmente mais discutido, relativo à execução das sentenças, no âmbito da clássica concepção do recurso sobre um acto, não era o da impossibilidade lógica dos processos de execução das sentenças administrativas, mas o da sua impossibilidade prática. E nesse domínio, «o problema da execução das sentenças adquiria uma dimensão *quase mítica*, não apenas pela impossibilidade da Justiça dar ordens à Administração, mas também por se considerar que o cumprimento das sentenças era uma *graça* da Administração, dado que ela era detentora do *monopólio da força pública*» [87].

---

[86] GIOVANNI VERDE, Osservazione..., cit., pág. 651.
[87] VASCO P. SILVA, O Recurso..., cit., pág. 35.

A concepção clássica do processo ao acto, por um lado, falava do dever de executar como se fosse um abstracto dever legal, sem nenhuma ligação com a sentença, esquecendo-se, ou fingindo-se esquecer, que o conteúdo do dever de executar respeita àquilo que foi determinado pela sentença; enquanto que, por outro lado, punha a tónica na impossibilidade prática de impor à Administração um cumprimento coactivo das decisões jurisdicionais. Nos termos desta última vertente, o problema da execução das sentenças era visto, exclusivamente, duma óptica *policial*, considerando-se que «não é possível nem ao particular nem ao tribunal, em hipótese limite, usar da força pública contra a Administração. Não é possível ao tribunal administrativo requisitar a P.S.P. para a mandar executar uma sentença contra o ministro da Administração Interna, que é o superior hierárquico daquela polícia! Como diz JEAN RIVERO, qualquer selvagem compreenderia que não é possível brandir o machado de guerra contra quem o traz à cintura» (FREITAS DO AMARAL) [88].

Uma tal visão distorcida do fenómeno da execução das sentenças administrativas era a consequência necessária de um sistema de contencioso administrativo que era concebido não em termos plenamente jurisdicionalizados, mas que se enxertava no próprio âmbito da Administração pública. O entendimento peculiar do princípio da separação de poderes, tal como foi concretizado na revolução francesa, levou à elaboração do princípio de «que não entra nos poderes do juiz dirigir injunções a uma autoridade administrativa», o que impede, em primeiro lugar, a existência de injunções a título de sentença, mas que «coloca igualmente obstáculos à pronúncia de injunções destinadas a assegurar a execução do caso julgado» (CHAPUS) [89].

---

[88] F. DO AMARAL, *Direito...*, cit., vol. IV, pág. 232.
[89] CHAPUS, *Droit du...*, cit., pág. 393.

O entendimento dos tribunais administrativos, como verdadeiros e próprios tribunais, veio alterar radicalmente este estado de coisas. Tribunais como quaisquer outros, os tribunais administrativos proferem sentenças que não apenas *podem* ser executadas, mas que, antes, *devem* ser executadas. A execução das sentenças não é mais uma *graça* que a Administração concede, mas o cumprimento de um dever legal que sobre ela impende de executar tudo aquilo que o tribunal determinou. Faz tanto sentido, nos dias de hoje, dizer que a Administração não se encontra obrigada a cumprir o que foi determinado pelo tribunal, como dizer (como outrora, igualmente, se disse) que o Estado, por ser soberano, não tinha de estar sumetido ao direito. Num Estado de Direito não é admissível que a Administração, seja porque motivo fôr, se recuse a cumprir as sentenças dos tribunais administrativos.

E foi na sequência desta alteração radical da própria natureza do contencioso administrativo, que o dever da Administração executar as sentenças dos tribunais administrativos, para além de legalmente consagrado, levou à instauração de processos executivos especiais relativos às sentenças administrativas. Isto mesmo aconteceu em Portugal, onde, na sequência da inclusão constitucional dos tribunais administrativos no poder judicial, pela Constituição de 1976, o D.L. n.º 256-A/77 veio estabelecer um processo de execução das sentenças, a fim de reagir contra o incumprimento das decisões jurisdicionais por parte da Administração.

O conteúdo deste dever de executar corresponde ao conteúdo da própria sentença que anulou um acto administrativo, reconhecendo um direito subjectivo do particular. Assim, para que se verifique a reintegração do direito subjectivo lesado do particular reconhecido pelo juiz, tem a Administração o «dever de reconstituir a situação que actualmente existiria se o acto ilegal não tivesse sido praticado. É o que se chama a reconstituição da situação actual hipotética» (Freitas do Amaral) ([90]).

O legislador estabeleceu, pois, uma série de medidas para que a Administração cumpra aquilo que foi determinado pela sentença, tais como: a possibilidade de apelar para o superior hierárquico ou tutelar da entidade faltosa para que este a ela se substitua (art. 9.º, n.º 4, D.L. n.º 256-A/77); a possibilidade de dirigir ordens à Administração no sentido de praticar determinados actos (art. 9.º, n.º 2, do referido diploma); a possibilidade de responsabilizar civil, disciplinar e criminalmente os titulares dos órgãos ou agentes encarregados da execução (art. 11.º).

Esta última possibilidade de reagir penalmente contra os titulares dos órgãos e agentes administrativos responsáveis pela execução em falta, tem como significado o cair por terra dos *mitos* da concepção do processo ao acto, quando dizia que não era «possível brandir o machado contra quem o traz à cintura» (Rivero). O que significa a passagem de um *estado selvagem* ou de *natureza*, em que quem detém a força física não pode ser responsabilizado pelos seus actos ilegais, para um *estado de sociedade*, em que, mesmo os órgãos e agentes da Administração faltosos podem ser criminalmente responsabilizados pelos seus actos ilegais, não obstante terem *o machado à cintura*.

Por último, e no caso de todas estas medidas se revelarem ineficazes para obter o cumprimento do disposto na sentença, tal como no caso da existência de uma causa legítima de inexecução (arts. 6.º e segs., D.L. n.º 256-A/77), o particular que viu o seu direito reconhecido pelo tribunal tem sempre o direito a que a Administração lhe conceda uma indemnização compensatória. O que implica, tal como anteriormente escrevi, «que o problema da execução das sentenças perdeu toda a sua *carga mítica*. Tam-

---

([90]) F. do Amaral, *Direito...*, cit., vol. IV, pág. 237. V., tb., *A Execução...*, cit..

bém no processo executivo civil, quando alguém se encontra obrigado a uma prestação de facto infungível e não cumpre, surge, como último recurso, a indemnização (arts. 933.º e segs., do C.P.C.)» ([91]).

A partir do momento em que o particular tem à sua disposição duas possibilidades importantes de reagir contra a Administração faltosa e que são o direito a obter a substituição do cumprimento de uma dada prestação de facto pelo seu equivalente pecuniário e a possibilidade de usar a acção penal contra os órgãos e agentes que não cumpriram a sentença do tribunal, o processo de execução das sentenças administrativas transformou-se numa modalidade de processo executivo.

Assim, o processo executivo civil e o processo executivo administrativo mais não são do que duas modalidades de processos executivos. Como já dizia M. S. Giannini, «quando nós enquadramos este tipo de processo (refere-se ao processo de execução das sentenças administrativas, denominado, em Itália, de *giudizio di ottemperanza*) entre os processos de execução, pressupomos já resolvido o problema da existência de uma categoria geral de processos de execução compreensiva das várias espécies destes. E, de facto, assim é. Nós não estamos, de facto, convencidos de que o processo de execução forçada adoptado pelo nosso Código de Processo Civil represente o arquétipo dos processos de execução; antes é uma espécie destes, ao lado de tantos outros» ([92]).

A aproximação entre o processo de execução das sentenças administrativas e o processo executivo civil dá-se por duas vias: por um lado, as regras que visam garantir a execução das sentenças administrativas, aproximam-se das existentes ao nível de outros

---

([91]) Vasco P. Silva, *O Recurso...*, cit., pág. 36.
([92]) M. S. Giannini, *Contenuto e Limitti del Giudizio di Ottemperanza*, in «Riv. Trim. Dir. Proc. Civ.», 1960, pág. 471. V. Verde, *Osservazione...*, cit., pág. 642.

processos executivos, por outro lado, no processo civil aparecem sentenças de condenação cuja execução coactiva não cabe nos estreitos limites dos normais processos executivos (v. a polémica, a que antes se fez referência, a propósito das sentenças de condenação da entidade patronal à reintegração do trabalhador no seu posto de trabalho, que tem levado a doutrina italiana a ultrapassar a tipicidade das formas executórias previstas no C.P.C.). Por tudo isto, creio que se pode afirmar, como VERDE, que as regras do nosso ordenamento jurídico configuram um «processo especial de execução» [93].

Evolução que se verificou não só em Portugal, como também nos restantes países que pertencem à nossa família de contencioso administrativo. Um pouco por toda a parte, deu-se o aparecimento de regras, quer pela via jurisprudencial, quer pela via legislativa, destinadas a assegurar o efectivo cumprimento das sentenças dos tribunais administrativos pela Administração.

Em França, onde essa garantia é ainda de tipo externo, pois não se encontra legalmente consagrado um processo específico de execução das sentenças, é, contudo, possível reagir contra o incumprimento das sentenças administrativas por três formas:
— a assimilação da violação do caso julgado à violação da lei para efeito da anulação dos actos administrativos que contrariem o disposto na sentença;
— a indemnização por equivalente, em caso de incumprimento;
— a possibilidade, desde 1980 prevista na lei, de o «Conselho de Estado» pronunciar uma *astreinte* em caso de inexecução de uma decisão tomada por uma jurisdição administrativa» (VEDEL) [94]. A «*astreinte* consiste numa condenação a pagar uma soma de um certo montante

---

[93] VERDE, *Osservazione...*, cit., pág. 644.
[94] VEDEL/DEVOLVÉ, *Droit...*, cit., pág. 730.

por dia, enquanto uma obrigação não é executada. Ela constitui, assim, uma pressão financeira para levar o devedor ao cumprimento» (VEDEL) [95]. *Astreinte* que pode ser cumulada com uma indemnização nos termos da responsabilidade da Administração.

Em Itália, o sistema do *giudizio di ottemperanza* assenta, tal como em Portugal, em duas garantias básicas: a indemnização por sucedâneo, em caso de inexecução, e a responsabilidade penal dos órgãos e agentes das entidades faltosas. Nos nossos dias, «a jurisprudência vai modelando o dito processo sob a imagem de um processo especial de execução» (VERDE) [96].

Esta aproximação entre as duas modalidades de processos executivos é ainda mais evidente na Alemanha, onde a lei do contencioso administrativo (§ 167, VwGO) remete a execução das sentenças administrativas para as regras gerais sobre execução das decisões jurisdicionais, consagrada no Livro VIII, do Código de Processo Civil. Trata-se de um princípio geral de equiparação dos dois tipos de processos, embora existam algumas normas específicas de cada um deles.

Algo diferentemente, a legislação espanhola nesta matéria, mais próxima da matriz francesa original, reconduz o problema da execução das sentenças administrativas à responsabilidade patrimonial. Situação que é criticada por ENTERRÍA, ao afirmar que «os tribunais do contencioso administrativo têm, a partir da Constituição, o poder e o dever de executar as suas próprias sentenças face a qualquer resistência ou passividade da Administração ao seu cumprimento, o que torna a L. J., nesta matéria, uma regulamentação parcialmente derrogada e insuficiente que deve ser completada com a *norma dominante* constitucional» [97].

---

[95] VEDEL/DEVOLVÉ, *Droit...*, cit., pág. 732.
[96] VERDE, *Osservazione...*, cit., pág. 644.
[97] ENTERRÍA/FERNÁNDEZ, *Curso...*, cit., pág. 565.

Desta breve notícia dos mecanismos de execução das sentenças de outros países europeus pertencentes à nossa família de contencioso administrativo, sobressai o aperfeiçoamento progressivo das formas de assegurar o cumprimento das sentenças administrativas, bem como uma tendência (visível em Portugal, Alemanha e Itália) para a equiparação entre o processo executivo administrativo e o civil. Em particular, esta última tendência para o tratamento do processo de execução das sentenças administrativas como um processo executivo especial é sentida como uma exigência da própria natureza jurisdicional dos tribunais administrativos, cujas sentenças não devem ser postas em causa.

CAPÍTULO VI

CONTENCIOSO DE TIPO OBJECTIVO OU SUBJECTIVO?

1. Nascimento do problema: da distinção de formas processuais à distinção da natureza dos contenciosos.

2. Características dos modelos objectivista e subjectivista do contencioso administrativo de anulação.

3. A situação actual do recurso directo de anulação.

CONTENCIOSO DE TIPO OBJECTIVO OU SUBJECTIVO?

1. Nascimento do problema: da distinção de formas processuais à distinção da natureza dos contenciosos.

A questão da natureza do contencioso administrativo de anulação remonta aos primórdios do controlo da actividade administrativa pelo Conselho de Estado. O primeiro esboço de distinção entre contenciosos de tipo objectivo e subjectivo, tendo como critério os poderes exercidos pelo juiz, foi elaborado por AUCOC e LAFERRIÀRE. Como nos dá notícia LAMPUÉ, «a teoria da distinção dos contenciosos, baseada no carácter da decisão tomada pelo juiz, foi exposta por Aucoc, em 1869, nas suas *Conférences sur l'Administration et le Droit Administratif*. Ela foi retomada por Lafferrière, no *Traité de la Juridiction Administrative et des Recours Contentieux*, em 1887. Ducroq adoptou-a, pelo menos nos seus aspectos essenciais, depois Barthélèmy» [1].

Distinguiam-se, assim, quatro ramos do contencioso administrativo: o contencioso de plena jurisdição, o contencioso de anulação, o contencioso de interpretação e o contencioso de repressão. Subjacente a esta divisão de processos, de acordo com os poderes exercidos pelo juiz, encontra-se já um critério material. Como diz DEBBASCH, «a classificação tradicional repousa sobre a constatação, segundo a qual os poderes do juiz variam

---

[1] LAMPUÉ, *La Distinction des Contentieux*, Mélanges Scelles, 1950, págs. 285 e segs.. V. *Documents*..., cit., pág. 7.

em função da matéria contenciosa» (²). Critério material que vai, ainda mais, ser realçado, em virtude de a doutrina concentrar a sua atenção na contraposição entre o recurso de plena jurisdição e o recurso de anulação.

No contencioso de plena jurisdição, os poderes do juiz não diferem dos que ele detém num processo civil. Assim, «ele pode fazer, em definitivo, tudo o que é necessário para restabelecer a situação afectada na sua integridade, quer dizer, ordenar as restituições e as reparações que permitirão restaurar os direitos invocados perante ele» (LAMPUÉ) (³). Daí, que a este meio jurisdicional sejam atribuídas as designações de «contencioso administrativo propriamente dito» (AUCOC), «contencioso de plena jurisdição» (LAFERRIÈRE), «contencioso pleno» (Conselho de Estado) (²).

Diferentemente, no contencioso de anulação, o juiz detém «simples poderes de anulação, limitados ao direito de anular os actos considerados irregulares, sem que o juiz administrativo tenha o poder de os reformar e de os substituir pela sua própria decisão» (LAFERRIÈRE) (⁵).

A diferenciação dos poderes do juiz decorre da matéria sobre que incide o processo: num caso, um acto administrativo, no outro, um direito subjectivo que se faz valer.

Mas, a contraposição entre um contencioso objectivo e um contencioso subjectivo, feita directamente em função da natureza da questão trazida a juízo, vai ser elaborada por DUGUIT. Para DUGUIT, o contencioso será subjectivo, quando nele estiverem em causa situações jurídicas dos particulares, e será objec-

---

(²) DEBBASCH/RICCI, *Contentieux...*, cit., pág. 694.
(³) LAMPUÉ, *La Distinction...*, cit., págs. 285 e segs.. V. *Documents...*, cit., págs. 7 e 8.
(⁴) LAMPUÉ, *La Distinction...*, cit., págs. 285 e segs. V. *Documents...*, cit., págs. 7 e 8.
(⁵) LAFERRIÈRE, cit. *in* LAMPUÉ, *La Distinction...*, cit., págs. 285 e segs. V. *Documents...*, cit., págs. 7 e 8.

tivo, quando nele estiverem em causa, apenas, problemas de legalidade. Entre esta nova distinção proposta e a classificação tradicional verifica-se uma certa sobreposição. DUGUIT «considera que a única classificação racional dos recursos contenciosos é a classificação em recursos objectivos e subjectivos», entendendo «que esta classificação corresponde sensivelmente (...) à classificação tradicional do recurso de anulação e do recurso de plena jurisdição» (WALINE) ([6]).

Esta contraposição entre um contencioso de direitos subjectivos e um contencioso de legalidade vai ser popularizada pela «escola de Bordéus» (DUGUIT, JÈZE). Como diz JÈZE, enquanto quase todos os meios jurisdicionais têm natureza subjectiva, «no direito francês, esse contencioso directo da legalidade não existe de uma maneira geral. Mas há duas hipóteses nas quais o encontramos bem desenvolvido:

1 — o recurso por excesso de poder;
2 — os conflitos de atribuições ou de jurisdições» ([7]).

O recurso contencioso de anulação vai, assim, nascer sob a égide de uma visão global de tipo objectivista e só, lentamente, se vai libertando de um tal entendimento.

Em Portugal, a polémica quanto ao modo de entender o recurso de anulação deflagrou a propósito de um Acórdão do Conselho Ultramarino, de 13 de Janeiro de 1961, no qual se defendia uma interpretação subjectivista do recurso de anulação. Esse Acórdão encontrou réplica num comentário de MARCELLO CAETANO, publicado na revista «O Direito» ([8]), com o qual se pretendia repor a *ortodoxia* objectivista.

([6]) WALINE, *Vers un Reclassement des Recours du Contentieux Administratif?*, in «Revue de Droit Public», 1935, pág. 213.
([7]) GASTON JÈZE, *L'Acte Juridictionnel et la Classification des Recours Contentieux*, in «Revue de Droit Public» 1909, págs. 690 e 691.
([8]) M. CAETANO, *Comentario*, Acórdão do Conselho Ultramarino (Secção

Já anteriormente, por duas ocasiões, tratei a questão da natureza jurídica do recurso, procurando perspectivar os termos da polémica e tomando partido por uma concepção subjectivista ([9]). Não pretendo, agora, colocar de novo a questão, mas somente, partindo de uma opção subjectivista, reequacionar o modo de entendimento do recurso directo de anulação. E se neste capítulo final, quase de balanço, torno ao assunto, não é para explicar o modo como a polémica tem evoluído, o que já foi parcialmente feito a propósito dos diversos institutos estudados, antes para procurar dar uma visão de conjunto do contencioso administrativo de anulação.

2. Características dos modelos objectivista e subjectivista do contencioso administrativo de anulação.

A opção por um sistema de controlo administrativo de tipo objectivo ou subjectivo não pode deixar de ter consequências no que concerne ao modo de entender os diversos institutos do contencioso. Com efeito, «a protecção jurídica subjectiva e o controlo jurídico objectivo designam funções diferenciadas de um controlo jurídico da actividade estadual» (KREBBS) ([10]), pelo que «o compromisso com um controlo jurídico com uma ou outra das funções é tão cheio de consequências, do ponto de vista da sua extensão, processo e organização, que pode ser designado como uma opção entre dois *sistemas*» (KREBBS) ([11]).

O contencioso administrativo de tipo objectivo ou de tipo subjectivo representam, assim, dois modelos alternativos de orga-

---

do Contencioso), de 13 de Janeiro de 1961 (Caso da Fábrica Imperial de Borracha), in «O Direito», 1961, n.º 4, págs. 303 e segs.

([9]) VASCO P. SILVA, *A Natureza Jurídica do Recurso Directo de Anulação*, Almedina, Coimbra, 1985, e *O Recurso Directo de Anulação — Uma Acção chamada Recurso*, Cognitio, Lisboa, 1987.

([10]) KREBBS, *Subjektiver...*, cit., pág. 191.
([11]) KREBBS, *Subjektiver...*, cit., pág. 192.

nização do contencioso administrativo que se diferenciam no que respeita às seguintes características:

1 — *Função do contencioso.*

    a) Um modelo de contencioso objectivo tem como fim a garantia da legalidade e da prossecução do interesse público. Isto implica a ligação entre a actuação administrativa e o seu controlo contencioso, pois, no dizer de KREBBS, o contencioso administrativo «é, de acordo com a sua função, um auxiliar de decisão da Administração», «um controlo administrativo funcionalmente *acompanhante*, em vez de ser um controlo administrativo reactivo» [12].

    O recurso de anulação não serve para a defesa dos direitos subjectivos dos particulares, mas é uma forma de auto-controlo da própria Administração, na qual os particulares são chamados a colaborar. A função principal de um sistema de contencioso administrativo objectivo não é a protecção dos direitos dos indivíduos, mas a mais completa realização da legalidade e do interesse público.

    b) Num sistema subjectivo de contencioso administrativo, o objectivo principal do recurso de anulação é a tutela dos direitos subjectivos dos particulares nas suas relações com as entidades administrativas. Não significa isso que, reflexamente, não haja, também, tutela da legalidade, só que ela não constitui a razão de ser do sistema. Como diz KREBBS, «a protecção jurídica subjectiva presta também controlo jurídico objectivo (...); contudo,

---

[12] KREBBS, *Subjektiver...*, cit., págs. 192 e 193.

isso é «apenas uma — desejada — consequência acessória» (MENGER) que, por isso, não molda a forma final deste sistema de controlo» ([13]).

2 — *Entidade controladora.*

a) Um sistema de tipo objectivo «não exige, pelo menos na perspectiva do cidadão lesado, um juiz pessoal e materialmente independente» (KREBBS) ([14]). Isto, porque tendo uma função de defesa da legalidade, o contencioso administrativo enxerta-se na actividade administrativa de que é a continuação — «julgar a Administração é ainda administrar». Assim, «o recurso contencioso é (...) a continuação da fase graciosa do processo administrativo, tendente a permitir nova análise e nova decisão, por um órgão competente, da questão já anteriormente decidida» (M. CAETANO) ([15]).

Nestes termos, a entidade controladora tanto pode ser um órgão da Administração activa como uma entidade administrativa jurisdicionalizada. A ligação à Administração da entidade fiscalizadora é considerada desejável, como forma de assegurar uma maior eficácia das suas decisões. Não só não se exige a fiscalização por um tribunal independente, como também ela é vista como potencialmente menos eficaz do que a realizada por um órgão integrado na Administração, pois se parte do princípio de que o juiz não pode dar ordens à Administração.

---

[13] KREBBS, *Subjektiver...*, cit., pág. 193.
[14] KREBBS, *Subjektiver...*, cit., pág. 193.
[15] CAETANO, *O Interesse...*, cit., pág. 232.

b) Um sistema contencioso de tipo subjectivo implica que o controlo da actividade administrativa seja efectuado por uma entidade jurisdicional independente do poder administrativo.

A entidade controladora é chamada a decidir um litígio entre um particular e a Administração, originado por um acto administrativo ilegal que lesou um direito subjectivo de um particular. Não é admissível que seja uma qualquer entidade administrativa, que é parte interessada, a resolver este conflito de interesses, havendo, portanto, a necessidade de recorrer a um juiz independente e imparcial. Um sistema de contencioso subjectivo implica a diferenciação material, formal e orgânica entre a Administração e a Justiça; exige que os tribunais administrativos sejam verdadeiros tribunais, integrados no poder judicial.

3 — *A posição do particular.*

a) Num contencioso de modelo objectivo, o particular não é considerado uma parte substantiva. O indivíduo não é visto como defendendo no processo uma situação jurídica individual, mas como um colaborador da Administração na realização do interesse público. Não é o processo de anulação que se encontra ao serviço do particular, para a defesa dos seus direitos, mas o particular que está ao serviço do processo, a fim de cooperar na realização da legalidade administrativa.

Não sendo o particular uma parte em sentido material, o critério de determinação do acesso ao juiz é transferido do direito substantivo para o direito processual. Teoricamente, um modelo objectivo deveria conduzir à existência generalizada da *acção popular;* na prática, para evitar problemas de funcionamento dos tribunais, restringe-se o acesso a juízo através da noção processual de legitimidade. Assim, quem detém legitimidade para recorrer da actuação administrativa ilegal é quem detiver um interesse de facto *próximo* do interesse material da Administração. Os particulares não fazem valer em juízo uma posição substantiva, mas uma simples situação fáctica, determinada pela sua proximidade com o interesse da Administração.

Diga-se, ainda, que num tal modelo de organização do contencioso, a posição processual do particular é vista como subordinada à da Administração.

b) O objectivo principal de um sistema de contencioso subjectivo é a defesa dos direitos dos indivíduos nas suas relações com a Administração pública. Isso implica que os cidadãos sejam considerados como titulares de direitos subjectivos nas relações jurídicas administrativas e que lhes seja atribuída a possibilidade de vir a tribunal defender esses direitos, sempre que eles forem lesados pelas actuações administrativas ilegais. É o recurso de anulação que existe para a defesa das posições jurídicas substantivas dos particulares e não os indivíduos que estão ao serviço da Administração no processo.

Num contencioso subjectivo, a função da legitimidade é, apenas, a de fazer a ponte entre o direito subjectivo do particular e a sua posição no processo. Parte legítima é todo o indivíduo que alega um direito lesado pela actuação administrativa ilegal. Saber se ele é ou não titular do direito é algo que pertence ao fundo da causa; para interpor o recurso basta que o indivíduo mostre ter interesse na anulação do acto administrativo ilegal, o que resulta da plausibilidade da sua afirmação da titularidade de um direito subjectivo.

Por último, num modelo de contencioso subjectivo, o particular e a Administração encontram-se numa posição processual similar, defendendo as suas posições ante um terceiro imparcial.

4 — *A posição da Administração.*

   a) A posição da Administração, num sistema contencioso de tipo objectivo, não é de parte mas de autoridade recorrida.

      A Administração, como autoridade que praticou um acto que definiu autoritariamente a situação dos particulares, é chamada a colaborar com uma autoridade superior, com poderes de revisão dos seus actos, a fim de que esta verifique a validade ou invalidade destes. O órgão autor do acto não se encontra no processo para defender um interesse próprio, mas para colaborar com o tribunal no apuramento da solução mais conveniente àquele caso.

      O tribunal e a Administração encontram-se irmanados no seu objectivo comum de servir a actividade administrativa. A Administração não é parte em sentido material, porque o seu interesse, tal como o do juiz, é o da defesa da legalidade e do interesse público, nem é parte em sentido processual, pois ela não está em disputa com o particular, antes colabora com o juiz na descoberta da solução adequada àquele caso concreto.

b) Num modelo subjectivo de contencioso tanto o particular como a Administração são partes que, perante um juiz, defendem as suas posições; num caso, a afirmação da lesão de um direito, no outro, a defesa de uma determinada interpretação da legalidade e do interesse público, que foi concretizada através de um acto administrativo.

A Administração, cujo acto o particular alega ter lesado um seu direito, é chamada a tribunal para explicar as razões daquela sua actuação concreta, ocupando no processo a posição de uma parte, com todos os poderes e deveres que lhe são inerentes. Tanto a Administração como o particular se encontram na mesma situação processual, devendo ambos colaborar com o juiz para que a Justiça seja realizada.

5 — *O objecto do processo.*

a) Num contencioso objectivo é o exercício do poder administrativo que constitui o objecto do processo, quer na sua forma de acto administrativo final (como o entende a doutrina tradicional), quer esse acto seja visto, apenas, como «a *ocasião* (ABBAMONTE, NIGRO) que torna possível o controlo pelo juiz do exercício do poder» (NIGRO) [16].

Esta realidade objectiva, sobre a qual incide o recurso de anulação, manifesta-se através do pedido e da causa de pedir. O pedido no recurso é o da anulação de um acto (ou a sua declaração

---

[16] NIGRO, *Giustizia...*, cit., pág. 308.

de nulidade ou inexistência), sendo a causa de pedir a invalidade do acto administrativo impugnado. Um entendimento coerente do contencioso, em termos objectivos, implica uma causa de pedir tão ampla que permita «um exame de todas as normas respeitantes a cada uma das decisões administrativas» (KREBBS) ([17]). O que está em causa no processo é, sem mais, a questão da validade ou invalidade de um acto administrativo, pelo que ele deve ser fiscalizado à luz de todas as normas administrativas que sejam aplicáveis.

b) Num sistema de tipo subjectivo, o objecto do processo é o direito substantivo afirmado pelo particular como lesado por um acto administrativo.

O pedido de anulação de um acto (pedido imediato) é, assim, visto como um meio de tutela de um direito subjectivo lesado do indivíduo (pedido mediato). A causa de pedir não é, sem mais, a questão da validade ou invalidade de um acto administrativo, mas a invalidade deste, tal como é configurada pelo particular, enquanto lesiva dos seus direitos. O acto administrativo não tem de ser fiscalizado relativamente a todas as normas aplicáveis, mas apenas no que concerne às pretensões do particular.

6 — *Poderes do juiz.*

a) Num sistema objectivo, os poderes do juiz limitam-se à anulação (ou declaração de nulidade ou de inexistência) de um acto administrativo.

O juiz não se encontra perante um conflito de interesses entre duas partes, surgido por causa de um acto administrativo, mas perante um acto definidor de direitos dos particulares, cuja confor-

---

([17]) KREBBS, *Subjektiver...*, cit., pág. 192.

midade com a lei se lhe pede que verifique. Ele limita-se a apreciar a questão da validade ou invalidade daquele acto administrativo, anulando-o, quando inválido ou confirmando-o, no caso contrário. Não pode o juiz condenar a Administração, nem dirigir-lhe ordens de qualquer espécie, pois o que está em causa não é um comportamento da Administração, mas um acto administrativo apreciado independentemente do seu autor.

b) Num sistema subjectivo, o que está em causa não é, apenas, o acto administrativo, mas a relação existente entre o particular e a Administração, apreciada a propósito de um acto que o particular alega ter lesado um seu direito subjectivo.

O que a sentença vai decidir é da existência ou não de um direito subjectivo lesado do demandante. Esse reconhecimento de um direito do particular tanto pode dar origem a uma sentença de simples apreciação, como a uma sentença de anulação ou uma sentença de condenação. Tanto no caso das sentenças de anulação, como no caso das sentenças de condenação, os efeitos da decisão jurisdicional não se esgotam na anulação do acto, mas condicionam a actividade futura da Administração e obrigam à satisfação do direito do particular reconhecido pelo juiz.

7 — *O caso julgado.*

a) Os limites materiais do caso julgado incidem sobre tudo aquilo que esteve a ser apreciado no processo. Num contencioso objectivo, o caso julgado forma-se sobre a questão da validade ou invalidade de um acto, determinando, de forma imodificável, o seu afastamento da ordem jurídica ou a sua confirmação.

No que respeita aos limites subjectivos do caso julgado, a sentença é considerada como tendo uma eficácia *erga omnes*. O desaparecimento de um acto administrativo deve valer face a todos os indivíduos e não, apenas, relativamente àqueles que interpuseram o recurso.

b) Num sistema de tipo subjectivo, sendo a causa de pedir a invalidade do acto na sua relação com os direitos dos particulares, os limites materiais do caso julgado abrangem apenas as questões acerca da invalidade do acto administrativo suscitadas pelas partes.

Quanto aos limites subjectivos do caso julgado, a sentença não pode produzir efeitos em relação àqueles que não participaram, nem podiam ter participado, no processo, antes se deve limitar a todas as pessoas que, através do recurso, exerceram o seu direito de ser ouvido em juízo.

8 — *A execução das sentenças.*

a) Num sistema objectivo de organização do contencioso administrativo, a execução das sentenças é da responsabilidade da Administração, que as deve cumprir voluntariamente, sem que haja meio de lhe poder impor uma execução coactiva. A Administração pública, como autoridade e, para mais, dotada do monopólio da força pública, não pode ser coagida a executar as decisões do tribunal, sendo apenas possível persuadi-la a cumprir, voluntariamente, aquilo que na sentença foi determinado.

b) Num contencioso de tipo subjectivo, a execução das sentenças dos tribunais administrativos não é substancialmente diferente da execução das demais sentenças no processo civil.

A Administração tem o dever legal de cumprir o que foi determinado pelo juiz e, em caso de recusa, o particular pode servir-se de um processo jurisdicionalizado de execução das sentenças. Através desse processo executivo especial, pode a Administração ser condenada à prática de determinadas condutas para o cumprimento das sentenças, bem como podem os órgãos e agentes administrativos faltosos vir a ser alvo de responsabilidade penal pelo seu incumprimento. O último recurso que o particular pode utilizar contra a Administração, consiste na indemnização por equivalente pecuniário, o qual constitui, igualmente, o último recurso no processo civil, quando se trata do incumprimento de sentenças de condenação de uma prestação de facto infungível.

9 — *Âmbito do controlo.*

a) Num modelo objectivo de contencioso, a amplitude do controlo realizado pelos tribunais administrativos é maior do que aquela que corresponde a um sistema subjectivo. Isto porque, como diz KREBBS, num contencioso objectivo «todos os critérios jurídicos de decisão (para a Administração) são também potenciais critérios jurídicos de controlo (para o tribunal)» [18]. Assim, podem ser

---

[18] KREBBS, *Subjektiver...*, cit., pág. 192.

objecto de controlo não apenas as normas relacionais como as próprias normas internas, pois a função do controlo é a defesa da legalidade.

b) Num sistema subjectivo, o âmbito do controlo é forçosamente mais limitado, uma vez que só são controladas as actuações administrativas, na medida em que forem lesivas dos direitos dos particulares. Neste sistema, como diz KREBBS, «nem todas as vinculações jurídicas são (...) relevantes em termos de controlo. A protecção jurídica subjectiva é, nessa medida, contrariamente ao controlo jurídico objectivo, uma protecção jurídica restritiva» [19]. Isto, porque «o direito subjectivo torna-se no critério de selecção para a amplitude do controlo e o objecto do controlo» (KREBBS) [20].

3. **A situação actual do recurso directo de anulação.**

O art. 268.º, n.º 3, da Constituição, consagra um sistema de contencioso administrativo de tipo subjectivo. Como diz FREITAS DO AMARAL, «o legislador constituinte quis manifestamente superar os limites acanhados do contencioso de mera legalidade, e avançar para um contencioso subjectivo, norteado pela preocupação de garantir a protecção dos direitos subjectivos e interesses legítimos dos particulares» [21]. Modelo subjectivo de contencioso que abrange o tradicional recurso directo de anulação, mas que pode levar, igualmente, à criação de outros meios jurisdicionais, destinados a obter a completude da protecção jurisdicional dos direitos dos cidadãos.

[19] KREBBS, *Subjektiver...*, cit., pág. 194.
[20] KREBBS, *Subjektiver...*, cit., pág. 193.
[21] F. DO AMARAL, *O Direito...*, cit., vol. IV, pág. 127.

Conforme já atrás se referiu, o preceito constitucional em questão poder-se-ia dividir em duas partes:
— Numa primeira parte, este preceito refere-se ao recurso de anulação, atribuindo-lhe um carácter subjectivo. Com efeito, o direito ao recurso é concebido como um direito fundamental dos indivíduos (direito fundamental de natureza análoga, v. art. 17.º, C.R.P.), e ao recurso é atribuída a função de protecção dos particulares, ou de «garantia dos seus direitos», conforme determina o art. 20.º, n.º 2, da Constituição, que consagra o direito de acção, de que o «direito ao recurso» constitui a especificação no domínio do contencioso administrativo.
— Numa segunda parte, prevê-se, ainda, a possibilidade de este meio jurisdicional vir a ser complementado por outros, a fim de garantir a completude da protecção dos cidadãos nas suas relações com a Administração. E foi na sequência desta previsão constitucional que foi criado um outro meio jurisdicional, denominado «acção para o reconhecimento de um direito ou interesse legítimo» (v. L.E.P.T.A., arts. 69.º e segs.).

Através deste preceito, o legislador constituinte quis consagrar um modelo de contencioso administrativo subjectivo, abrangendo tanto o tradicional meio de impugnação de actos administrativos, como outros eventuais meios jurisdicionais a serem, futuramente, criados. Parafraseando KREBBS, que se referia ao art. 19, IV, da Lei Fundamental da R.F.A., também se poderia dizer que o art. 268.º, n.º 3, da Constituição de 1976 «garante não apenas uma protecção jurisdicional dos direitos subjectivos sem excepções, como também tomou uma opção a favor da protecção jurídica subjectiva» [22].

---

[22] KREBBS, *Subjektiver...*, cit., pág. 197.

Mas, poder-se-á dizer que esta opção do legislador constituinte não foi seguida ou não foi integralmente cumprida pelo legislador ordinário. Neste sentido, FREITAS DO AMARAL cónsidera que «a interpretação que do art. 268.º, n.º 3, da Constituição, fez o legislador ordinário» foi a seguinte: «tanto o E.T.A.F. como a L.E.P.T.A. deixaram subsistir, com a sua feição objectiva tradicional, o recurso contencioso de anulação e criaram um novo meio processual, de carácter subjectivo, a que se chamou acções para o reconhecimento de direitos ou interesses legítimos» [23].

Salvo o devido respeito, não me parece que estas afirmações se devam considerar correctas. Não só o recurso directo de anulação apresentava, já, em numerosos aspectos da sua regulamentação legal, sobretudo depois de interpretados à luz da Constituição de 1976, uma configuração de tipo subjectivo, como essa configuração subjectivista foi acentuada pelas recentes alterações legislativas (E.T.A.F., L.P.).

Tal como anteriormente se provou:

1 — A função principal do recurso contencioso é a protecção directa dos direitos dos particulares e, só mediatamente, a defesa da legalidade e do interesse público (v. art. 268.º, n.º 3, e 20.º, n.º 2, da C.R.P.; art. 3.º, E.T.A.F.).

2 — A entidade controladora da Administração é um verdadeiro tribunal, independente da Administração e integrado no poder judicial (art. 212.º, n.º 2, C.R.P.; arts. 1.º e segs., E.T.A.F.).

3 — O particular é titular de posições jurídicas substantivas nas suas relações com a Administração (art. 266.º, n.º 1; art. 268.º, n.º 3, C.R.P.; art. 3.º, E.T.A.F.); a legitimidade dos interessados não está concebida

---

[23] F. DO AMARAL, O Direito..., cit., vol. IV, pág. 128.

em termos de acção popular, mas destina-se a permitir que quem se encontra no processo seja quem se afirma lesado nas suas posições substantivas (art. 268.º, n.º 3, C.R.P.; art. 3.º, E.T.A.F.; art. 46.º, R.S.T.A., e 821.º, C.A.); o particular assume no processo uma posição processual de parte (v. g. arts. 35.º, 36.º, 52.º, 57.º, 104.º, L.P.).

4 — A posição da Administração no processo é uma posição de parte e não de autoridade recorrida. Sendo os tribunais administrativos verdadeiros tribunais, a Administração já não é uma entidade da mesma natureza do órgão fiscalizador e numa posição similar à dele, mas tornou-se numa parte que, perante um terceiro imparcial, defende a sua visão da legalidade e do interesse público num litígio com um particular. Também no processo de anulação, a posição da Administração é a de uma parte, com todos os poderes e deveres processuais inerentes (v. g. arts. 5.º, 10.º, 11.º, 26.º, 43.º, 44.º, 45.º, 46.º, 52.º, 106.º, L.P.).

5 — O objecto do processo não é o acto administrativo, mas as pretensões das partes relativamente a esse acto administrativo.

Quando o recurso é interposto por um particular, o seu objecto é um direito subjectivo lesado afirmado pelo particular. O pedido é, formalmente, a anulação ou declaração de nulidade ou de inexistência de um acto administrativo (pedido imediato) como forma de protecção de um direito subjectivo lesado (pedido mediato); a causa de pedir não é a ilegalidade ou invalidade de um acto, mas tão só essa invalidade enquanto relacionada com os direitos dos particulares, e nos termos em que é por eles configurada (v. art. 36.º, n.º 1, alínea d), da L.P.).

Quando o recurso é interposto pelo Ministério Público (art. 28.º, n.º 1, alínea c), da L.P.), então, trata-se de um recurso de carácter objectivo, mas, ainda assim, uma vez que o Ministério Público assume as vestes de uma parte em sentido formal, o objecto do processo não é, sem mais, a questão da validade ou invalidade do acto, mas antes as concretas questões acerca da invalidade do acto por aquele suscitadas.

6 — Os poderes do juiz só formalmente se limitam à demolição dos efeitos do acto, uma vez que, mesmo as sentenças de anulação, condicionam a actividade futura da Administração e obrigam a que esta reintegre o direito subjectivo lesado do particular que foi reconhecido pelo juiz. Além disso, existem, ainda, no contencioso administrativo português, sentenças de condenação verdadeiras e próprias (as denominadas sentenças de anulação de actos tácitos, no caso de a Administração ter o dever legal de emitir um comportamento favorável ao particular; ou as sentenças de anulação de actos administrativos cuja emissão corresponde ao exercício de um poder vinculado quanto à oportunidade e modo de exercício), ou meras sentenças de simples apreciação (as sentenças de declaração de nulidade ou de inexistência de um acto).

7 — O caso julgado tem como limites objectivos aquilo que no processo foi apreciado, tal como resulta das alegações das partes, e não decide, em abstracto, da questão da validade ou invalidade de um acto administrativo.

A força de caso julgado das sentenças está limitada às pessoas que participaram no processo ou nele poderiam ter participado e não se estende a todas as demais, como resulta da consagração constitucional do direito de defesa (art. 20.º, n.º 2, C.R.P.).

8 — A lei estabelece um processo jurisdicionalizado de execução das sentenças dos tribunais administrativos (arts. 5.º e segs., do D.L. n.º 256-A/77), onde se prevêm uma série de medidas destinadas a garantir os direitos que o particular viu reconhecidos pela sentença e que vão desde a responsabilidade civil, disciplinar e penal dos órgãos e agentes encarregados da execução (art. 11.º, D.L. n.º 256-A/77), até à atribuição ao particular de uma indemnização compensatória em caso de inexecução (arts. 11.º, n.º 2, e 12.º, do D.L. n.º 256-A/77), o que constitui uma garantia similar à que, no processo civil, existe relativamente à inexecução de sentenças de condenação de prestações de facto infungíveis (arts. 933.º e segs., do C.P.C.).

9 — Relativamente ao âmbito do controlo, o nossos sistema apresenta tanto características subjectivistas como objectivistas. Se, em relação aos recursos interpostos pelos particulares, só podem ser fiscalizadas as actuações administrativas lesivas dos direitos dos indivíduos; já quanto ao recurso interposto pelo Ministério Público, agindo como parte processual (e não como mero auxiliar, como anteriormente se explicou), parece ser ser de admitir a fiscalização de todos os comportamentos administrativos, ainda que não lesivos de posições jurídicas subjectivas, mesmo que se trate de meros comportamentos internos da Administração. A actuação do Ministério Público, como parte processual, no recurso directo de anulação introduz, assim, um certo grau de controlo jurídico objectivo, no âmbito de um sistema que é basicamente subjectivo.

Do elencar de todas estas características do recurso directo de anulação, cuja explicação pormenorizada já foi anteriormente realizada, resulta muito claramente a natureza subjectiva com que, na nossa ordem jurídica, este meio jurisdicional foi configurado.

Não se nega a existência de alguns aspectos de cariz objectivo, como os poderes de parte do Ministério Público, os quais permitem uma amplitude de controlo não limitada à protecção dos direitos individuais e directamente dirigida à prestação de um controlo jurídico objectivo; ou a previsão da «acção popular» (art. 52.º, n.º 2, C.R.P. e 822.º, C.A.), no âmbito do contencioso local, na qual o particular não actua para a defesa de um interesse próprio, pelo que «não tem que provar que tem um interesse directo, pessoal e legítimo na interposição do recurso, bastando-lhe fazer prova de que está recenseado naquela circunscrição administrativa ou é por ela colectado para as contribuições do Estado» (FREITAS DO AMRAL) [24].

Mas estes aspectos objectivos do contencioso não são suficientes para contrariar a afirmação do carácter fundamentalmente subjectivo do recurso directo de anulação e podem (devem) ser vistos como uma forma de, partindo de um modelo global de tipo subjectivo, permitir uma maior amplitude e eficácia do controlo da Administração pelos tribunais.

Esta complementação de um controlo, fundamentalmente subjectivo, com certos aspectos de tipo objectivo corresponde, aliás, ao estado actual da polémica entre concepções objectivistas e subjectivistas. Citando, de novo, KREBBS, a contraposição entre um modelo objectivo e subjectivo «não significa mais protecção jurídica subjectiva *ou* controlo objectivo, mas protecção jurídica subjectiva *e* controlo jurídico objectivo e conduz ao problema de saber qual o grau de controlo jurídico objectivo que deve prestar — e pode prestar — um controlo jurisdicional

---

[24] F. DO AMRAL, *O Direito...*, cit., vol. IV, pág. 178.

da Administração orientado para a protecção subjectiva» (KREBBS) ([25]).

O problema, tal como ele se parece apresentar hoje, já não é o de saber se o contencioso deve ser organizado em termos objectivos ou subjectivos, uma vez que as modernas constituições do Estado de Direito apontam para a consagração de um sistema de tipo subjectivo, mas antes o de saber que elementos de tipo objectivo se podem introduzir num modelo de contencioso subjectivo, a fim de aumentar a sua amplitude e eficácia sem, contudo, pôr em causa essa função de protecção jurídica individual. Os elementos objectivos do contencioso administrativo assumem, assim, uma função complementar de um sistema que tem como primeiro objectivo a protecção dos cidadãos e que está estruturado de acordo com esse desiderato.

O modo como o contencioso administrativo de anulação está organizado em Portugal, aliás, permite aumentar o âmbito do controlo sobre a Administração, sem pôr em causa o essencial do modelo subjectivo. E isto, porque, nos dois principais casos em que o contencioso assume uma função objectiva, a acção popular e a acção pública, elas enxertam-se num sistema estruturado em termos subjectivos, em que, quer o actor popular, quer o Ministério Público, ocupam uma posição de parte em sentido formal.

No processo *formal* de partes, em que intervêm o actor popular ou o Ministério Público, a estrutura do contencioso não é, em nada, alterada. Com efeito, a Administração é chamada a defender a sua visão do interesse público como parte em sentido material; o objecto do processo não é a invalidade abstracta de um acto, mas a invalidade tal como foi configurada pelas alegações das partes; a sentença, se não reconhece um direito do particular, pode, no entanto, produzir efeitos relativamente à

---

[25] KREBBS, *Subjektiver...*, cit., pág. 191.

Administração que podem ir da simples apreciação à anulação ou à condenação a uma conduta determinada; o caso julgado deve ter como limites os aspectos da invalidade do acto trazidos a processo pelas partes e só produz efeitos relativamente aos participantes (sendo o demandante público ou popular obrigado a citar, na petição inicial, os contra-interessados, para que a sentença possa produzir efeitos relativamente a eles — v. art. 36.º, n.º 1, b), L.P.; mesmo relativamente a estas sentenças pode o demandante suscitar o processo jurisdicionalizado de execução das sentenças, em caso de incumprimento.

Como se vê, trata-se de uma intervenção processual de tipo objectivo que, contudo, respeita a estrutura de um processo organizado em termos subjectivos. E se, nestes casos, o recurso directo de anulação assume, inegavelmente, uma função objectiva, ela surge-nos sempre como complementar da sua função subjectiva principal.

Citando, mais uma vez, KREBBS, poder-se-ia dizer que a opção constitucional por um modelo subjectivo obriga «o legislador a realizar um controlo jurisdicional da actividade estadual, no qual a lesão do demandante nos seus interesses juridicamente protegidos não seja apenas o pretexto do processo mas, antes, em que os seus direitos sejam o próprio objecto do processo. Esta vinculação não aponta para a exclusividade de um modelo de protecção jurídica subjectivo, quer dizer, no sentido de um *sistema puro*, mas impõe a sua consagração na jurisdição administrativa, limitada embora (...) por funções de um controlo jurídico objectivo» (KREBBS) [26].

---

[26] KREBBS, *Subjektiver...*, cit., pág. 197.

BIBLIOGRAFIA

ACHTERBERG, NORBERT — *Allgemeines Verwaltungsrecht*, 2.ª ed., Müller, Heidelberg, 1986.
ADAMOVICH/FUNK — *Allgemeines Verwaltungsrecht*, 2.ª ed., Springer, Viena//Nova Iorque, 1984.
AMARAL, DIOGO FREITAS DO — *Ciência Política*, III vols., lições policops., Universidade Católica, 1984 (I e II vols.), 1986 (III vol.), 1987 (reedição I vol.).
AMARAL, DIOGO FREITAS DO — *Curso de Direito Administrativo*, vol. I, Almedina, Coimbra, 1986.
AMARAL, DIOGO FREITAS DO—*Direito Administrativo*, IV volumes, lições policops., Lisboa, 1985 (III e IV vols.), 1988 (II e IV vols.).
AMARAL, DIOGO FREITAS DO — *A Execução das Sentenças dos Tribunais Administrativos*, Ática, Lisboa, 1967.
AMARAL, DIOGO FREITAS DO — *Parecer*, inédito, exemplar gentilmente cedido pelo autor, Junho de 1983.
ANDRADE, MANUEL DE — *Nações Elementares de Processo Civil*, Coimbra Editora, Coimbra, 1979.
ANDREANI, ANTONIO — *Dispositivo e Contenuto Decisorio della Sentenza Amministrativa*, in «Rivista di Diritto Processuale», 1983, n.º 3, Julho-Setembro, págs. 464 e segs.; também publicado *in* «Rivista Trimestrale di Diritto Pubblico», 1984, n.º 1, págs. 105 e segs.
BACHOF, OTTO — *Der Rechtsschutz im öffentlichen Recht: gelöste und ungelöste Probleme (Versuch einer Bilanz)*, in «Die öffentliche Verwaltung», 1953 n.º 14, Julho, págs. 417 e segs.
BACHOF, OTTO — *Reflexwirkungen und subjektive Rechte im öffentlichen Recht* in «Gedächtnisschrift für Walter Jellinek — Forschungen und Berichte aus dem öffentlichen Recht», 2.ª ed., Munique, 1955, págs. 287 e segs.
BADURA, PETER — *Limitti e Alternative della Tutela Giurisdizionale nelle Controversie Amministrative*, in «Rivista Trimestrale di Diritto Pubblico», 1984, n.º 1, págs. 104 e segs.
BADURA, PETER — *Das Verwaltungsverfahren*, in ERICHSEN/MARTENS, *Allgemeines Verwaltungsrecht*, 7.ª ed., Walter de Gruyter, Berlim/Nova Iorque, 1986, págs. 333 e segs.
BENVENUTTI, FELICIANO — *Giudicato (Direito Amministrativo)*, in «Enciclopedia del Diritto», Giuffrè, págs. 893 e segs.
BESNIER/THOMAS — *Chronique des Idées d'Aujourd'hui*, P.U.F., Paris, 1987.
BOBBIO, NORBERTO — *O Futuro da Democracia*, D. Quixote, Lisboa, 1988.

BONNARD, ROGER — *Les Droits Publics Subjectifs des Administrés, in* «Revue de Droit Public», 1932, tomo 49, págs. 695 e segs.

BREYER, STEPHEN — *Judicial Review of Questions of Law and Policy, in* «Administrative Law Review», 1986, n.º 4, págs. 363 e segs.

CAETANO, MARCELLO — *Comentario, Acórdão do Conselho Ultramarino (Secção do Contencioso), de 13 de Janeiro, de 1961 (Caso da Fabrica Imperial de Borracha), in* «O Direito», 1961, n.º 4, págs. 303 e segs.

CAETANO, MARCELLO — *O Interesse como Condição de Legitimidade no Recurso Directo de Anulação, in* «Estudos de Direito Administrativo», Ática, Lisboa, 1974, págs. 219 e segs. (Previamente publicado *in* «O Direito», 1959).

CAETANO, MARCELLO — *Manual de Direito Administrativo*, 10.ª ed. (reimp.), Almedina, Coimbra, 1980.

CAETANO, MARCELLO — *Princípios Fundamentais do Direito Administrativo*, Forense, Rio de Janeiro, 1977.

CAETANO, MARCELLO — *Sobre o Problema da Legitimidade das Partes no Contencioso Administrativo Português — (Estudo de Jurisprudência), in* «Estudos de Direito Administrativo», Ática, Lisboa, 1974, págs. 11 e segs. (Previamente publicado *in* «O Direito», 1933).

CAETANO, MARCELLO — *Tratado Elementar de Direito Administrativo*, Lisboa, 1943.

CANNADA-BARTOLI — *Interesse (Diritto Amministrativo), in* «Enciclopedia del Diritto», vol. XXII, Giuffrè, 1772, págs. 1 e segs.

CASSESE, SABINO — *Giudice Amministrativo e Amministrazione, in* «Rivista Trimestrale di Diritto Pubblico», 1987, n.º 1, págs. 114 e segs.

CASSESE, SABINO — *Le Ingiustizie della Giustizia Amministrativa Italiana, in* «Rivista Trimestrale di Diritto e Procedura Civile», 1984, n.º 2, Junho, págs. 422 e segs.

CASSESE, SABINO — *Le Transformazione dell'Organizzazione Amministrativa, in* «Rivista Trimestrale de Diritto Pubblico», 1985, n.º 2, págs. 374 e segs.

CHAPUS, RENÉ — *Droit du Contentieux Administratif*, Montchrestien, Paris, 1982.

CHÃTELET/DUHAMEL/PISIER-KOUCHNER — *Histoire des Idées Politiques*, P.U.F., Paris, 1982.

CHEVALIER, JEAN-JACQUES — *As Grandes Obras Políticas de Maquiavel a Nossos Dias*, Agir, Rio de Janeiro, 1982.

CORDEIRO, MENEZES — *Direitos Reais*, 2 vols., I.N.C.M., Lisboa, 1979.

CORREIA, SÉRVULO — *O Controlo Jurisdicional da Administração no Direito Inglês, in* «Estudos de Homenagem ao Professor Marcelo Caetano», Ática, Lisboa, 1973, págs. 107 e segs.

CORREIA, SÉRVULO — *Noções de Direito Administrativo*, vol. I, Danúbio, Lisboa, 1982.

CRESPIGNY/MINOGUE, *Filosofia Política Contemporânea*, Edit. Universidade de Brasília, Brasília, 1979.

DAHRENDORF, RALF — *Der Liberalismus und Europa*, Piper, Munique, 1980.

DEBBASCH, CHARLES — *Contentieux Administratif*, 3.ª ed., Dalloz, Paris, 1981.

DEBBASCH/RICCI — *Contentieux Administratif*, 4.ª ed., Dalloz, Paris, 1985.

DENTI, VITTORIO — *Flashes* su *Accertamento e Condanna*, in «Rivista di Diritto Processuale», 1985, n.º 2, Abril/Junho, págs. 255 e segs.

DUGUIT, LÉON — *Traité de Droit Constitutionnel*, 3.ª ed., Paris, 1927.

ENTERRÍA, GARCIA DE/FERNÁNDEZ, TOMÁS-RÁMON — *Curso de Derecho Administrativo*, 2 vols., 4.ª ed., Civitas, Madrid, 1986.

ENTERRÍA, GARCIA DE — *La Lucha contra las Inmunidades del Poder*, 3.ª ed., Civitas, Madrid, 1983.

ENTERRÍA, GARCIA DE — *Verso un Concetto di Diritto Amministrativo come Diritto Statutario*, in «Rivista Trimestrale di Diritto Pubblico», 1960, págs. 317 e segs.

ERICHSEN/HOPPE/MUTIUS — *System des verwaltungsgerichtlichen Rechtsschutzes — Festschrift für Christian — Friedrich Menger zum 70. Geburtstag*, Carl Heymanns Verlag, Colónia/Berlim/Bona/Munique, 1985.

ERICHSEN, HANS UWE/MARTENS, WOLFANG—*Das Verwaltungshandeln*, in «Allgemeines Verwaltungsrecht», 7.ª ed., Walter de Gruyter, Berlim/Nova Iorque, 1986, págs. 131 e segs.

ERISCHEN/MARTENS — *Allgemeines Verwaltungsrecht*, 7.ª ed., Walter de Gruyter, Berlim/Nova Iorque, 1986.

EWALD, FRANÇOIS — *L'État Providence*, Grasset, Paris, 1986.

FÁBRICA, LUÍS SOUSA DA — *Monismo ou Dualismo na Estruturação do Processo Administrativo*, Separata da Revista da Faculdade de Direito, Lisboa, 1988, págs. 95 e segs.

FAVOREU, LOUIS — *La Jurisprudence du Conseil Constitutionnel en 1980*, in «Revue de Droit Public», 1980, n.º 6, págs. 1627 e segs.

FORSTHOFF, ERNEST — *Lehrbuch des Verwaltungsrechts*, 10.ª ed., Munique, 1973.

FRANCHINI, CLAUDIO — *Il Giudice di Fronte alla Pubblica Amministrazione nel Ordinamento Inglese*, in «Rivista Trimestrale di Diritto Pubblico», 1985, n.º 4, págs. 1113 e segs.

FRANK, GÖTZ/LANGREHR, HEINRICH — *Verwaltungsprozessrecht*, Müller, Heidelberg, 1987.

GABRIELLI, ENRICO — *Appunti su diritti soggettivi, interessi legitimi, interessi collettivi*, in «Rivista Trimestrale di Diritto e Procedura Civile», 1984, n.º 4, Dezembro, págs. 969 e segs.

GARCIA, JOSÉ EUGÉNIO SORIANO — *Evolucion del Concepto Relacion Juridica en su Aplicacion al Derecho Pubblico*, in «Revista de Administracion Publica», 1979, n.º 90, Dezembro, págs. 33 e segs.

GARLAND MERRICK B. — *Deregulation and Judicial Review*, in «Harvard Law Review», 1985, n.º 3, Janeiro, págs. 507 e segs.

GASSET, JOSÉ ORTEGA Y — *La Rebelión de las Masas*, 5.ª ed., Espasa — Calpe, Madrid, 1984.

GIANNINI, MASSIMO SEVERO—*Atto Amministrativo*, in «Enciclopedia del Diritto», vol. IV, Giuffrè, 1959, págs. 157 e segs.

GRAWERT, RALF — *Limitti e Alternative della Tutela Giurisdizionale nelle Controversie Amministrative*, in «Rivista Trimestrale di Diritto Pubblico», 1984, n.º 1, págs. 136 e segs.

GUICCIARDI, ENRICO — *La Giustizia Amministrativa*, 3.ª ed. (reimp.), C.E.D.A.M., Milão, 1957.
HABERMAS, JÜRGEN — *Legitimation Crisis*, Heinemann, Londres, 1984.
HABSCHEID, WALTER — *L'Oggetto del Processo nel Diritto Processuale Civile Tedesco*, in «Rivista di Diritto Processuale», 1980, n.º 3, Julho-Setembro, págs. 454 e segs.
HAURIOU, MAURICE — *Précis Élémentaire de Droit Administratif*, Sirey, Paris, 1925.
HAURIOU, MAURICE — *Précis de Droit Administratif e de Droit Public*, 11.ª ed. Paris, 1927.
HAYEK — *Droit, Législation et Liberté*, 3 vols., P.U.F., Paris.
HESSE, KONRAD — *Gründzuge des Verfassungsrechts der Bundesrepublik Deutschland* 14.ª ed. Müller Heidelberg 1984.
HOBBS THOMAS — *Leviathan e De Cive* (tradução espanhola) 2.ª ed., Tecnos, Madrid 1982.
JAVERNING, OTHMAR *Zivilprozessrecht*, 19.ª ed., Beck, Munique, 1981.
JÈZE, GASTON — *L'Acte Juridictionnel et la Classification des Recours Contentieux*, in «Revue de Droit Public», 1909, págs. 667 e segs.
JULLIARD, JACQUES — *La Faute à Rousseau*, eds. du Seuil, 1985.
KELSEN, HANS — *Teoria General de Estado*, 15.ª ed., Editora Nacional, México, 1979.
KLEIN, K. H. — *Gutachten und Urteil im Verwaltungsprozess*, 2.ª ed., Verlag Franz Vahlen, Munique, 1976.
KNAPP, BLAISE — *Précis de Droit Administratif*, 2.ª ed., Hellring e Lichtenhahn Bâle/Frankfurt, 1982.
KORNPROBST, BRUNO — *La Notion de Partie au Recours pour Excès de Pouvoir*, Paris, 1959.
KREBBS, WALTER — *Subjektiver Rechtsschutz und Objective Rechtskontrolle*, in ERISCHEN/HOPPE/MUTIUS, *System des Verwaltungsgerichtlichen Rechtsschutzes — Festschrift für Christian — Friedrich Menger 70. Geburtstag*, Carl Heymanns Verlag, Colónia/Berlim/Bona/Munique, 1985, págs. 191 e segs.
LAFERRIÈRE, F. — *Cours Théorique et Pratique de Droit Public et Administratif*, 2 vols., 4.ª ed., Cotillon, Paris, 1854.
LALIGANT, MARCEL — *La Notion d'Interêt pour Agir et le Juge Administratif*, in «Revue de Droit Public», 1971, págs. 43 e segs.
LAUBADÈRE, A. DE — *Traité Élémentaire de Droit Administratif*, 3 vols., 5.ª ed., Paris, 1970-1971.
LEBRETON, GILLES — *L'Origine des Cas d'Ouverture du Recours pour Excès de Pouvoir d'après les Remontrances des Parlements au XVIII ème siècle*, in «Revue de Droit Public», 1986 n.º 6, Novembro-Dezembro, págs. 1509 e segs.
LEPAGE, HENRI — *Demain, le Libéralisme*, Pluriel, Paris, 1980.
LIEBMAN, ENRICO TULIO — *Unità del Giudicato*, in «Rivista di Diritto Processuale», 1986, n.º 2-3, Abril-Setembro, págs. 233 e segs.
LIMA, CARLOS — *Contencioso Administrativo. Recurso Directo. Poderes do Ministério Público. Arguição de Novos Vícios*, in «Revista da Ordem dos Advogados», 1983, págs. 397 e segs.

Locke, John — *Traité du Gouvernement Civile*, Flammarion, Paris, 1984.
Locke, John — *Two Treatises of Government*, Everyman's Library, Londres e Melbourne, 1984.
Lugo, Andrea — *Il Potere Dispositivo e l'Onere delle Parte nel Processo Amministrativo*, in «Rivista Trimestrale di Diritto e Procedura Civile», 1983, n.º 3, Setembro.
Luhmann, Niklas — *Legitimação pelo Procedimento*, edit. Universidade de Brasília, Brasília, 1980.
Machete, Rui — *O Acto Confirmativo de Acto Tacito de Indeferimento e as Garantias de Defesa Contenciosa dos Administrados*, in «Estudos de Direito Público em Honra do Professor Marcelo Caetano», Ática, Lisboa, 1973, págs. 165 e segs.
Machete, Rui — *Caso Julgado (nos Recursos Directos de Anulação)*, in «Dicionário Jurídico da Administração Pública», vol. II, Coimbra, 1972.
Machete, Rui — *Contencioso Administrativo*, in «Dicionário Jurídico da Administração Pública», vol. II, Coimbra, 1972.
Machete, Rui — *Contribuição para o Estudo das Relações entre o Processo Administrativo Gracioso e o Contencioso*, I.N.C.M., Lisboa, 1969.
Machete, Rui — *O Estatuto dos Tribunais Administrativos e Fiscais*, in «A Feitura das Leis», vol. I, I.N.A., 1986, págs. 97 e segs.
Machete, Rui — *A Garantia Contenciosa para Obter o Reconhecimento de um Direito ou Interesse Legalmente Protegido*, Cognitio, Lisboa, 1987.
Machete, Rui — *O Processo Administrativo Gracioso perante a Constituição de 1976*, in «Democracia e Liberdade», 1980, n.º 13, Janeiro, págs. 21 e segs.
Mandrioli, Crisanto — *Riflessione in Tema di Petitum e di Causa Petendi*, in «Rivista di Diritto Processuale», 1984, n.º 3, Julho-Setembro, págs. 465 e segs.
Mandrioli, Crisanto — *Sulla Correlazione Necessaria tra Condanna ed Eseguibilità Forzata*, in «Rivista Trimestrale di Diritto e Procedura Civile», 1976, n.º 4, Dezembro, págs. 1342 e segs.
Maquiavel — *O Príncipe*, Europa-América, Lisboa, 1972.
Marchianó, Giovanna — *L'Ampliamento dei Mezzi di Prova nel Giudizio Amministrativo di Legittimità ex. art. 16 della Legge n.º 10 del 1977*, in «Rivista Trimestrale di Diritto e Procedura Civile», 1983, n.º 1, Março, págs. 126 e segs.
Maunz/Zippelius — *Deutsches Staatsrecht*, 20.ª ed., Beck, Munique, 1985.
Maurer, Hartmut — *Allgemeines Verwaltungsrecht*, 4.ª ed., Beck, Munique, 1985.
Mestre, Jean-Louis — *Introduction Historique au Droit Administratif Français*, P.U.F., Paris, 1985.
Miranda, Jorge — *Manual de Direito Constitucional — Direitos Fundamentais*, tomo IV, Coimbra Editora, Coimbra, 1988.
Monteleone, Girolamo — *Recenti Sviluppi nella Dottrina dell'Esecuzione Forzata*, in «Rivista di Diritto Processuale», 1982, n.º 2, Abril-Junho, págs. 281 e segs.
Montesquieu — *De l'Esprit des Lois*, Garnier — Flammarion, Paris, 1979.

Nasi, Antonio — *Interesse ad Agire*, in «Enciclopedia del Diritto», vol. xxii, Giuffrè, págs. 28 a 47.

Neves, Castanheira — *Filosofia do Direito*, Apontamentos fornecidos aos alunos da Universidade Católica no ano lectivo de 1983-1984.

Neves, Castanheira — *O Instituto Jurídico dos Assentos e a Função Jurídica dos Supremos Tribunais*, Coimbra, 1983.

Nigro, Mario — *Esperienze e Prospettive del Processo Amministrativo*, in «Rivista Trimestrale di Diritto Pubblico», 1981, n.º 2, págs. 401 e segs.

Nigro, Mario — *Giustizia Amministrativa*, 3.ª ed., Il Mulino, Bolonha, 1983.

Nigro, Mario — *Problemi Veri e Falsi della Giustizia Amministrativa dopo la Legge sui Tribunali Regionali*, in «Rivista Trimestrale di Diritto Pubblico», 1972, págs. 1815 e segs.

Nigro, Mario — *Procedimento Amministrativo e Tutela Giurisdizionale contro la Pubblica Amministrazione (il Problema di uma Legge Generale sul Procedimento Amministrativo)*, in «Rivista di Diritto Processuale», 1986, n.º 2, Abril-Junho, págs. 252 e segs.

Nigro, Mario — *La Pubblica Amministrazione fra Constituzione Formale e Constituzione Materiale*, in «Rivista Trimestrale di Diritto e Procedura Civile», 1985, n.º 1, Março, págs. 162 e segs.

Nigro, Mario — *Transformazioni dell'Amministrazione e Tutela Giurisdizionale Differenziata*, in «Rivista Trimestrale di Diritto e Procedura Civile», 1980, n.º 1, Março, págs. 3 e segs.

Odent — *Le Contentieux Administratif*, lições policops., Universidade de Paris//Instituto de Estudos Políticos, 1961-1962.

Pacteau, Bernard — *Contentieux Administratif*, P.U.F., Paris, 1985.

Peiser, Gustave — *Contentieux Administratif*, 5.ª ed., Dalloz, Paris, 1985.

Pereira, A. Gonçalves — *Erro e Ilegalidade no Acto Administrativo*, Lisboa, 1962.

Perez, Gonzalez — *Derecho Procesual Administrativo*, Madrid, 1955.

Pires, Francisco Lucas — *O Problema da Constituição*, Coimbra, 1970.

Pisani, Proto — *Appunti sulla Tutela di Condanna*, in «Rivista Trimestrale di Diritto e Procedura Civile», 1978, págs. 1104 e segs.

Pisani, Proto — *L'Effetività dei Mezzi di Tutela Giurisdizionale con Particolare Riferimento all'Attuazione della Sentenza di Condanna*, in «Rivista di Diritto Processuale», 1965, págs. 620 e segs.

Prélot, Marcel/Lescuyer, Georges — *Histoire des Idées Politiques*, 8.ª ed., Dalloz, Paris, 1984.

Pugliese — *Giudicato (Civile)*, in «Enciclopedia del Diritto», Giuffrè, págs. 787 e segs.

Queiró, Afonso Rodrigues — *Lições de Direito Administrativo*, lições policops., vol. i, Coimbra, 1976.

Rawls, John — *Uma Teoria da Justiça*, ed. Universidade de Brasília, Brasília, 1981.

Reis, Alberto dos — *Código de Processo Civil Anotado*, vol. iii, 3.ª ed., Coimbra, 1981.

Rivero, Jean — *Direito Administrativo*, Almedina, Coimbra, 1981.

Rosanvallon, Pierre — *A Crise do Estado-Providência*, Inquérito, Lisboa.
Rousseau, Jean-Jacques — *O Contrato Social*, Europa-América, Lisboa, 1974.
Sandulli, Aldo — *Manuale di Diritto Amministrativo*, 12.ª ed. (reimp.), Jovene Editora, Nápoles, 1978.
Schmidt, Walter — *Einführung in die Probleme des Verwaltungsrechts*, Beck, Munique, 1982.
Schumacher, E. F. — *Small is Beautiful*, 2.ª ed., D. Quixote, Lisboa, 1985.
Silva, Vasco Pereira da — *Estruturas da Sociedade: Liberdade e Solidariedade*, Comunicação apresentada na Conferência «A Igreja no Mundo Contemporâneo — Vinte Anos da *Gaudium et Spes*», a editar brevemente.
Silva, Vasco Pereira da — *A Natureza Jurídica do Recurso Directo de Anulação*, Almedina, Coimbra, 1985.
Silva, Vasco Pereira da — *O Recurso Directo de Anulação — Uma Acção chamada Recurso*, Cognitio, Lisboa, 1987.
Silva, Vasco Pereira da — *A Vinculação das Entidades Privadas pelos Direitos, Liberdades e Garantias*, in «Revista de Direito e Estudos Sociais». 1987, n.º 2 págs. 259 e segs.
Soares, Rogério E. — *Direito Público e Sociedade Técnica*, Atlântida Editora, Coimbra 1969.
Soares, Rogério — *O Princípio da Legalidade e a Administração Constitutiva*, in «Boletim da Faculdade de Direito da Universidade de Coimbra», 1981 págs. 168 e segs.
Soares, Rogério — *A Propósito dum Projecto Legislativo: o chamado Código de Processo Administrativo Gracioso*, in «Revista de Legislação e de Jurisprudência», ns. 3694, págs. 14 e segs.; 3695, págs. 40 e segs.; 3699, págs. 173 e segs.; 3702 págs. 261 e segs.
Sorman, Guy — *A Solução Liberal*, Inquérito, Lisboa, 1986.
Stefano, Giuseppe de — *Onere (Dir. Proc. Civ.)*, in «Enciclopedia del Diritto», vol. xxx, 1980, págs. 99 e segs.
Stern, Klaus — *Verwaltungsprozessuale Probleme in der Öffentlichen Arbeit*, 5.ª ed., Munique, 1981.
Tanugi, Laurent Cohen — *Le Droit sans l'État — Sur la Démocratie en France et en Amérique* P.U.F. Paris 1985.
Tocqueville, Alexis de — *L'Ancien Régime et la Révolution*, Gallimard, Paris, 1985.
Tocqueville, Alexis de — *A Democracia na América*, Estudios Côr, Lisboa, 1982.
Touraine, Alain — *O Pós-Socialismo*, Afrontamento, Lisboa, 1981.
Trocker, Nicolò — *I Limitti Soggettivi del Giudicato tra Tecniche di Tutela Sostanziale e Garanzie di Defesa Processuale (Profili dell'Esperienza Giuridica Tedesca)*, in «Rivista di Diritto Processuale», 1988, n.º 1, Janeiro-Maio, págs. 35 e segs.
Tschira/Schmitt Gläeser, — *Verwaltungsprozessrecht*, 7.ª ed., Boorberg/Hanover, 1985.
Ule, Carl Hermann — *Verwaltungsprozessrecht*, 8.ª **ed.**, Beck, Munique, 1983.
Varaut, Jean-Marc — *Le Droit au Droit — Pour un* **Libéralisme** *Institutionnel*, P.U.F., Paris, 1986.

VARELA, ANTUNES/BEZERRA, MIGUEL/NORA, SAMPAIO — *Manual de Processo Civil*, Coimbra Editora, Coimbra, 1984.

Vários — *Le Contentieux Administratif — Documents d'Études — Droit Administratif*, 1976, n.º 2.09-2.010, La «Documentation Française».

Vários — *Droit Constitutionnel et Droits de l'Homme*, Economica, Paris/Aix-en- -Provence, 1987.

Vários — *Estudos de Direito Público em Honra do Professor Marcelo Caetano*, Ática, Lisboa, 1973.

VEDEL, GEORGES/DEVOLVÉ, PIERRE — *Droit Administratif*, 9.ª ed., P.U.F., Paris, 1984.

VERDE, GIOVANNI — *Osservazione sul Giudizio di Ottemperanza alle Sentenze dei Giudici Amministrativi*, in «Rivista di Diritto Processuale», 1980, págs. 462 e segs.

VIGORITA, VINCENZO SPAGNUOLO — *Principio individualistico nel Processo Amministrativo e Difesa dell'Interesse Pubblico*, in «Rivista Trimestrale di Diritto e Procedura Civile», 1962, págs. 630 e segs.

WADE/BRADLEY — *Constitutional and Administrative Law*, 10.ª ed. (4.ª reimp.), Longman, Londres/Nova Iorque, 1987.

WALINE — *Vers un Reclassement des Recours du Contentieux Administratif*, in «Revue de Droit Public», 1935, págs. 205 e segs.

WEIL, PROSPER — *Les Conséquences de l'Anulation d'un Acte Administratif pour Excès de Pouvoir*, Paris, 1952.

WEIL, PROSPER — *O Direito Administrativo*, Almedina, Coimbra, 1972.

WIESER, EBERHARD — *Grundzüge des Zivilprozessrechts*, Carl Heymanns Verlag, Colónia/Berlim/Bona/Munique, 1986.

WOLFF/BACHOF — *Verwaltungsrecht*, 4 vols., 4.ª ed., Beck, Munique.

ZANOBINI, GUIDO — *Corso di Diritto Amministrativo*, 6 vols., 8.ª ed., 1958-1959.

ÍNDICE

INTRODUÇÃO . . . .

CAPÍTULO I — Estado, Administração e Contencioso Administrativo   4

1 — O contencioso administrativo no Estado Liberal.   5

    1.1. — A revolução francesa e o princípio da separação de poderes em França e em Inglaterra   5

    1.2. — A influência do Antigo Regime no sistema de contencioso administrativo instituído pela revolução francesa   12

    1.3. — Da *justiça reservada* à *justiça delegada*. O modelo da *justiça delegada* como paradigma de uma certa forma de entendimento do Estado Liberal. O Estado, a Administração e o contencioso administrativo nos países de *modelo continental*   20

    1.4. — O liberalismo nos países anglo-saxónicos: o direito sem Estado. Comparação dos sistemas francês e britânico   28

2 — O contencioso administrativo no Estado Social.   33

    2.1. — As alterações do modelo de Estado e suas implicações na Administração Pública e seu controlo através dos tribunais   33

    2.2. — A aproximação dos sistemas de Administração judiciária e executiva   44

3 — O contencioso administrativo no Estado Pós-Social   49

    3.1. — A crise do Estado Social e as novas tendências do Estado Pós-Social   49

    3.2. — Para um *novo* direito administrativo e um *novo* direito do contencioso administrativo   55

CAPÍTULO II — O Particular   58

1 — O particular como parte no processo   59

2 — O conceito de direito subjectivo   73

3 — As principais teses quanto à natureza das posições jurídicas substantivas dos particulares 76

4 — Apreciação crítica das teses apresentadas. O direito subjectivo como categoria unitária 100

5 — O direito ao recurso 126

6 — A legitimidade processual . . . . · 118

7 — A posição do particular no recurso directo de anulação . . . 191

CAPÍTULO III — A ADMINISTRAÇÃO 129

1 — A qualidade de parte da Administração como consequência da plena jurisdicionalização dos tribunais administrativos . 130

2 — A noção de acto administrativo e sua evolução histórica. O sentido actual do acto administrativo. O acto e a relação jurídica administrativa 142

3 — A posição da Administração no recurso directo de anulação . 155

CAPÍTULO IV — O OBJECTO DO PROCESSO 178

1 — O problema do objecto do processo: processo sobre um acto ou sobre um direito subjectivo lesado feito valer pelo particular 179

2 — O pedido no recurso directo de anulação 185

3 — A causa de pedir no recurso directo de anulação 188

4 — O direito subjectivo invocado pelo particular como objecto do processo 195

5 — O problema do momento a considerar para o efeito da apreciação da validade do acto 201

6 — A questão da disponibilidade ou indisponibilidade das partes relativamente ao objecto do litígio. A posição do Ministério Público 205

CAPÍTULO V — A SENTENÇA 212

1 — O conteúdo das sentenças no recurso directo de anulação . 213

1.1. — O conteúdo complexo das sentenças do contencioso administrativo. Os efeitos anulatório, repristinatório e conformativo 213

1.2. — Análise de dois casos particulares: as sentenças de declaração de nulidade ou inexistência de um acto administrativo e as sentenças de anulação de actos tácitos negativos 230

1.3. — As modalidades de sentenças do recurso directo de anulação: sentenças condenatórias, constitutivas e de simples apreciação 236

2 — O caso julgado 238

    2.1. — Limites materiais do caso julgado 240

    2.2. — Limites subjectivos do caso julgado 244

3 — A execução das sentenças 257

CAPÍTULO VI — CONTENCIOSO DE TIPO OBJECTIVO OU SUBJECTIVO? 266

1 — Nascimento do problema: da distinção de formas processuais à distinção da natureza dos contenciosos 267

2 — Características dos modelos objectivista e subjectivista do contencioso administrativo de anulação 270

3 — A situação actual do recurso directo de anulação 283

BIBLIOGRAFIA 294

ÍNDICE 314